新民说

成 为 更 好 的 人

吴钩说宋

ELEGANT SONG
The Visible Civilization

风雅宋

看得见的大宋文明

吴钩 著

GUANGXI NORMAL UNIVERSITY PRESS
广西师范大学出版社
·桂林·

风雅宋：看得见的大宋文明

Fengya Song: Kandejian de Dasong Wenming

图书在版编目（CIP）数据

风雅宋：看得见的大宋文明 / 吴钩著. —桂林：
广西师范大学出版社，2018.6（2024.6 重印）
（吴钩说宋）
ISBN 978-7-5598-0081-7

Ⅰ．①风… Ⅱ．①吴… Ⅲ．①社会生活－历
史－中国－宋代 Ⅳ．①D691.9

中国版本图书馆 CIP 数据核字（2017）第 324073 号

广西师范大学出版社出版发行

（广西桂林市五里店路 9 号　　邮政编码：541004）
网址：http://www.bbtpress.com

出版人：黄轩庄

全国新华书店经销

广西广大印务有限责任公司印刷

（桂林市临桂区秧塘工业园西城大道北侧广西师范大学出版社
集团有限公司创意产业园内　邮政编码：541199）

开本：880 mm × 1 240 mm　1/32

印张：19.75　　字数：470 千字

2018 年 6 月第 1 版　　2024 年 6 月第 22 次印刷

定价：108.00 元

目 录

礼
仪

自 序

宋朝人的"纪录片"

一

　　一部小说成就一门学问的,似乎唯有清代曹雪芹的《红楼梦》,是为"红学"。一幅画卷成就一门学问的, 似乎唯有北宋张择端的《清明上河图》,是为"清明上河学"。

　　张择端《清明上河图》自问世以来,不但催生了无数仿作、摹品、衍生品,而且吸引了诸多宋史学者、美术史学者一次又一次的解读,对于研究中国社会史、生活史、民俗史、服装史、建筑史、交通史、商业史、广告史、城市史、造船史的学者来说,《清明上河图》也是一座不容错过、不可多得的史料富矿(《清明上河图》摹本极多,本书所说的《清明上河图》,除非有特别注明,均指现收藏于北京故宫博物院的北宋张择端正本)。

　　正如《周易》所言:"仁者见之谓之仁,智者见之谓之智。"西方也有谚曰:"有一千个读者,就有一千个哈姆雷特。"不同的研究者对于《清明上河图》的解读也是大异其趣的，著有《同舟共济:〈清明上河图〉与北宋社会的冲突妥协》的曹星原女士认为，"《清明上河图》有可能是神宗授意下对《流民图》不指明的回应。作品不动声色地表现了东京的百姓在清明时节的富足祥和之情，而非潦倒贫困之窘境。也或者《清明上河图》是由某个揣摩透了神宗心思的大臣令人所作，以讨神宗欢心"。[1]

但著有《隐忧与曲谏:〈清明上河图〉解码录》的余辉先生提出，《清明上河图》"深刻地揭示出了开封城的种种痼疾和隐患，具有一定的社会批判性。画家的忧患隐于心中之深邃、其画谏现于幅上之委婉，仅为时人所识，而难以为后人所破。其意味深长，令细赏者不忍掩卷"。[2]与曹星原的见解可谓针锋相对。

这两种试图"还原"出画家绘制《清明上河图》动机的解读方式都是比较冒险的。图画与诗文不一样，文字可以清晰地表达作者创作一首诗的初衷，图画则未必。我举个例子，相传五代时，罗隐在吴越国主钱镠的王宫见到一幅《磻溪垂钓图》，乃咏诗一首:"吕望当年展庙谟，直钩钓国更谁如。若教生在西湖上，也是须供使宅鱼。"这当然是在委婉地向钱镠进谏废除"使宅鱼"税。但创作《磻溪垂钓图》的画家是不是也有这个意图，则谁也不知道。从一幅山水画、风俗画，恐怕很难准确地还原出画家的曲折意图——除了那种意图非常明显的图画，如北宋郑侠的《流民图》、今天的时事讽刺漫画。企图指出《清明上河图》的作者是为了讨

1　曹星原:《同舟共济:〈清明上河图〉与北宋社会的冲突妥协》，浙江大学出版社，2012。
2　余辉:《隐忧与曲谏:〈清明上河图〉解码录》，北京大学出版社，2015。

张择端《清明上河图》中的一处高台

皇帝欢心，还是向皇帝提出曲谏，都是后人的臆想罢了，不可能得到论证周密的证实，除非你能起张择端于九泉之下，请他亲口说说。

比如说，张择端《清明上河图》上，城外画有一个高台，余辉先生指出，"画中唯一的望火楼已摆上供休闲用的桌凳，楼下无一人守望，传报火警的快马不知在何处"。[1]认为这是画家在暗示东京城消防设施的荒废。然而，《清明上河图》中的这处高台，

1　余辉：《隐忧与曲谏：〈清明上河图〉解码录》，北京大学出版社，2015。

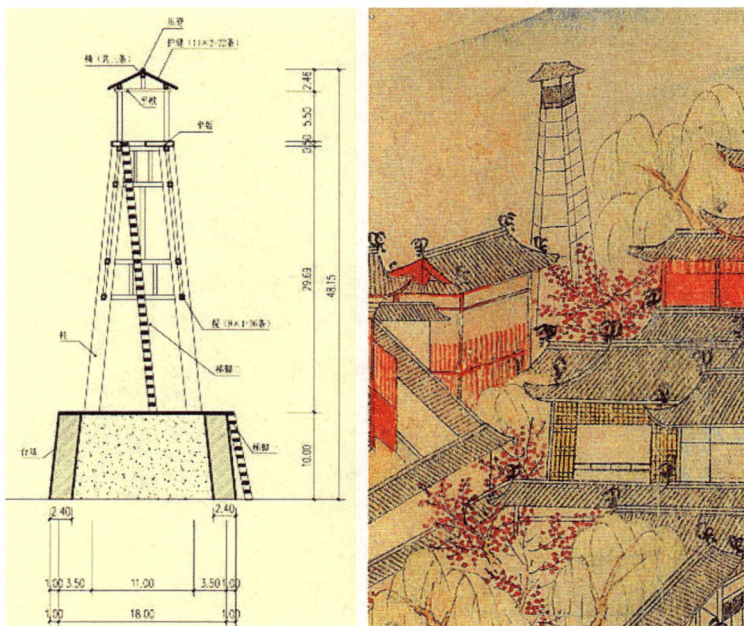

左：据《营造法式》记载绘制的宋代望火楼剖面图，转引自刘涤宇《北宋东京望火楼复原研究》；右：南宋《西湖清趣图》描绘的望火楼

形制跟《营造法式》规定的望火楼构造完全不一样（按《营造法式》的标准，望火楼由砖石结构的台基、四根巨木柱与顶端的望亭三部分组成，是塔状的建筑物），也跟南宋《西湖清趣图》描绘出来的望火楼造型迥异。显然，这并不是望火楼，而是一处供市民登高望远、饮酒作乐的亭台。辽宁省博物馆收藏的明代仇英本《清明上河图》也画有这样的亭台。

再比如说，《清明上河图》中的城门不设任何城防工事，没有驻兵，倒是在城门内侧布置了一间税务所，向过往商人征收商税。余辉先生据此认为，这一细节"真实地反映了宋徽宗朝初期已日渐衰败的军事实力和日趋淡漠的防范意识"，以及"沉重的

仇英版《清明上河图》中的亭台

商税"问题。[1]但是，如果换一个角度来看，我们也完全可以说，张择端其实是用画笔说明宋代东京城的开放性与宋政府对于商品税的重视。

历代看过张择端《清明上河图》的文人学士，第一个反应通常都是认为画家所绘者，"盖汴京盛时伟观也"，甚至觉得，"观者见其邑屋之繁，舟车之盛，商贾财货之充羡盈溢，无不嗟赏歆慕，恨不得亲生其时，亲目其事"[2]。宋室南渡之后，南宋市井中还出现了很多《清明上河图》仿品、摹品，以及"镂板以行"的印刷品，借以"追忆故京之盛而写清明繁盛之景也"，"京师杂卖

1　参见余辉《隐忧与曲谏：〈清明上河图〉解码录》，北京大学出版社，2015。

2　参见《清明上河图》历代题跋诗文。

铺，每《清明上河图》一卷，定价一金，所作大小简繁不一，大约多画院中人为之"[1]。

由于看到北宋灭亡，东京梦华转眼如烟云消散，许多观画之人也会油然生出"兴废相寻何代无"的感慨，乃至为北宋王朝亡于安逸而痛惜——"而今遗老空垂涕，犹恨宣和与政和（宋之奢靡至宣政间尤甚）"。[2] 但是，这只是后人读画的观感，很难说是画家绘图的本意。事实上，画家的本意后人永远也无从深究了。

二

我们这么说，当然并不是否认《清明上河图》所隐含的丰富历史信息。《清明上河图》就如宋朝社会的一部"小百科全书"，从汴河上的舟楫往来，我们可以想见宋代汴河漕运的繁华（但余辉先生认为画家在这里暗示了"严峻的商贾囤粮问题"，则是余先生自己的臆想而已）；从市面中的酒旗招展，我们也可以想象北宋东京酒楼业的发达（余辉先生认为画家是想借此反映"泛滥的酒患"，也属于不可证实的臆想）；《清明上河图》画出的毛驴与骡子比马匹多得多（图中马只有 20 匹，毛驴与骡子则有 46 头），亦是宋朝缺乏马匹的真实写照；想了解宋代城门构造、民居造型、桥梁结构、市民服饰的研究者，都可以从《清明上河图》找到最直观、真切的图像材料。

1　孙承泽：《庚子消夏记》卷八。
2　参见《清明上河图》历代题跋诗文。

这正是《清明上河图》的魅力所在。

进而言之，这也是宋画的魅力所在。研究中国美术史的美国汉学家高居翰介绍说："早期西方对于中国绘画的研究往往认为，中国画传统经历了其伟大的时期——两宋，至元代而衰，晚明时期而再衰，以至晚期的作品不值得任何严谨的收藏家和博物馆收入。普爱伦（美国的宋画收藏家）便是此成见的坚决拥护者，而其研究员身份终其一生从未被动摇。普爱伦断言，即使那些'宋画'并非真的宋代所画，它们仍比任何明清绘画更美。"[1] 普爱伦对宋画的推崇也许只是出于个人的审美偏好，但对于历史研究者而言，宋画作为"图像证史"的价值，确实远远超过了其他时代的画作。

宋朝画家对世间万物都充满兴趣，他们"描绘的题材是多方面的，差不多是包罗万象，从大自然瑰丽的景色到细小的野草、闲花、蜻蜓、甲虫，无不被捉入画幅，而运以精心，出以妙笔，遂蔚然成为大观。对于都市生活和农家社会的描写、人物的肖像，以及讽刺的哲理作品，犹能杰出于画史，给予千百年后的人以模范和启发。所以论述中国绘画史的，必当以宋这个光荣的时代为中心"[2]。对于历史研究者来说，他们能够从宋画中获取包罗万有的关于宋代社会的图像史料。

再者，宋画讲求写实，用宋人的话来说，"观画之术，唯逼真而已。得真之全者，绝也；得多者上也；非真即下"[3]。跟后世

1　[美]高居翰：《早期中国画在美国博物馆》，《东方早报》2012 年 10 月 28 日。

2　郑振铎：《宋人画册·序》。

3　韩琦：《稚圭论画》。

的文人画风格大相径庭。美术史学者郎绍君先生曾给予宋画的写实精神极高评价："宋代美术在写实技巧上已臻中国古典写实主义的顶峰。……就同时代东西方各国古典写实主义艺术的水平与成就言，它毫无疑义是第一流的，称它占据同时代人类绘画艺术的最高位置，也并不过分。"[1] 口说无凭，以南宋画家李迪的《雪树寒禽图》（上海博物馆藏）与《雪中归牧图》（日本大和文华馆藏）为证，图中的积雪、树枝、伯劳鸟羽毛、牛的毛皮，都极富质感，有近代油画的效果。

宋时很流行的界画（界画是一种使用界尺引线的画种，力求准确、细致地在画面上再现屋木、宫室、器物、舟车等对象），更是追求逼真的视觉效果，宋人邓椿说，"画院界作最工，专以新意相尚。尝见一轴，甚可爱玩。画一殿廊，金碧焜耀，朱门半开，一宫女露半身于户外，以箕贮果皮作弃掷状。如鸭脚、荔枝、胡桃、榧、栗、榛、芡之属，一一可辨，各不相因。笔墨精微，有如此者！"[2] 北宋界画高手郭忠恕笔下的画面，"栋梁楹桷，望之中虚，若可投足；栏楯牖户，则若可以扪历而开阖之也。以毫计寸，以分计尺，以寸计丈，增而倍之，以作大宇，皆中规度，曾无少差。非至详至悉、委曲于法度之内，皆不能也"[3]。研究宋代建筑形制与结构，宋人的界画是绝对不可忽略的材料。

因为重写实、工写真，宋朝画家给后人留下了弥足珍贵的历史图像，有如后世的照片与纪录片。像《清明上河图》这样的界

1　郎绍君：《论中国现代美术》，江苏美术出版社，1988。

2　邓椿：《画继》。

3　李廌：《德隅斋画品》。

李迪《雪树寒禽图》

李迪《雪中归牧图》

画神品自不待言，即便是史料价值稍低的宋朝花鸟画，也能够为我们研究历史提供宝贵的佐证。比如说，你想了解 12 世纪常见的蝴蝶种类，如果查阅文献，恐怕会事倍功半，甚至可能一无所获，但只要去看南宋画家李安忠的《晴春蝶戏图》（北京故宫博物院藏），立即就可以知道宋人熟悉的蝴蝶品种有哪些。

但宋人的写实主义画风在元朝时发生了蜕变，让位于写意的文人画。元明文人画家对外在的客观世界失去了"再现"的兴趣，而更注重表达内心的感受。生活在元末明初的画家倪瓒自谓："仆之所谓画者，不过逸笔，草草不求形似，聊以自娱尔。余之竹，

李安忠《晴春蝶戏图》

聊以写胸中意气耳，岂复较其似与非、叶之繁与疏、枝之斜与直哉？"[1] 宋时盛行的界画，也在元明时期迅速衰落，清人著《明画录》指出："有明以来，以此擅长者益少。近人喜尚元笔（元笔即指文人画），目界画都鄙为匠气，此派日就澌灭者。"

　　从审美艺术的角度来说，写实主义的宋画与写意主义的文人画，究竟哪一个的艺术造诣更高？这只能是见仁见智的问题。

1　何良俊：《四友斋画论》。

南宋摹五代顾闳中《韩熙载夜宴图》

但从历史研究的角度来看，宋画的史料价值无疑要高于后世文人画。

三

在西方学界，"以图证史"作为一种历史研究方法论，已发展成为一门独立的史学分支——图像史学。不过在中国史学界，人们对于图像材料的使用似乎并未达成图像史学的自觉，要么只是将图像材料当成插图，要么将图像材料当成文献材料的旁证，使用图像仅仅是为了弥补文献材料的不足。

其实，研究宋画的朋友也许会发现，历史图像的信息量，有时候比文献记录还要丰富。一幅（一组）历史图像，往往包含着三个层次的历史信息。第一个层次是画家有意识描绘的图像信息，通常也体现在图画的题签上。比如说《清明上河图》，张择端要描绘的显然是北宋后期清明时节东京一角的市井景象。观画之人，从这图景可以看到宋朝城市的"繁盛之景"，或者联想到繁华的

脆弱。

　　第二个层次的历史信息，是画家无意识透露出来的"社会生活痕迹"。如南宋画师摹绘的《韩熙载夜宴图》（北京故宫博物院藏），画卷描绘了一个发生在南唐的历史故事，但宋朝画家在绘画时，出于种种原因，可能会在母本的基础上适当进行一些主观创造发挥，自然而然会无意识地带入很多宋代社会生活的信息。例如在母本并不完整的情况下，由于画家不能凭空想象一场南唐豪门夜宴的情景，因此只会根据自己的经历与经验来描述韩氏夜宴的种种细节。今天，当我们展开《韩熙载夜宴图》时，看到的与其说是南唐故事，不如说是宋朝社会生活的信息图，图中的韩宅家具，从承具到坐具，从屏风到架具，从卧具到床上用品，其实都是典型的宋式家具写照，从中我们可以真切了解到宋人的家居布局与家具特点。研究宋代家具的学者，肯定不会错过《韩熙载夜宴图》。

　　再举个例子，台北故宫博物院收藏的《文姬归汉图》组图，传为南宋李唐所绘，未必确凿，从画风看，出自南宋画院画师之

第十八拍

歸来故鄉見親族
田園半蕪春草綠
明燭重然煨盡灰
寒泉更洗沈沈泥
再持巾櫛禮儀好
一弄絲桐生死足
出入關山十二年
哀情盡在胡笳曲

传南宋李唐《文姬归汉图》之《返家图》

手当无疑问，其中第十八拍为《返家图》，画面告诉我们的第一层信息当然是发生在东汉的蔡文姬归汉故事，南宋画家描绘这个故事，也许是为了迎合宋高宗迎回韦太后的孝心，不过画家的动机也不好深究。但这幅《返家图》隐藏的第二层历史信息却是可以考证的——比如研究建筑史的学者能够从图卷中了解宋代（而不是汉代）的建筑形制。

第三个层次的历史信息，是绘画风格所隐含的时代精神。前面我们说过，宋画的特色是充满写实主义精神，那么，为什么宋画会表现出这么鲜明的集体风格？

我们认为，这其实是宋人追求"格物致知"的时代精神在绘画作品上的体现。"格物致知"是宋代士大夫特别是理学家心仪的方法论，且让我引述台湾艺术大学刘静敏教授的一个观点："宋人的精神世界与唐人不太一样，你看宋人的格物精神很发达，就像唐代有大量的边塞诗歌一样，他们有大量的咏物诗，集中在许多专用物上，江西诗派就是例子。他们开始对单一事物感到好奇，比如当时有大量的茶经，有笋谱，有各种植物的研究文章，这是当时的文化背景。"[1]

刘静敏教授所说的"研究文章"，是指宋代大量出现的研究自然万物的谱录，如《墨谱》、《香谱》、《云林石谱》、《茶录》、《酒谱》、《糖霜谱》、《牡丹谱》、《梅谱》、《菊谱》、《兰谱》、《桐谱》、《海棠谱》、《荔枝谱》、《橘录》、《笋谱》、《菌谱》、《蟹谱》、《昆虫草木略》、《禽经》（旧题为春秋时师旷所著，肯定不确。多数学者相信此书应成书于唐宋时期）、《南方草木状》（托名晋代嵇含编

---

1 刘静敏 2014 年接受《三联生活周刊》采访时所言。

撰，实成书于南宋）、《全芳备祖》、《促织经》、《尔雅翼》、《埤雅》，等等。事实上，你如果去看《四库全书》收录的谱录，几乎都出自宋人之手。

我们端详宋画，可以比较明显地感受到宋人的"格物致知"精神。宋朝画家讲求细致地观察事物，然后力图准确地将它们再现出来。生活在北宋的书画鉴赏家郭若虚提出："画花果草木，自有四时景候，阴阳向背，笋条老嫩，苞萼后先，逮诸园蔬野草，咸有出土体性。画翎毛者，必须知识诸禽形体名件，自嘴喙、口脸、眼缘、丛林、脑毛、披蓑毛，翅有梢翅、有蛤翅，翅邦上有大节小节、大小窝翎，次及六梢，又有料风、掠草、散尾、压磹尾、肚毛、腿袴、尾锥，脚有探爪（三节）、食爪（二节）、撩爪（四节）、托爪（一节）……"[1]简直是主张将画家训练成一名植物学家与鸟类学家，这样才能够逼真、传神地画出好的花鸟画。

宋后文人画兴起，也跟知识分子丧失了"格物致知"的热情、转而关心内心世界的时代精神变迁息息相关。明清时期的文人、士大夫极少对客观事物表现出浓厚的研究兴趣，这也是宋代之后科学精神失落的原因之一。

我们去看清代的仕女画，比如焦秉贞《仕女图》系列与《历代贤后故事图》系列、清代佚名《雍亲王题书堂深居图屏》（均为北京故宫博物院藏），还会发现，清人画笔下的女性形象，几乎都是瓜子脸，体态纤细，头部与身体的比例失调，服装多为冷色调的青色、蓝色，整个形象看起来弱不禁风。

我相信这也是时代精神的折射。在人物塑造艺术上，服装是

1　郭若虚：《图画见闻志》。

焦秉贞《仕女图》之一

具有象征意义的，比如京剧中的"青衣"，潮剧中的"乌衫旦"，通常都是带有悲剧色彩的正经女性，而风骚娇艳的女性角色，则着装艳丽，称"衫裙旦"。清代仕女画与戏剧所表现出来的文人审美倾向，或许正好反映了彼时女性受礼教束缚加深的信息。

四

陈寅恪先生说过："华夏民族之文化，历数千载之演进，造极于赵宋之世。后渐衰微，终必复振。"[1] 不论是从居民生活水平、社会发展水平，还是从文化发达程度、商业繁荣程度、政治文明程度来看，宋代都可谓处于华夏历史的高峰，并开启了世界最早的近代化，被海外汉学家赞誉为"现代的拂晓时辰"[2]。

如果引证文献论述宋代的文明，难免给人枯燥之感，这个时候我们不妨去看宋画。宋画呈现了一个比文字记载更为生动的历史世界，让我们得以近距离观赏到一个别开生面、活色生香的"风雅宋"。风雅，是社会文明形态发展至高水平时才会形成的文明表现。天水一朝对于"风雅宋"之称，当之无愧。

从宋人毛益的《萱草游狗图》《蜀葵戏猫图》与李迪的《犬图》《蜻蜓花狸图》中，你可以了解到宋人饲养宠物猫与宠物狗的习惯；从传为刘松年作品的《十八学士图》，你会看到一个盛水果的冰盘，原来宋朝人也喜欢在夏季吃冰镇水果；从宋时大量出现的《撵茶图》《斗茶图》，你可以感受到宋代市井间饮茶、斗茶风气之盛；

---

1 陈寅恪：《金明馆丛稿二编》，生活·读书·新知三联书店，2001。
2 参见吴钩《宋：现代的拂晓时辰》，广西师范大学出版社，2015。

从宋代佚名的《夜宴图》、马麟的《秉烛夜游图》与李嵩的《观灯图》，你能发现蜡烛作为一种照明工具在宋代社会的普及化；而李嵩的《花篮图》系列，不但展示出画家高超的静物写生功力，更是反映了宋代插花艺术的精湛。

从署名卫贤、实际作者应该就是张择端的《闸口盘车图》，你可以看到宋代水力机械的发达与官营手工业的繁荣；从署名张择端、实为南宋摹画的《金明池争标图》，你会发现宋朝皇家园林纵市民游赏的开放性；而《清明上河图》各种明清仿本上的"金明池"，都只绘出豪华的龙舟、金碧辉煌的宫殿、高耸而封闭的宫墙，却不见一个游园的平民，显示了明清时期的人对于宋代皇家园林开放性的陌生化，观画的你也会由此体味到一种令人喟叹的历史变迁。

宋画不但展现出比文字描述更生动、活泼的宋代风貌，宋画还给我们展开那些被文字遮蔽、涂抹的宋朝面貌。许多人都认为，宋人的服装审美由于受程朱理学的影响，一改唐朝服饰的艳丽华美风格，变得拘谨、内敛、呆板。不但网友有这样的成见，不少学术论文也这么论述。我想这些论者大概都不曾去看宋画，因为宋画上的女性，不管是南宋《中兴瑞应图》上的后妃、宫女，刘宗古《瑶台步月图》上的大家闺秀，还是南宋佚名《歌乐图卷》上的女艺人、何充《辜卢媚娘像》上的道姑，抑或是梁楷《蚕织图卷》中的家庭妇女、刘松年《茗园赌市图》中的市井女子，她们的着装都大方而性感，全无半点今人想象中的拘谨气味。

还有，一些研究中国藏书楼史的学者坚持认为，"由于文化为统治阶级所垄断，图书文献被视为私有珍品，不仅私人藏书'书不出阁'，就连国家藏书也被皇帝视为'退朝以自娱'，据为皇室

宋代《景德四图》之《太清观书图》

所有"[1]。"退朝以自娱"语出宋真宗。景德二年（1005）四月，真
宗增龙图阁藏书，说："朕退朝之暇，无所用心，聚此图书以自
娱耳。"[2]但这里的龙图阁，并不是国家藏书机构，而是皇室藏书
楼。宋代的中央藏书其实有两个系统，一为"三馆秘阁"，即国
家藏书机构，其图书是允许文臣学士借阅的；一为太清楼、龙图
阁、天章阁等皇家藏书楼，本来就是修建来纪念先帝的图书档案
馆，谈何"据为皇室所有"？而且，即便是皇家藏书楼，也并非

---

1 潘寅生：《概论图书馆的产生与发展》，《图书与情报》1985 年第 4 期。
2 《皇宋通鉴长编纪事本末》卷二一。

完全封闭，有图像可证——台北故宫博物院收藏的宋代《景德四图》，其中一幅《太清观书图》，描绘的便是景德四年宋真宗率大臣登太清楼阅览藏书的故事，可见宋朝的皇室图书档案馆也有一定的开放性。

从历史研究的角度来看，如果说宋代是漫漫历史长河中一处发掘不尽的文明富矿，那么珍贵的文献资料当然是通往这个富矿的大道，无数学人的研究也给后学开辟了众多路线，而宋画，则为我们打通了一条风景更加宜人的小径。摆在诸君眼前的这本小书，便是我从这条小径进入历史现场，尝试打捞出大宋文明之吉光片羽的小小成果。

日常

宋

人怎么养宠物狗与宠物猫

周昉《簪花仕女图》

　　我小时候生活在农村，家里养猫，也养狗，不过农村人不会拿猫狗当宠物——那时候也没有"养宠物"的观念，养猫是为捕鼠，养狗是为守夜。今天的城里人，基本上都是将猫儿狗儿当宠物养了。我觉得宠物的历史其实就是人类社会的进化史，猫、狗的驯化可以追溯到远古时代，但猫、狗被人类选中饲养，是因为猫有捕鼠的技能，狗有守夜、狩猎的技能，远古人不可能有闲功夫养一只宠物来争夺有限的口粮。

　　别看今天的欧洲人将宠物狗当成家庭成员看待，但在中世纪，欧洲养狗同样是出于功利性的需要。13 世纪的欧洲哲学家大阿尔伯特警告说："如果想让狗看好门，就不能给它喂人吃的食物或者经常爱抚它，否则狗在看门的时候，总是一半心思在向主人讨好吃的。"[1] 宋朝的文化人说猫儿"知护案间书"，中世纪的欧洲

1　转引自邱方哲先生《中世纪的人都养些什么宠物》。

人也认为猫可以保护教堂的圣餐。

　　宠物猫与宠物狗的出现，是比较晚近的事了，而且首先出现在有闲有钱阶级。欧洲在文艺复兴之后，贵族中才开始流行饲养宠物，并慢慢扩展至平民阶层。不妨说，当一个社会有越来越多的人饲养宠物的时候，这个社会就开始走向现代化了。而今天的人们将蟒蛇、蜥蜴、毒蜘蛛也当成了宠物来养，则多少透露出"后现代"的味道。

宠物狗：猧儿弄暖缘阶走

　　在中国，宠物狗是什么时候出现的呢？至迟在唐代，小型观赏犬已经成了贵妇圈的宠物，描绘唐朝贵妇生活的周昉《簪花仕女图》（辽宁省博物馆藏）便画了两只小巧玲珑的宠物犬。这种小型观赏犬叫作"拂菻狗"，唐初从西域高昌传入，原产于"拂菻"（东罗马帝国），"高六寸，长尺余，性甚慧，能曳马衔烛，云本出拂菻国。中国有拂菻狗，自此始也"[1]。又称"猧儿"，极其名贵，只有宫廷贵妇才养得起。

到了宋代，民间养狗已极为常见，城市中出现了专门的宠物市场，宋人孟元老《东京梦华录》说，开封府的大相国寺，"每月五次开放，万姓交易，大三门上皆是飞禽猫犬之类，珍禽奇兽，无所不有"。市场上还有猫粮、狗粮出售："凡宅舍养马，则每日有人供草料；养犬，则供饧糠；养猫，则供鱼鳅；养鱼，则供虬虾儿。"[2]南宋周密《武林旧事》的记录更有意思了，"小经纪"条（宋人称小商贩为"小经纪"，《武林旧事》"小经纪"条讲述的是南宋杭州的各类小商店）罗列了杭州城的各种小商品与宠物服务，其中有"猫窝、猫鱼、卖猫儿、改猫犬"，猫窝、猫鱼、卖猫儿的含义好理解，"改猫犬"却殊不可解，有宋史研究者认为可能就是给宠物猫、宠物犬做美容。[3]

周密的《癸辛杂识》记载的一则信息，更是确凿无误地显示了宋朝人有给宠物狗、宠物猫美容的做法。周密说，女孩子们喜欢将凤仙花捣碎，取其液汁染指甲，"凤仙花红者用叶捣碎，入明矾少许在内。先洗净指甲，然后以此付甲上，用片帛缠定过夜。初染色淡，连染三五次，其色若胭脂，洗涤不去，可经旬，直至退甲，方渐去之"。而定居于宋朝的阿拉伯女性，甚至用凤仙花液汁给猫狗染色："今回回妇人多喜此，或以染手并猫狗为戏"。

不过，宋人养狗，主要还是"畜以警盗"，或者用于狩猎。

---

1 《旧唐书》卷一四八。

2 吴自牧：《梦粱录》。

3 东方飞龙《宋人好养猫》："'改猫犬'可能是给猫装扮、美容。"

李迪《犬图》

南宋画家李迪的《犬图》（北京故宫博物院藏），画的应该是一条猎狗。狗的脖子还套着一个精美的项圈，显示了主人对它的珍惜。有没有可能主人将它当成宠物犬来饲养呢？

实际上，宋朝时候，人们饲养宠物犬的习惯，已经从唐朝时的宫廷贵族扩大到富有的平民家庭。《宋史·孝义传》记载，"江州德安陈昉"之家，"有犬百余，共食一槽，一犬不至，群犬不食"。

养了一百多条狗，恐怕就不单纯是出于实用目的，而应该对狗有特别的感情。又据洪迈《夷坚志》，宋人员琦，"养狗黑身而白足，名为'银蹄'，随呼拜跪，甚可爱。忽失之，揭榜募赎"。这条"甚可爱"的小狗，有名字，有一日丢失了，主人还贴出启事，悬赏寻狗，显然员家已将"银蹄"当成宠物来饲养了。

宋朝诗人的诗歌写道："药栏花暖小猧眠，雪白晴云水碧天"；"猧儿弄暖缘阶走，花气薰人浓似酒"；"猧子解迎门外客，狸奴知护案间书"；"昼下珠帘猧子睡，红蕉窠下对芭蕉"[1]。诗中的"猧儿"、"猧子"，宋人应该也是当宠物狗饲养。

文献资料关于宋人饲养宠物狗的记载甚少，好在还有图像史料。从传世的宋画中，我们可以找寻到一些宋代宠物狗的可爱形象，如日本大和文华馆藏的毛益《萱草游狗图》、上海博物馆藏的《秋庭乳犬图》、辽宁省博物馆藏的《秋葵犬蝶图》，画中的狗儿，长毛、形体小巧、样子可爱，应该就是小型的宠物犬。不知哪位达人能够品鉴出图像所绘的是什么宠物犬品种。

1　范成大：《春日三首》；范成大：《倦绣》；陆游：《书叹》；宋白：《宫词》。

上：毛益《萱草游狗图》；下：宋佚名《秋庭乳犬图》

宋佚名《秋葵犬蝶图》

宠物猫：盐裹聘狸奴，常看戏座隅

　　宠物猫在宋人生活中就更为常见了。吴自牧《梦粱录》记载："猫，都人畜之捕鼠。有长毛，白黄色者称曰'狮猫'，不能捕鼠，以为美观，多府第贵官诸司人畜之，特见贵爱。"宋人将家猫分为两大类：捕鼠之猫、不捕之猫。[1] 猫不捕鼠而受主人"贵

1　苏轼《上神宗皇帝书》："养猫以去鼠，不可以无鼠而养不捕之猫。"

爱"，当然是将猫当成宠物养了。

宋代最名贵的宠物猫当是"狮猫"吧。相传秦桧的孙女就养了一只"狮猫"，极宠爱。明人田汝成《西湖游览志》记述说："桧女孙崇国夫人者，方六七岁，爱一狮猫。亡之，限令临安府访索。逮捕数百人，致猫百计，皆非也。乃图形百本，张茶坊、酒肆，竟不可得。"秦家丢了一只宠物猫，竟然出动临安府协助寻找，固然可以看出秦家权焰熏天、以权谋私，但一下子能找到百余只狮猫，倒也说明了在宋朝临安城，养宠物猫的市民为数不少。

另一种名贵宠物猫是传说中的"乾红猫"。因为太名贵了，以致有奸诈之徒将普遍的家猫染色，冒充"乾红猫"搞销售欺诈。说一个南宋洪迈《夷坚志》中的故事（文词甚白，就不翻译了）："临安小巷民孙三者，一夫一妇，每旦携热肉出售，常戒其妻曰：'照管猫儿，都城并无此种，莫要教外闻见。若放出，必被人偷去，切须挂念。'日日申言不已，邻里未尝相往还，且数闻其语，或云：'想只是虎斑，旧时罕有，如今亦不足贵。'一日，忽搜索出，到门，妻急抱回，见者皆骇。猫乾红深色，尾足毛须尽然，无不叹羡。孙三归，痛棰其妻。已而浸浸达于内侍之耳，即遣人以直评买。孙拒之曰：'我爱此猫如性命，异能割舍？'内侍求之甚力，竟以钱三百千取之。内侍得猫，不胜喜，欲调驯然安贴，乃以进入。已而色泽渐淡，才及半月，全成白猫。走访孙氏，既徙居矣。盖用染马缨绋之法，积日为伪。"

这个故事还透露出另一条信息。孙三的邻居或云："想只是虎斑，旧时罕有，如今亦不足贵。"可知"虎斑猫"在宋代之前很是罕见，但在宋朝，已"不足贵"，想来很多寻常市民都养这种宠物猫。李迪的《蜻蜓花狸图》（日本大阪市立美术馆藏）所画之猫，看样子就是一只虎斑猫，宋人又称其为"花狸"。

李迪《蜻蜓花狸图》

　　从文献记录来看，南宋的寻常士庶之家确实也以养猫为乐。《夷坚志》记述了两则养宠物猫的故事，一则说，从政郎陈朴的母亲高氏，"畜一猫甚大，极爱之，常置于旁。猫娇呼，则取鱼肉和饭以饲"。另一则故事说，"桐江民豢二猫，爱之甚。一日，鼠窃瓮中粟，不能出，乃携一猫投于瓮，鼠跳踯上下，呼声甚厉，猫熟视不动，久之乃跃而出。又取其次，方投瓮，亦跃而出"。养"不捕之猫"，且"极爱之""爱之甚"，不是宠物是什么？

　　南宋诗人胡仲弓有一首《睡猫》诗写道："瓶吕斗粟鼠窃尽，床上狸奴睡不知。无奈家人犹爱护，买鱼和饭养如儿。"这正是宋人饲养宠物猫的生动写照。今天不少城市白领、小资将猫当成"儿子"养，看来这种事儿宋朝时已经出现了。

还有一个细节也可以见出宋人对猫的非同寻常的喜爱之情——给家中所养之猫起个名字。大诗人陆游晚年以猫为伴，他养的猫似乎都有名字，什么"粉鼻""雪儿""小於菟"（小虎）之类，他还写了好几首诗"赠猫"。给猫起名字，大概就是将猫视为家中成员了。

宋人养猫，要用"聘"：亲戚、朋友、邻居哪家的母猫生了小猫，你想养一只，就要准备一份"聘礼"，上门"礼聘"回来。"聘礼"通常是一包红糖，或者一袋子盐，或者一尾鱼，用柳条穿着。黄庭坚有《乞猫》诗写道："闻道狸奴将数子，买鱼穿柳聘衔蝉。"陆游的一首《赠猫》诗也说："盐裹聘狸奴，常看戏座隅。"诗句中的"衔蝉""狸奴"，都是宋人对猫的昵称。这一"聘猫儿"的习俗，直到 20 世纪 80 年代，我老家一带还保留着。一个"聘"字，让我觉得，在宋朝人的观念中，猫就如一名新过门的家庭成员，而不是一只畜牲。

在传世的宋人绘画中，也多见宠物猫的踪迹。

你看毛益《蜀葵戏猫图》（日本大和文华馆藏）中的白黄色猫儿，短脸，长毛，很可能就是"不能捕鼠，以为美观"的狮猫；宋佚名《富贵花狸图》（台北故宫博物院藏）上的猫儿，脖子系着一根长绳，还打着蝴蝶结，显然主人担心它走失，并不需要它捕鼠；苏汉臣《冬日婴戏图》（台北故宫博物院藏）中的那只小猫，与小姐弟相嬉戏，生活闲适，体态可爱，肯定不是"苦命"的捕鼠之猫。

城市中出现了专门的宠物市场，商店里有猫粮、狗粮出售，连宠物房、宠物美容都有了，人们还给自己饲养的猫儿、狗儿起了名字，这跟今天我们养宠物又有什么不同呢？宋人的生活，确实透出一种亲切的现代气息。

上：毛益《蜀葵戏猫图》；下：宋佚名《富贵花狸图》

苏汉臣《冬日婴戏图》

宋

人用什么钓鱼：抛竿

我家楼下有一个小小的湖泊，每天都有一些老者前来钓鱼。有时候看着他们悠然自得垂钓的背影，我会忍不住想：宋朝时候的人也是这么钓鱼的吗？

钓鱼的历史非常古老，据说早在旧石器时代，先民们已经懂得用骨制鱼钩钓鱼了。不过，这时候的钓鱼，是作为一种捕猎食物的方式出现的，性质跟捕鱼、打猎没有区别。只有到了物质比较丰富的时代，垂钓才成了不带实用目的而纯粹追求乐趣的休闲生活方式。

宋代时，垂钓已经是一项相当普及的休闲活动。每一年春季，君主都要邀请大臣赴后苑赏花钓鱼，这作为一项礼制固定下来，《宋史·礼志》载，"雍熙二年四月二日，诏辅臣、三司使、翰林、枢密直学士、尚书省四品、两省五品以上、三馆学士，宴于后苑，赏花钓鱼，张乐赐饮，命群臣赋诗习射。曲宴自此始……则岁为之"。

北宋皇家林苑金明池春季对市民开放期间，也会推出"有偿钓鱼"的项目："池之西岸，亦无屋宇，但垂杨蘸水，烟草铺堤，游人稀少，多垂钓之士，必于池苑所买牌子，方许捕鱼。游人得鱼，倍其价买之，临水砟脍，以荐芳樽，乃一时佳味也"[1]。

1954 年河北邢台曹演庄出土的北宋磁州窑白地黑花纹腰形枕（河北省博物馆藏），也绘有童子垂钓图案，可见宋时垂钓之乐已深入寻常百姓家，妇稚亦以钓鱼为乐。

1　孟元老：《东京梦华录》。

北宋童子垂钓枕

宋人钓鱼用抛竿

那么宋人垂钓的渔具跟今天的钓鱼工具是不是一样的呢？不妨先来看北宋邵雍《渔樵问对》中的一段问答：

> 樵者问渔者曰："子以何道而得鱼？"
>
> 曰："吾以六物具而得鱼。"
>
> 曰："六物具也，岂由天乎？"
>
> 曰："具六物而得鱼者，人也。具六物而所以得鱼者，非人也。"
>
> 樵者未达，请问其方。
>
> 渔者曰："六物者，竿也，纶也，浮也，沉也，钩也，饵也。一不具，则鱼不可得。然而六物具而不得鱼者，

非人也。六物具而不得鱼者有焉，未有六物不具而得
鱼者也。是知具六物者，人也。得鱼与不得鱼，天也。
六物不具而不得鱼者，非天也，人也。"

邵雍是哲学家，他写《渔樵问对》是为了表达蕴藏于天地万
物的奥妙哲理。这个我们且不去管它，我们只需注意，渔者的回
答交待了宋朝钓具必备的六个部件：竿、纶、浮、沉、钩、饵。
纶即丝线，浮即浮子，沉即钓坠，竿与饵均不用解释吧。今天你
制作一件简易的钓鱼竿，也少不了这六个部件。

但是且慢，我们现在所用的钓鱼竿，通常都是"海竿"，又称"抛
竿"，比简易钓竿多了一个关键的部件：绕线轮。有了这个绕线轮，
钓者便可以将饵钩抛到很远的水域。这样的抛竿，似乎是洋人发
明的高级货，宋朝也有吗？

有。这种有转轮的抛竿，宋人形象地称之为"钓车"。实际
上唐朝已出现了钓车，我们在浩如烟海的唐诗中可以找寻到一些
歌咏钓车的诗篇，如皮日休的这首《奉和鲁望渔具十五咏·钓车》：
"得乐湖海志，不厌华辀小。月中抛一声，惊起滩上鸟。"写出了
海上夜钓时使用钓车的动作特点：抛。陆龟蒙的《渔具诗·钓车》
也提到了钓车的使用技巧："溪上持只轮，溪边指茅屋。闲乘风
水便，敢议朱丹毂。高多倚衡惧，下有折轴速。曷若载逍遥，归
来卧云族。"

不过钓车在唐诗中出现的次数比较少，检索《全唐诗》，可
以找到十几处。到了宋代，诗人歌咏钓车的诗句就突然多起来了，
在《全宋诗》中可以检索到三四十处。这应该是钓车的应用在宋
代更为普及的反映。黄庭坚的《题花光画山水》，写的是江湖隐
逸的钓车："花光寺下对云沙，欲把轻舟小钓车。更看道人烟雨笔，

乱峰深处是吾家。"李新的《渔父曲》，写的则是江海渔翁的钓车："黄蓑老翁守钓车，卖鱼得钱还酒家。醉中乘潮过别浦，睡起不知船在沙。"杨万里的《过宝应县新开湖》则描述了用钓车垂钓的情景："两双钓船相对行，钓车自转不须萦。车停不转船停处，特地萦车手不停。"

这种"自转不须萦"的钓车制作技巧，古人也有精到的总结。传为宋代沈括撰写的《洞天游录》"渔竿"条目载："江上一蓑，钓为乐事。钓用轮竿，竿用紫竹，轮不欲大，竿不宜长，但丝长则可钓耳。豫章有丛竹，其节长又直，为竿最佳。竿长七八尺，敲针作钩，所谓'一勾掣动沧浪月，钓出千秋万古心'，是乐志也。意不在鱼。或于红蓼滩头，或在青林古岸，或值西风扑面，或教飞雪打头，于是披蓑顶笠，执竿烟水，俨在米芾《寒江独钓图》中，比之严陵渭水，不亦高哉。"

有过丰富钓鱼经验的朋友应该知道，抛竿的特点正是"轮不欲大，竿不宜长，但丝长则可钓耳"，"竿长七八尺"（约 2.3 米）用起来最趁手。

但《洞天游录》很可能是清人的伪作，而非宋人沈括的作品，上引那段话应该抄自明代屠隆的《考槃余事》。不管怎样，我们说宋人已经掌握了制作并使用抛竿的钓鱼技术，是完全没有问题的，因为有宋诗为证。

那么宋代的钓车到底是什么样子的呢？跟今天的抛竿一样吗？宋诗的描述语焉不详，好在我们还有图像史料。日本东京国立博物馆收藏的南宋马远《寒江独钓图》（《洞天游录》误将此图当成了米芾作品），画一渔翁坐一小舟，垂钓于江上。那渔翁手中所执钓竿，正是带绕线轮的钓车，竿很短，线很长，可抛到很远的水域。宋代画家工写实，钓竿的绕线轮画得非常

上：马远《寒江独钓图》局部；下：梁楷《八高僧故事图卷》局部

清楚，为六辐条木制小转轮。我们还可以清晰地看出，渔翁的钓竿还设有两个过线环，一个位于线轮前方，另一个位于钓竿尖端。整具钓车的造型、功能、工作原理都跟今天的抛竿没什么两样，只不过现代钓具的工艺更加精致、复杂，材质更为先进而已。

马远的《寒江独钓图》大概也是世界上最早的一幅抛竿钓鱼图。生活时代略晚于马远的南宋另一位画家梁楷，绘有一组《八高僧故事图卷》（上海博物馆藏），图卷由八幅故事画组成，其中第八幅《孤蓬芦岸·僧倚钓车》也画出一竿钓车。我们可以清晰地看出钓车绕线轮的构造。

元明画作中的线轮钓竿

宋代之后，在元明时期的众多画作中，也能够找到钓车的踪影，如元代吴镇的《渔父图》（台北故宫博物院藏）、赵雍的《松溪钓艇图》（北京故宫博物院藏）、明代戴进的《渭滨垂钓图》（台北故宫博物院藏）、蒋嵩的《渔舟读书图》、沈士充的《寒塘渔艇图》、赵左的《望山垂钓图》（均为北京故宫博物院藏），都画到了这种带绕线轮的钓车。

如果仔细比较这些图像，我们将会发现，宋画对钓车线轮造型、结构的呈现是非常清晰的，而元明时期的画家却总是将线轮画得很潦草，简略几笔草草了事，有些画作甚至把线轮的位置都画错了。在清代的钓鱼题材绘画中，更是难觅钓车的踪影。这是何故呢？我觉得，可能是因为元明时期的中国画画风发生了大转变，界画没落，文人画兴起，从宋画的重工笔写实风格，变为元明文人画的重写意，画家再无耐心和兴趣去细细勾勒一个小小的线轮。

也可能是历史上存在两种带线轮的钓鱼竿，一种类似于今天的抛竿，在抛钓与收线的时候，线轮可以快速转动，即宋画《寒江独钓图》中的钓车；另一种只是在钓竿前端装一个线轱辘，并不会轮动，只是用于绕线而已。元明画家所画的是这种简单的线轱辘。

当然还有一种可能是，抛竿在元明清时期未能得到普及，甚

上：吴镇《渔父图》局部；中：赵雍《松溪钓艇图》局部；
下：戴进《渭滨垂钓图》局部

上：蒋嵩《渔舟读书图》局部；中：沈士充《寒塘渔艇图》局部；
下：赵左《望山垂钓图》局部

明代版画"钓鳖"

至可能在某些地方失传，以致画家只知道那种简单加一个线轱辘的钓竿，而不知道结构略复杂的抛竿。

不过，从明代万历年间刊刻的《三才图会》的版画插图中，我们还是找到了一幅"钓鳖"，图中渔夫用来钓鳖的钓具，跟我们在宋画《寒江独钓图》看到的钓车极相似。渔夫对绕线轮的使用手法，也与今天的抛竿钓鱼差不多。

从钓车入诗、入画的情况来看，我们不妨说，至少在宋代，钓车已成了百姓家的日常器用，用抛竿垂钓于江湖河海也是寻常的生活景象。

相信许多朋友都用抛竿钓过鱼，但未必都知道古人早已使用抛竿（钓车）垂钓了。

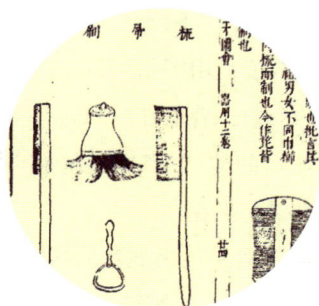

宋

人用什么刷牙：牙刷

每天早晨，我们醒来，要做的第一件事情，就是刷牙洗脸。不知道你在刷牙的时候，有没有想过一个有趣的问题：古人也刷牙吗？如果刷，那又是用什么刷牙呢？

相信有一些朋友会说，用手指揩擦呗。这大概是从影视作品或明清小说中得来的印象，曹雪芹的《红楼梦》中，就有贾宝玉用手指醮着青盐擦牙齿的情节："黛玉起来叫醒湘云，二人都穿了衣服。宝玉复又进来，坐在镜台旁边，只见紫鹃、雪雁进来服侍梳洗。湘云洗了面，翠缕便拿残水要泼，宝玉道：'站着，我趁势洗了就完了，省得又去费事。'说着便走过来，弯腰洗了两把。紫鹃递过香皂去，宝玉道：'这盆里的就不少，不用搓了。'再洗了两把，便要手巾。翠缕道：'还是这个毛病儿，多早晚才改。'宝玉也不理，忙忙的要过青盐擦了牙，漱了口，完毕。"

也许还有一些朋友会说，嚼杨枝嘛。这大约是从佛教故事得来的印象。古印度的佛教徒有口嚼杨枝用以洁齿的传统，这一生活习惯也随着佛教传入中国。西晋时的佛典《菩萨行五十缘身经》记载说："菩萨世世持杂香水与佛及诸菩萨，澡面及杨枝梳齿，用是故，佛面口中皆香。"用于洁齿的杨枝，又叫作"齿木"。唐代的佛教史传《南海寄归内法传》载，"每日旦朝，必嚼齿木。揩齿刮舌，务令如法。盥漱清净，方行敬礼。……其齿木者，……长十二指，短不减八指，大如小指。一头缓须熟嚼，良久净刷牙关。"除了杨枝，柳、桃、槐等树的枝条都可拿来当"齿木"。"齿木"并无什么技术含量，将树枝一端嚼烂，露出木纤维，便可用来揩齿。

从敦煌莫高窟的壁画中也可以找到僧人揩齿图像。你看下页左图的僧人，正在用食指擦揩牙齿，右图的胡僧则用"齿木"洁齿。不过，如果你以为古人清洁牙齿时都得依靠手指头与简陋的"齿木"，那未免将古人想象得太 low 了。唐宋时候，许多人已经用

敦煌莫高窟壁画僧人揩齿图

上了植毛牙刷，跟我们用牙刷刷牙没什么两样。

出土的唐宋牙刷

按照以前的说法，世界第一把牙刷是 1770 年（清乾隆年间）英国人威廉·阿迪斯在监狱里发明的，他给一根骨头钻了几个小孔，然后嵌上猪鬃毛，制成了人类社会的第一把牙刷。但考古的发现率先颠覆了这一说法。

1953 年，考古学家在内蒙古赤峰大营子发掘了辽国附马卫国王墓，从陪葬品中发现两把骨制刷柄。根据考古报告的描述，骨柄长约 19.50 厘米，一端有 8 个穿透的植毛孔，分为两排，每排 4 孔，小孔有植毛痕迹，植毛面的孔径略大于背面的孔径，骨柄呈长条状，植毛部则为扁平长方体，"制法极似现代的标准牙刷"。研究口腔医学的学者相信，这是两把辽代的牙刷。[1]

随后，类似的骨制牙刷陆续从多处辽墓中出土。内蒙古赤峰宁城县小仗子一号辽墓、宁城县埋王沟三号辽墓、赤峰巴林右旗辽墓、乌兰察布兴和县尖山村辽墓、兴安盟突泉县西山辽墓群、辽宁喀左县白塔子乡四号辽墓、北票西官营子村二号墓都发现了骨制牙刷柄，"形制与现代牙刷相近，长度与植毛孔数无一定之规，但长度一般在 25 厘米以内，植毛孔数最少 4 孔，最多 24 孔。牙刷多与水具或梳洗用品同出，如小盂、碗、杯、小缸、盆、瓶、瓷盒等"[2]。此外，在金代墓葬品中也发现了多把骨质牙刷柄。

从出土的辽墓壁画也发现了疑似牙刷的图像。内蒙古巴林左旗滴水壶辽墓壁画中有一幅《梳妆侍奉图》，图上画了一名辽国女性正在弯腰梳妆，在她面前的梳妆盘上，放着木梳、粉盒，以及一把长柄的刷子。有人相信，这应该也是一把牙刷。

但辽代牙刷并不是目前发现的年代最早的牙刷。1985 年，考古人员还在成都指挥街的唐代灰坑发掘出四把骨质牙刷柄，其中一把现收藏于成都中医药传统文化博物馆。这把牙刷头部略宽，有 12 个植毛孔，分为两排。刷柄从中后部逐渐缩窄、加厚。成都唐代灰坑牙刷的出土，将中国人使用牙刷的历史往前推到唐朝。

到目前为止，我们还未说到出土的宋代牙刷实物。不要急，马上说。2007 年，河南杞县发现一处宋代灰坑，从里面发掘出

1　周宗歧：《辽代植毛牙刷考》，《中华口腔科杂志》1956 年第 3 期。

2　参见黄义军、秦彧《中国古代牙刷的起源与传播》，《中国社会历史评论》2014 年。

《梳妆侍奉图》及其线描图。《梳妆侍奉图》引自 1999 年第 8 期《考古》杂志，线描图转自伍秋鹏《中国古代牙刷形制演变考》一文

成都中医药传统文化博物馆收藏的唐代牙刷柄

一些骨制品（半成品）、古铜钱，其中有三件骨质刷柄残品，较完整的一支刷柄残品长为 7.90 厘米，宽 1.14 厘米，厚约 0.40 厘米，一端有 48 个植毛孔。据考察过发掘现场的学者称，这应该是宋代的牙刷（残品）。发掘现场"能挑捡到如此多的锯痕骨头残件，说明在这一带附近曾有一个骨制品加工大作坊"[1]。

　　2016 年初，杭州的南宋官窑博物馆曾以"临安人的一天"为主题，展出了一批杭州民间收藏的南宋器物，展品均为可以体现南宋杭州市民日常生活的陶瓷器、金银器、青铜器、竹木器、

1　"杞县出土牙刷"图文引自徐永峰《牙刷起源新探》，《中国文物报》2008 年 5 月 14 日。

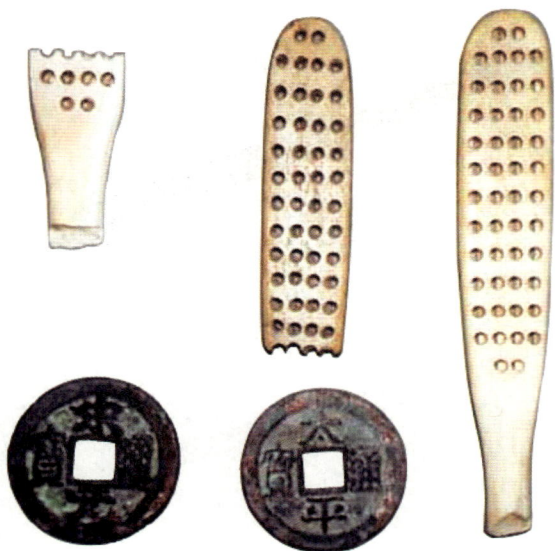

杞县宋代灰坑出土的牙刷残品与宋钱

骨制品等，其中便有一组宋代的骨质牙刷柄。有的骨柄雕刻有纹饰，做工考究，应该是大户人家的日用品。哈尔滨有一家口腔医学博物馆，也曾展出一把宋代的虎骨牙刷柄，骨柄一端钻有双排24个植毛孔。

　　从考古成果来看，出土的古代牙刷实物数目着实不少，唐代至清代的牙刷均有发现，河南安阳的民间收藏家曾举办过一场古代牙刷展，展出400多支古代牙刷；2011年江苏扬州还成立了中国首家牙刷博物馆。有网友反问："牙刷发明才几年，有必要开一个博物馆吗？"他其实是不了解牙刷在中国出现的历史已有上千年。

　　从牙刷的形制看，宋朝时期（包括辽代）的牙刷出现了"明穿"与"暗穿"两种植毛法，明穿法是指植毛孔洞穿，正面孔径

杭州南宋官窑博物馆展出的宋代骨刷柄

略大，背面孔径略小并有凹槽，毛发植入小孔后在凹槽处用金属丝加固，如成都中医药传统文化博物馆收藏的唐代骨刷，便是明穿法植毛牙刷。

暗穿法则是植毛孔只钻一半深，孔与孔之间有小洞相通，利用两个植毛孔固定毛发，植毛的技术难度显然更大，但牙刷背面是光滑的，显得更为美观。内蒙古赤峰民间古玩市场就曾出现过一把辽代暗穿法植毛骨质牙刷。[1]

1　图片信息见肖兴义《辽代植毛骨质牙刷与古代植毛牙刷考证》，《文物鉴定与鉴赏》2010年第5期。

哈尔滨一家口腔医学博物馆展出的宋代虎骨牙刷柄

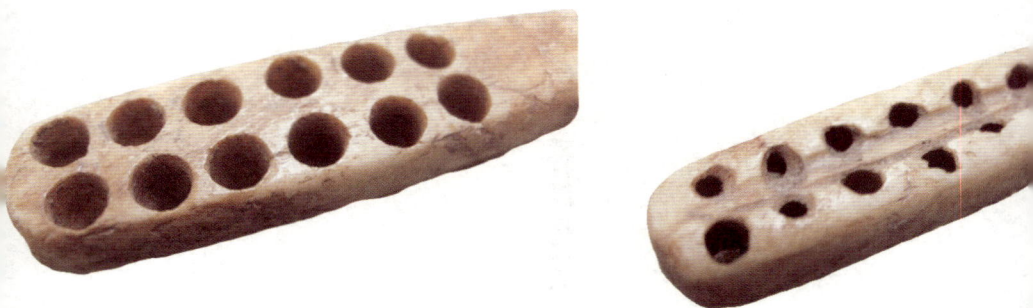

辽代明穿法植毛骨刷正背面

宋笔记中的牙刷

也有一些考古学者并不认为出土的骨质刷板是古代牙刷，而是古人用来给头发抹油的捵子。不过，如果证之文献记载，我们还是可以确凿无误地指出，宋代确实出现了植毛牙刷，在大都市中，牙刷已经作为日用品进入市民的日常生活。

南宋嘉定年间，日本高僧道元禅师游历中国名山寺院，亲眼看到宋朝僧人每日都用牙刷刷牙："余于大宋国嘉定十六年癸未（1223）四月，首次到中国各山寺参观时，得知……僧侣们除漱口之外，尚用剪成寸余之马尾，植于牛角制成的器物上，用以刷洗牙齿。"[1] 道元禅师记录的信息透露，宋代僧人制作牙刷的材质

---

1 ［日］道元：《正法眼藏》。

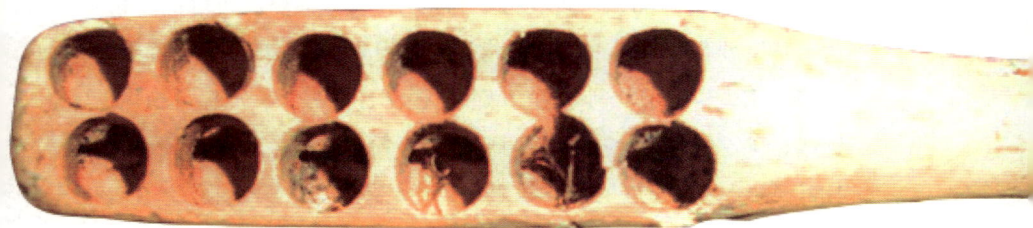

赤峰民间古玩市场出现的辽代暗穿法植毛骨刷

是牛角（其实宋人也多用兽骨、竹木，一些贵族可能还用象牙制作高端牙刷），植毛则用马尾毛。

宋人周守忠著有一册《养生类纂》，里面也提到马尾毛牙刷："早起不可用刷牙子。恐根浮兼牙疏易摇，久之患牙痛。盖刷牙子皆是马尾为之，极有所损。"这一记载显示，至少有一部分宋人已养成每天早晨起床后用马尾毛牙刷洁齿的生活习惯，但周守忠反对这么做，因为他认为马尾毛比较硬，容易损伤牙齿。后来有一位元朝人写诗形容他使用的牙刷："短簪削成玳瑁轻，冰丝缀锁银鬃密。"银鬃，即白色的马鬃毛，看来这时候牙刷已改植较柔软的马鬃毛。

成书于南宋绍兴年间的《小儿卫生总微论方》则提倡小朋友也要经常刷牙，左刷刷，右刷刷，因为勤于刷牙可以预防牙疾："小儿牙齿病者，……因恣食酸甘肥腻油面诸物，致有细粘渍着牙根，久不刷掺去之，亦发为疳宣烂，龈作臭气恶血。若风湿相搏，则为牙痛。"

来自吴自牧《梦粱录》的信息，更是说明牙刷在南宋都城已经成为普通小商品，出现在大众市场中。《梦粱录》记录的"诸色杂货"罗列了诸多杭州市井常见的日用小商品，其中有"铙子、木梳、篦子、刷子、刷牙子、减装、墨洗、漱盂子、冠梳、领抹、针线，与各色麻线、鞋面、领子、脚带、粉心、合粉、胭脂、胶煤、托叶、坠纸等物"，这里的"刷牙子"就是牙刷，跟木梳、篦子一样，是寻常的生活用品。

南宋杭州还有牙刷"专卖店"。《梦粱录》收录了一堆杭州的名牌商店名单，其中有"狮子巷口徐家纸札铺、凌家刷牙铺、观复丹室；保佑坊前孔家头巾铺、张卖食面店、张官人诸史子文籍铺、讷庵丹砂熟药铺、俞家七宝铺、张家元子铺；中瓦子前徐茂之家扇子铺、陈直翁药铺、梁道实药铺、张家豆儿水、钱家干果铺；金子巷口陈花脚面食店、傅官人刷牙铺"。这里的"凌家刷牙铺"、"傅官人刷牙铺"，都是专营牙刷小商品的名店。

那么宋代的牙刷价格如何呢？很遗憾我们未能从宋代笔记中找到相关史料，倒是成书于元朝的《朴通事》提供了可供参考的物价信息。《朴通事》是元代朝鲜人编撰的汉语教材，供朝鲜人学习汉语用，书中以对话的形式介绍了中国的住宿饮食、货物买卖等情况。里面有一段发生在市井间的对话：

> 顾客："卖刷子的将来。这帽刷、鞋刷各一个，刷牙两个，掠头两个，怎么卖？"
> 商贩："这的有什么商量处？将二百铜钱来。哥，我与你这一个刷牙、一个掠头，将去使，休掉了。"
> 顾客："不妨事，我靴鞡里揣将去。"

这段对话显示，元代时，一把帽刷、一把鞋刷，加上一支牙刷、一把梳子（掠头），总共要价200文。如果忽略几种小商品的价差，牙刷的单价大约25文钱，跟宋代一支蜡烛的价格差不多，不算特别贵，一般市民也买得起。

宋朝人刷牙不但用上了牙刷，而且还有牙膏。宋代官修医书《圣济总录》在《揩齿》一节列出了二十七种揩齿药方，这些方子相当于今天的牙膏。我再从宋代另一部官修医书《太平圣惠方》中抄两条牙膏方子，诸位若有兴趣，不妨按方配制：（1）"柳枝、槐枝、桑枝煎水熬膏，入姜汁、细辛、芎藭末，每用擦牙。"（2）"盐四两，烧过；杏仁一两，汤浸、去皮尖双仁；上件药都研成膏，每用揩齿甚佳。"

这些牙膏，既可以蘸在手指上擦牙，也可以抹在牙刷上使用——就跟我们现在的用法一个样。有史料为证：南宋医书《严氏济生方》记载："每日清晨以牙刷刷牙，皂角浓汁揩牙旬日数更，无一切齿疾。"可见宋人平日是很注意牙齿的清洁与保健的。

余话

从我们掌握的史料来看，宋代之后，牙刷在中国人日常生活中的应用越来越普遍，虽然还谈不上普及。我们读明清时期的小说，便会发现涉及牙刷的细节描述并不鲜见。宋红女士的《中国人使用牙刷考》一文曾从明清小说中检索到多条关于牙刷的信息，认为"小说中不经意间的细节描写，却往往反映出社会生活的真实画面"。我在宋女士检出材料的基础上，略增补几条：

明代话本小说《型世言》十三回：

却说王喜也是一味头生性，只算着后边崔科害他，走了出去，不曾想着如何过活。随身只带一个指头的刷牙，两个指的箸儿，三个指头的抿子，四个指头的木梳，却不肯做五个指头伸手的事。

明末小说《肉蒲团》第十回：

艳芳道："你且起来披了衣服，做一件紧要事，才好同睡。"未央生道："除了这一桩，还有甚么紧要事？"艳芳道："你不要管，只爬起来。"说完走到橱下，把起先温的热水汲在坐桶里，掇来放在床前。对未央生道："快些起来，把身子洗洗，不要把别人身上的龌龊弄在我身上来。"未央生道："有理。果然是紧要事。我方才不但干事，又同他亲嘴，若是这等说，还该漱一漱口。"正要问他取碗汲水，不想坐桶中放着一碗热水，碗上又架着一枝刷牙。未央生想道，好周至女子，若不是这一出，就是个腌臜妇人，不问清浊的了。

清代小说《金屋梦》三十三回：

丫头盛了水来洗面，就是桂花香皂，刷牙油盒，粉扑胭脂，装台镜架。李铭浑家疾忙取出牙梳替吴银姐梳头挽髻。

清代评书小说《清风闸》二十三回：

次日天明，穿好衣裳，有人倒了洗脸水，拿刷牙盆子，拿肥皂的，拿擦牙散，拿手巾的，拿嗽嘴碗的，各人伺候。

清代小说《续金瓶梅》三十五回：

丫头盛了水来洗面，就是桂花香皂、镜抿、刷牙、油盒、粉扑、胭脂，一弄儿打扮得妆台镜架。

清代小说《女仙外史》二十三回：

原来教坊共有四司，虽然门户各分，总有一座大门内出入，每日卖刷牙梳子、针线花粉的，不论男女老少，闯来闯去，从无禁忌。

清代小说《绿野仙踪》九十五回：

如玉这日对镜梳发，净面孔，刷牙齿，方巾儒服，脚踏缎靴，打扮的奇奇整整，从绝早即等候新人。

晚清小说《儿女英雄传》三十八回：

何小姐一面漱口，便叫人搬了张小杌子来，叫她坐下；她且不坐下，只在那里帮着花铃儿放漱口水，揭刷牙粉盒儿，递手巾。

晚清小说《海上花列传》第八回：

赵家姆听见子富起身，伺候洗脸、刷牙、漱口。

晚清小说《官场现形记》十三回：

管家进去打洗脸水，拿漱口盂子、牙刷、牙粉，拿了这样，又缺那样。

晚清小说《二十年目睹之怪现状》九十九回：

吃饭中间，张大爷又教了贾冲多少说话，又叫他买点好牙粉，把牙齿刷白了。

晚清小说《文明小史》三十四回：

毓生放下牙刷，赶忙披上夹呢袍子，走出柜台招呼，便问尊姓大号，在下便是王毓生。

清末小说《留东外史》第二章：

刚打五点钟，就爬了起来，洗脸刷牙已毕，对镜将西洋头着意的梳理。

另外，明代《三才图会》的"器用卷"列有当时人们常用的"栉沐之具"，其中包括洁齿的牙刷、润发的抿子、刮舌的刮子、清

梳

梳實錄曰赫胥氏造梳以木
為之二十四齒取疏通之義

笓

笓說文曰梳比總名也枇言其
細相比也禮男女不同巾櫛
是枇因梳而制也今作篦皆
周制也

三才圖會　嘉用十二卷

廿四

梳　帚　刷　皿

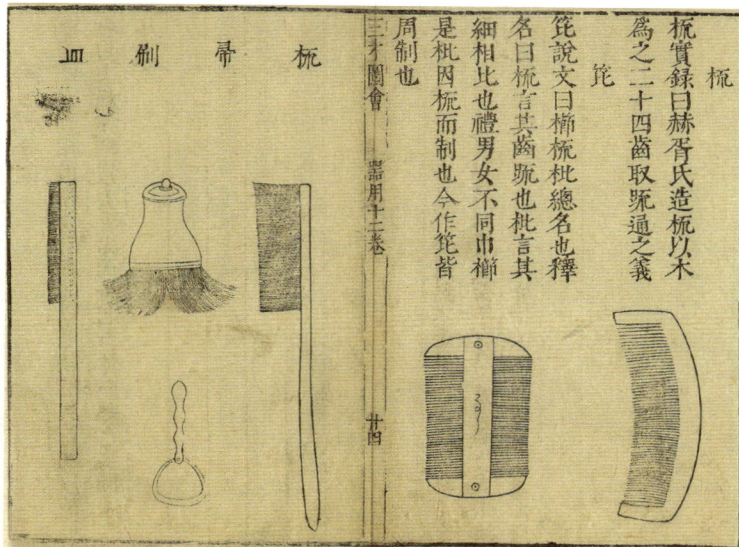

明代《三才图会》上的牙刷等栉沐之具

洁梳子的小毛帚：“刷与刡（抿子）其制相似，俱以骨为体，以毛物妆其首。刡以掠发，刷以去齿垢，刮以去舌垢，而帚则去梳垢，总之为栉沐之具也。”并附有插图，从形制看，明朝人的牙刷跟我们所用的没什么两样。

晚明冯梦龙的《黄山谜》也收录了一条与牙刷有关的谜语：“身子生来六七寸，着子相嵌绿背心。方方正正乌去鬃，光光滑滑下半身。悔气遇子精油嘴，还把头来摇得紧。”打一物。谜底正是牙刷。《黄山谜》中还有一首嘲谑村妓的曲儿《黄莺儿·村妓》：“茅屋学铅华，髻丫边，插野花。田郎个个拖来耍，溪边浣纱，丘中种麻。三升麦子真高价，这娇娃，吴城香刷，从未刷君牙。”“牙刷”能够入谜，当然说明了在晚明社会中，牙刷无疑是一种常见的日用品。而村妓被嘲讽从不刷牙，则显示在城市文人的眼里，平日不刷牙已被当成一种可笑的生活方式。

　　成书于乾隆年间的《太平欢乐图》则记载："今村镇间有提筐售卖荷包、眼镜并牦梳、牙刷、剔齿签之类，琐细俱备，号'杂货篮'。"可知此时乡村也出现了牙刷等日用品。清代的蒙学教材《日用俗字》还将"刷牙"列为培养儿童良好生活习惯的教学内容："镜子照来仍抿鬓，篦儿刮净更梳油。刷牙漱去口方净，桄齿剔来垢不留。肥皂去油搓粉面，胭脂点嘴抹金瓯。"这一史料更是牙刷使用普遍化的明证。

　　牙刷、牙膏是很有意思的小发明，每日刷牙是良好的生活习惯，华夏的文明就体现在这种似乎毫不起眼的历史细部中。只不过我们的历史书往往只关注宏大事件，不肯告诉我们这些生活史的生动细节罢了。

宋

人怎么吃水果：冰镇

花鸟画中的水果

宋代风俗画具有高度的写实风格，是文献难以替代的历史镜像，当然也是我们了解宋朝社会生活的珍贵图像史料。相比之下，花鸟画的史料价值不是很高。不过，宋朝的花鸟画依然可以告诉我们诸多关于宋人生活的信息。比如，多幅宋人花鸟画都绘有水果，让千年后的人们能够确知，这些水果品类至迟在宋代已出现在中国人的生活中。

南宋佚名的《红果绿鹎图》（上海博物馆藏），图中"红果"即山楂，山楂在宋人生活中很是常见，陆游有《出游》诗写道："行路迢迢入谷斜，系驴来憩野人家。山童负担卖红果，村女缘篱采碧花。"诗人在出游途中，看到山里的儿郎正挑着担子贩卖山楂呢。

另一幅南宋佚名的《榴枝黄鸟图》（北京故宫博物院藏），画面出现的是石榴。石榴也是宋人常见的水果，杨万里有《石榴》诗咏道："雾縠作房珠作骨，水精为醴玉为浆。"因石榴多籽，也常作为"多子多福"的象征出现在宋人画作中。

南宋林椿的《枇杷山鸟图》（北京故宫博物院藏）画有枇杷。我们都知道苏轼写过一首《食荔枝》诗："罗浮山下四时春，卢橘杨梅次第新。日啖荔枝三百颗，不辞长作岭南人。"诗中提到三种水果：卢橘、杨梅、荔枝，估计都是苏轼喜欢吃的果子。曾有友人问苏轼："卢橘何种果类？"苏轼回答："枇杷是也。"[1]

还有一段宋词名句，相信你会背诵："流光容易把人抛，红

---

[1] 惠洪：《冷斋夜话》。

上：南宋佚名《红果绿鹎图》；下：南宋佚名《榴枝黄鸟图》

林椿《枇杷山鸟图》

南宋佚名《樱桃黄鹂图》

了樱桃，绿了芭蕉。"[1] 可见樱桃也是宋人熟悉的水果，唐代诗人还用"樱桃樊素口，杨柳小蛮腰"[2] 来形容女子的风姿。我们从南宋佚名的《樱桃黄鹂图》（上海博物馆藏）也可以找到樱桃这种水果。

南宋林椿的《葡萄草虫图》（北京故宫博物院藏）则画到了葡萄。宋人不但将葡萄当食用的时鲜水果，还用来酿酒。苏颂《本草图经》说："葡萄，生陇西五原，敦煌山谷。今河东及近汴州郡皆有之。苗作藤蔓而极长，太盛者一二本绵被山谷间。花极细而黄白色，其实有紫白二色，有圆如珠者，有长似马乳者，有无核者。皆七月、八月熟，取汁可酿酒。"嘿嘿，不要以为只有生

1　蒋捷：《一剪梅》。
2　孟启：《本事诗·事感》。

林椿《葡萄草虫图》

活在现代社会的你才饮得到葡萄酒。

　　北京故宫博物院收藏有林椿的另一幅作品——《果熟来禽图》，画的是林檎果，亦即苹果。说到这里，想起了在网上看到的一则趣闻：在某次"鉴宝"节目的海选中，曾有收藏者带了一件宋代官窑的苹果形笔舔，前来请瓷器鉴赏方面的专家鉴定。专家说："这是仿品，器形不对。"收藏者说："你看这紫口铁足，玉质感又强，怎么会是仿品呢？"专家说："宋代会有进口的苹果吗？"苹果确实是从外国传入的水果，不过传入的时间非常早，早在西汉时便有苹果品种"柰"从西域传入。不过，柰、林檎都

林椿《果熟来禽图》

是绵苹果，口感跟我们今天吃到的欧洲苹果差异很大，但外观毕竟是差不多的，因此宋朝瓷器中出现苹果造型，并非没有可能。

宋人已经吃上苹果是毫无疑问的。范成大《吴郡志》介绍了一种叫作"蜜林檎"的苹果品种："蜜林檎实，味极甘，如蜜，虽未大熟，亦无酸味，本品中第一，行都尤贵之。他林檎虽硬大且醋红，亦有酸味，乡人谓之'平林檎'，或曰'花红林檎'，皆在蜜林檎之下。"

无花果从海外传入中国的历史也很早，至迟在唐代，中国人已种植无花果。唐人称其为"阿驿"，为波斯语 Anjir 音译。段

宋人《无花果图》

成式《酉阳杂俎》载："底称实（阿驿），波斯国呼为阿驿，拂林呼为底珍。树长丈四五，枝叶繁茂。叶有五出，似椑麻，无花而实。实赤色，类椑子，味似干柿，而一年一熟。"宋代无花果的种植更广，并出现了"无花果"的名字："京师亦有之，谓之'无花果'。状类小梨，中空，既熟色微红，味颇甘酸，食之大发瘴。岭南尤多，州郡待客多取为果床高饤，故云'公筵多饤木馒头'。"[1] 宋朝无款识《无花果图》（北京故宫博物院藏）描绘的，便是宋人吃到的

1　彭乘：《续墨客挥犀》。

编少果熟晖
枝尝玉枝可
妨用所长自
是託身逢穹
蜜不頒老吏
畏张汤
己卯春月
佑题

钱选《桃枝松鼠图》

无花果。

宋末元初钱选的《桃枝松鼠图》（台北故宫博物院藏），画的是桃子。宋代的桃子也有很多品种，《嘉泰会稽志》载："桃之品不一，上原之金桃、御桃、摆核桃、十月桃、庙山之早绯红桃、湖南之大绯红桃、萧山之水蜜桃、唐家桃、邵黄桃、杏桃、川桃、晚秋桃、孩儿面桃、诸暨乌石之鹰觜桃，诸家园中有昆仑桃、區桃、矮桃之类，不可悉数。"

宋代柑橘的品种更丰富，宋人韩彦直著有《橘录》，将柑橘分为柑、橘、橙三大类，每类下面又各有若干品种："橘出温郡，最多种。柑乃其别种，柑自别为八种；橘又自别为十四种；橙子之属类橘者，又自别为五种。合二十有七种。"其中，"乳柑推第一"，乳柑中又"推泥山为最"。泥山所产之柑，"其大不七寸围，

赵令穰《橙黄橘绿图》

皮薄而味珍,脉不粘瓣,食不留滓,一颗之核才一二,间有全无者"。
宋代赵令穰《橙黄橘绿图》(台北故宫博物院藏)画的正是规模
化种植的柑橘林。

　　荔枝的品种更多。据蔡襄《荔枝谱》,福建种植的荔枝品种
就多达三四十类,其中最上品叫"陈紫",是闽中特产,"兴化军
风俗,园池胜处,唯种荔枝。当其熟时,虽有他果,不复见省。
尤重陈紫,富室大家岁或不尝,虽别品千计,不为满意"。陈紫
荔枝的特点是,"其树晚熟,其实广,上而圆,下大可径寸有五分,
香气清远;色泽鲜紫,壳薄而平,瓤厚而莹,膜如桃花红,核如
丁香母,剥之凝如水精,食之消如绛雪,其味之至,不可得而状

宋佚名《离支伯赵图》

也"。台北故宫博物院藏的宋佚名《离支伯赵图》，所绘"离支"，
即是荔枝；"伯赵"，则是伯劳鸟。

如此多样化的水果品种，其实正好印证了宋朝果农高超的育
种技术。宋人能够熟练地运用嫁接的手法来驯化果树。嫁接可以
培育出无核的水果品种："果实凡经数次接者，核小，但其核不
可种耳。……柿子接及三次，则全无核"[1]；"枇杷须接，乃为佳果。

---

1 温革：《琐碎录》。

一接，核小如丁香荔枝，再接，遂无核也"[1]。

嫁接也可以选育出口感更佳、品质更好的水果："梅树接桃则脆，桃树接杏则大"[2]；"胡桃条接于柳本，易活而速实"[3]；梨条接于枣本，则结实甘美，宋人详述了嫁接的方法："先植棠梨木与枣木相近，以鹅梨条接于棠梨木上，候始生枝条，又于枣木大枝上凿一窍，度接活梨条于其中，不一二年即生合，乃斫去枣之上枝，又断棠梨下干根脉，即梨条已接于枣本矣。结实所以甘而美者以此。"[4]柑橘通过嫁接可以形成二三十个品种，不同品种的成熟时期并不一样，有立秋成熟的"早黄橘"，有最早采摘的"甜柑"，有隆冬时节采摘的"绿橘"，也有待到来年春天才摘下来的"冻橘"，[5]所以宋人在春寒料峭的季节也能够吃上新鲜的柑橘。

市场上的水果

现在，让我们将目光从宋朝花鸟画上移开，到宋朝的市场中转转。宋人有一首小诗写道："晓市众果集，枇杷盛满箱。梅施一点赤，杏染十分黄。青李不待暑，木瓜宁论霜。年华缘底事，亦趁贩夫忙。"[6]说的正是宋朝水果市场每天早晨装运水果的繁忙景象。

1　孔平仲：《孔氏谈苑》。

2　温革：《琐碎录》。

3　张邦基：《墨庄漫录》。

4　张邦基：《墨庄漫录》。

5　韩彦直：《橘录》。

6　项安世：《二十八日行香即事》。

在开封、杭州这样的都城，水果市场更是繁华了。《东京梦华录》载，市井中"有托小盘卖干果子，乃旋炒银杏、栗子、河北鹅梨、梨条、梨干、梨肉、胶枣、枣圈、桃圈、核桃肉、牙枣、海红、嘉庆子、林檎旋（旋，大概就是水果切片）、乌李、李子旋、樱桃煎、西京雪梨、夫梨、甘棠梨、凤栖梨、镇府浊梨、河阴石榴、河阳查子、查条、沙苑榅桲、回马孛萄、西川乳糖狮子、糖霜蜂儿、橄榄、温柑、绵枨、金桔、龙眼、荔枝、召白藕、甘蔗、漉梨、林檎干、枝头干、芭蕉干、人面子、巴览子、榛子、榧子、虾具之类"。

需要提醒的是，宋人的"果子"概念比今天我们所说的水果要略为宽泛一些，新鲜水果、水果制成的蜜饯、一部分干果，以及一些被我们列为蔬菜的藕片、木瓜等，都可以归入果子类。

我们从仇英版《清明上河图》（辽宁省博物馆藏）上的虹桥附近，可以找到两间果子店，一间的招牌写着"各色细果"，另一间的招牌写着"茶食果品"。这样的水果店，在宋代的城市也是存在的，《梦粱录》收录的杭州名牌商店名单中，就有专营果子的"大瓦子水果子""钱家干果铺""阮家京果铺"。

杭州市场常见的时鲜水果种类，据南宋西湖老人《繁胜录》的记录，则有"罗浮橘、洞庭橘、花木瓜、余甘子、赏花甜、亢堰藕、青沙烂、陈公梨、乳柑、鹅梨、甘蔗、温柑、橄榄、匾橘、香枨"，又有"方顶柿、盐官枣、玉石榴、红石梅、晚橙、红柿、巧柿、绿柿、榄柿、雪梨、水晶葡萄、太原葡萄"。水果制成的"酥蜜裹食""茶果仁儿""糖煎"，更是不计其数。

夜市上也有很多水果贩卖。夏天开封的州桥夜市，有生淹水木瓜、药木瓜、鸡头穰、荔枝膏、广芥瓜儿、杏片、梅子姜、莴苣笋、芥辣瓜儿、香糖果子、间道糖荔枝、越梅、金丝党梅，"皆

仇英版《清明上河图》上的果子店

用梅红匣儿盛贮"[1]。杭州夜市也有"金桃、陈公梨、炒栗子诸般果子"[2]。

　　宋朝的酒店、饭店也供应水果。《梦粱录》载，在杭州酒店里可以吃到的"四时果子"，有"圆柑、乳柑、福柑、甘蔗、土瓜、地栗、麝香甘蔗、沉香藕、花红、金银水蜜桃、紫李、水晶李、莲子、桃、新胡桃、新银杏、紫杨梅、银瓜、福李、台柑、洞庭橘、蜜橘、匾橘、衢橘、金橘、橄榄、红柿、方顶柿、火珠柿、绿柿、巧柿、樱桃、豆角、青梅、黄梅、枇杷、金杏"。此外，还有各

1　孟元老：《东京梦华录》。
2　吴自牧：《梦粱录》。

种水果制品，"如锦荔、木弹、京枣、枣圈、香莲、串桃、条梨、旋胜番糖、糖霜、番桃、松子、巴榄子、人面子、嘉庆子诸色韵果、十色蜜煎螺、诸般糖煎细酸……"名单很长，我就不抄完了。

在京城卖水果的商贩，都很注意保持水果的新鲜度："京师卖生果，凡李子必摘其蒂，不敢触其实，必留上衣，令勃勃然，人方以新而为好，至食者须雪去之。"[1] 甚至在水果采摘的时候，就要顾及水果的保鲜："遇天气晴雾，数十辈为群，以小剪就枝间平蒂断之，轻置筐筥中。护之必甚谨，惧其香雾之裂则易坏，雾之所渐者亦然。尤不便酒香，凡采者竟日不敢饮。"[2]

由于城市水果市场的发达，宋朝的大都市出现了专门的"果子行"（相当于水果商协会），换言之，贩卖水果已发展成一个大行业。《东京梦华录》载，"果木亦集于朱雀门外，及州桥之西，谓之果子行"；"西宫南皆御廊权子，至州桥投西大街，乃果子行"。可知东京的"水果商协会"并非只有一处，而是有好几处。《梦粱录》与《繁胜录》也记录了杭州的泥路青果团、后市街柑子团、青果行、果行。

一般来说，外地的水果运到，要先进入果子行，再由果子行批发给各个水果店与商贩。开封有一条巷，里面数十户人家都以锤取莲子肉为业，每年夏末，收购水果的商人都要委托他们锤莲百十车，然后卖给京城的果子行，再由果子行投放于市场。

市场上能够出现这么多的水果、水果制品，要归功于宋朝果农规模化、商业化的水果种植。蔡襄的《荔枝谱》载："福州种植（荔

1　庄绰：《鸡肋编》。
2　韩彦直：《橘录》。

枝）最多，延旄原野，洪塘水西，尤其盛处，一家之有至于万株"。
"（荔枝）初著花时，商人计林断之以立券。若后丰寡，商人知之，
不计美恶，悉为红盐者，水浮陆转以入京师，外至北戎、西夏；
其东南舟行新罗、日本、流求、大食之属，莫不爱好。重利以酬之，
故商人贩益广，而乡人种益多，一岁之出，不知几千万亿，而今
人得饫食者盖鲜矣，以其断林鬻之也"。

这段文字其实记录了一种在当时而言可谓非常先进的商业形
式：远期合同。在荔枝刚刚开花的时候，水果商就先跟荔枝种植
户订立了购买合约（立券），并预付定金，订购某一片林场出产
的全部荔枝（断林鬻之），不管产量多少、质量如何，均由他包
买。等到荔枝成熟时节，商人再来收货，然后从水陆两路运往京
师、西夏、日本、大食等地。由于荔枝被商人成片成片预订，以
至福建虽然盛产荔枝，但当地人都很少吃到。水果商与种植户签
订的合约，是不是接近于今日的"远期合同"？

前面我们引述过苏轼的《食荔枝》诗："日啖荔枝三百颗，
不辞长作岭南人。"不过，在宋朝之前，远离岭南的人想吃荔枝
并不容易，唐朝时杨贵妃要吃一次荔枝，还得依靠行政系统的力
量调运："一骑红尘妃子笑，无人知是荔枝来。"[1] 而宋朝时，荔枝
已经是市场上的寻常商品，《繁胜录》记载："福州新荔枝到，进上，
御前送朝贵，遍卖街市。生红为上，或是铁色。或海船来，或步
担到，直卖至八月，与新木弹相接。"甚至西夏、日本、大食等
国家也能吃到产自中国南方的荔枝。这就是市场的力量。是商人
与市场让宋朝的普通市民享受到唐时杨贵妃的口福。

1　杜牧：《过华清宫绝句》。

宴席上的水果

城市水果市场的发达，直接反映了宋朝市民对于水果的消费需求。我们今天习惯在餐后享用几片水果，宋人也是如此，你到高端一点的酒店吃饭，"凡酒店中，不问何人，止两人对坐饮酒，亦须用注碗一副，盘盏两副，果菜碟各五片，水菜碗三五只"；"虽一人独饮，碗遂亦用银盂之类，其果子菜蔬，无非精洁"[1]。

在讲究享受生活的士大夫宴席上，水果更是必备的。有一位名为张镃的文人，在他的《赏心乐事》中记述了一年四季的果品宴会：四月，玉照堂赏青梅、餐霞轩赏樱桃；五月，听莺亭摘瓜、清夏堂赏杨梅、艳香馆赏林檎、摘星轩赏枇杷；六月，霞川食桃、清夏堂赏新荔枝；七月，应铉斋东赏葡萄、珍林剥枣；九月，珍林赏时果、满霜亭尝巨螯香橙；十月，满霜亭赏蜜橘。

从宋人描绘士大夫宴会、宴席的画作上，我们毫不意外地找到了水果的影子。请看赵佶《文会图》（台北故宫博物院藏）、宋佚名《夜宴图》（美国私人藏）、宋佚名《春宴图卷》（北京故宫博物院藏），宴席的主人都准备了丰盛的水果招待宾客。

宋人吃水果还挺讲究。你去看宋代金大受《十六罗汉图》的《注荼半吒迦尊者图》（日本东京国立博物馆藏），请注意图中一个细节：罗汉尊者跟前的果盘上放了两枚水果（看起来像是沙梨），旁边还有一名侍童，正一手执水果刀，一手拿着一个水果削果皮。这个细节显示，宋人吃水果是要削皮的。话说 20 世纪 80 年代我们乡下孩子难得吃一次苹果、鸭梨什么的，还都不削皮呢。水果

---

1 孟元老：《东京梦华录》。

上：赵佶《文会图》局部；中：宋佚名《夜宴图》局部；下：宋佚名《春宴图卷》局部

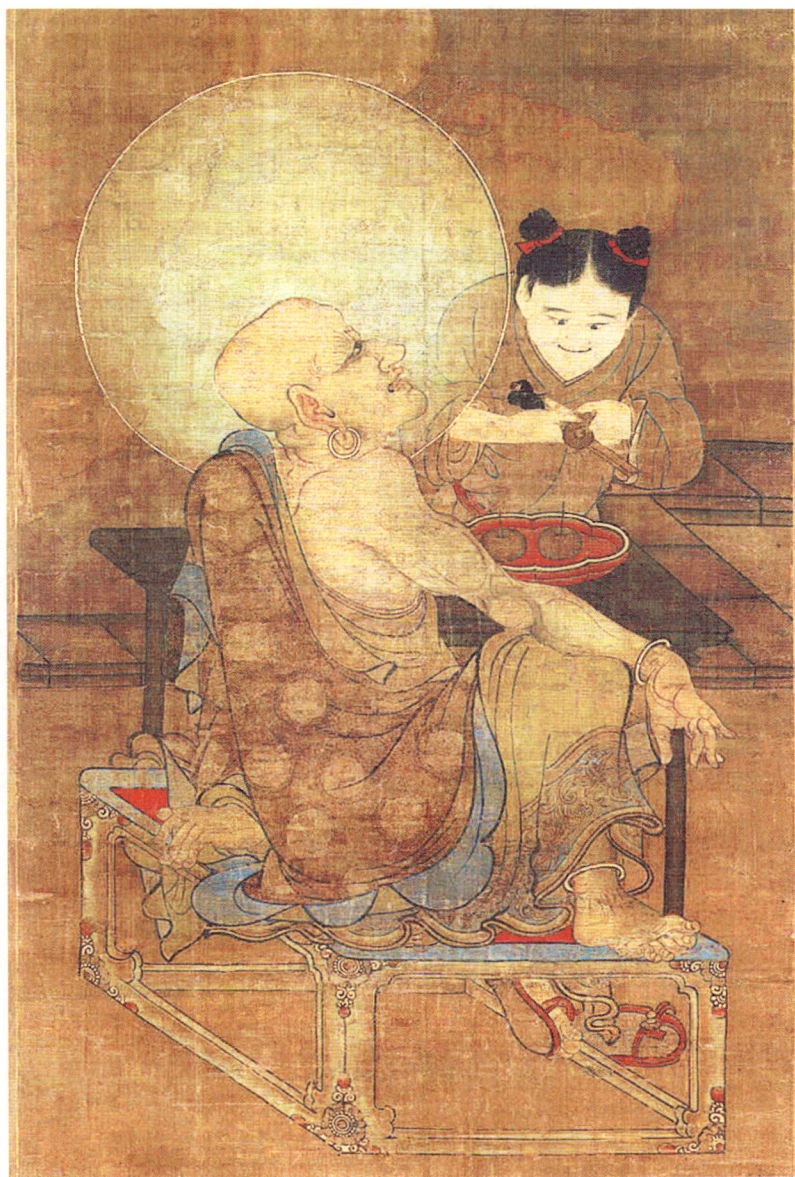

金大受《十六罗汉图》之《注茶半吒迦尊者图》

削皮的吃法可能来自佛教，因为过去佛教有"诸比丘使净人尽剥果皮而食"的习惯 。[1]

那么寻常百姓是不是也吃得起水果呢？这得看宋代水果的价格。据程民生先生的《宋代物价研究》，北宋四川在荔枝丰收时，价钱低贱，"大如鸡卵，味极美，每斤才八钱"；太湖出产的柑橘，"每一百斤为一笼，或得上价，笼一千五百钱，下价或六七百"，平均每斤六七文钱；绛州的枣，"千石往麟府，每石止直四百"，每石只需 400 文钱；在郑州，梨的价钱也比较便宜，"三钱买个郑州梨"[2]。开封与杭州的物价无疑会更高一些，就算贵上 3 倍吧，一斤荔枝按 20 多文钱计，对于日收入 100 文至 300 文钱的宋朝普通市民来说，这个水果价格还是在其消费能力的范围内。也就是说，城市里的平民是吃得起水果的。

你也许会说，水果无非是寻常之物，吃了似乎也不需要大书特书。对的。不过如果宋人吃的是冰镇水果呢？你在炎热的夏天，吃水果一定更喜欢吃冰镇的。试想一下，夏日炎炎，热浪炙人，还有什么比大啖一盘"冰盆浸果"更惬意的呢？

宋人的生活也是如此。六月的开封，"都人最重三伏，盖六月中别无时节，往往风亭水榭，峻宇高楼，雪槛冰盘，浮瓜沉李，流杯曲沼，苞鲊新荷，远迩笙歌，通夕而罢"[3]。这个时节的杭州，"湖中画舫，俱舣堤边，纳凉避暑，恣眠柳影，饱挹荷香，散发披襟，浮瓜沉李，或酌酒以狂歌，或围棋而垂钓，游情寓意，不一而足"[4]。

---

1 东晋佛教戒律书《摩诃僧祇律》卷三一。
2 转引自程民生《宋代物价研究》，人民出版社，2008。
3 孟元老：《东京梦华录》。
4 吴自牧：《梦粱录》。

所谓"浮瓜沉李"，就是用冰水浸泡瓜果，使其冰凉后再吃。真会享受的宋朝人。

唐宋人夏天吃樱桃，喜欢将樱桃装在碗里，然后淋上冰镇过的蔗浆、奶酪，就跟我们现在吃水果沙拉差不多。唐朝诗人韩偓的《樱桃诗》这么形容："蔗浆自透银杯冷，朱实相辉玉碗红。"说的便是冰镇蔗浆浇樱桃的吃法。有一首宋诗也写道："房青子碧甘剥鲜，藕白条翠冰堆盆。"[1] 说的亦是夏季吃冰镇果子的惬意事。司马光亦有诗曰："蒲葵参执扇，冰果侑传杯。"诗的题目叫《和潞公伏日晏府园示座客》，"伏日"二字表明诗人吃"冰果"的时节，正是炎热的夏季。看来三伏天吃冰镇水果，是许多宋朝人的生活方式。

"冰盆浸果"的生活细节，还被宋人画入他们的画作中。但你得够细心，才可以发现这些细节。台北故宫博物院收藏有一套传为南宋刘松年所作的《十八学士图》（一说为明人作品。一套四幅），其中一幅是"棋弈图"，画面左下角的石桌上，有一个果盘，果盘装了几颗桃子，还有一大块冰。正是冰镇水果。

元初画家刘贯道描绘自己心目中宋朝士大夫生活的《消夏图》（美国纳尔逊·艾特金斯艺术博物馆藏），也画有一个果盘，搁在一张木几上，果盘里装了水果和冰块。明代亦有一幅《消夏图》（美国弗利尔美术馆藏），构图完全模仿刘贯道，画中的水果冰盘更为清晰。这些图像史料让我们确信：古人的"消夏"方式，原来跟我们一样，也是吃冰镇水果。而夏季用冰的平民化，大致就是从宋朝开始的。

---

1 刘学箕：《宾从集藕花堂分韵得园字二十韵》。

传刘松年《十八学士图》上的冰镇水果

上：刘贯道《消夏图》上的冰镇水果；下：明人《消夏图》上的冰镇水果

宋朝并没有电冰箱，宋人又是如何在盛夏时节取得冰块的？其实，古人在很早以前就有冬季采冰以供夏用的做法，皇室建有"凌室"藏冰，设立"凌人"掌管藏冰事务。不过，宋朝之前，通常只有皇家、贵族、官宦、豪富之家才有条件藏冰；市场上虽然已出现商品化的夏冰，却是不折不扣的奢侈品，"长安冰雪，至夏月则价等金璧"[1]。

到了宋代，除了朝廷还保留着"三伏日，又五日一赐冰"的惯例，寻常市民也可以享用到消夏的冰块，因为这时候夏冰已经作为大众消费品进入市场。[2]杨万里有一首诗描写了走街串巷的"卖冰人"："北人冰雪作生涯，冰雪一窖活一家。帝城六月日卓午，市人如炊汗如雨。卖冰一声隔水来，行人未吃心眼开。甘霜甜雪如压蔗，年年窖子南山下。"[3]诗中的"市人""行人"，显然包含了一般市民，他们也是商品冰的消费者。

由于夏冰已经是常见的大众消费品，许多夏季食物都使用了冰块。我们今天常用冰块给鱼肉保鲜，宋人也这么做。南宋人爱吃石首鱼，"其味绝珍，大略如巨蟹之螯，为江海鱼中之冠。夏初则至，吴人甚珍之，以楝花时为候。谚曰：'楝子花开石首来，笥中被絮舞三台。'言典卖冬具以买鱼也"。可惜此时天气已热，"鱼多肉败气臭，吴人既习惯，嗜之无所简择，故又有'忍臭吃石首'之讥"。幸得"二十年来，沿海大家始藏冰，悉以冰养鱼，遂不败，然与自鲜好者味终不及。以有冰故，遂贩至江东金陵以西，此亦

1　冯贽编：《云仙散录》。

2　《宋史·礼志》。

3　杨万里：《荔枝歌》。

古之所未闻也"[1]。有了夏冰，生活在金陵以西的非沿海居民也能够吃到新鲜的石首鱼。

宋朝市场上还出现了众多的夏季冷饮。《东京梦华录》《梦粱录》《繁胜录》《武林旧事》都收录了宋人在盛夏时节可以买到的各种"冰雪爽口之物"：冰雪冷元子、冰雪凉水、雪泡豆儿水、雪泡梅花酒、乳糖真雪、白醪凉水、雪糕、雪团、雪泡缩脾饮，等等。从名字就可以知道，这些夏季上市的宋朝饮料、甜品，都是加冰的，可以解暑的。

北宋时开封的饭店，供应的菜品非常丰富，"或热或冷，或温或整，或绝冷、精浇、膘浇之类，人人索唤不同"[2]。这里的"绝冷"之菜，应该就是冰镇的凉菜。南宋时杭州的富人，在天气炎热的夏季，还会发起向穷人发放冰镇解暑凉水的慈善活动："富家散暑药冰水"[3]，可见夏冰在宋代已不再是昂贵的物品。

盛夏六月的宋朝城市，贩卖水果的商贩当然也会用冰块来给水果保鲜。《东京梦华录》载，是月巷陌路口、桥门市井，皆卖"芥辣瓜儿、义塘甜瓜、卫州白桃、南京金桃、水鹅梨、金杏、小瑶李子、红菱沙角儿、药木瓜、水木瓜、冰雪凉水、荔枝膏"等水果或水果制品，"皆用青布伞，当街列床凳堆垛，冰雪惟旧宋门外两家最盛"。我们可以肯定地说，宋朝的寻常市民在炎夏时节也是能够吃上冰镇过的水果的。

1 范成大：《吴郡志》卷二九。

2 孟元老：《东京梦华录》。

3 西湖老人：《繁胜录》。

宋

人用什么照明：蜡烛

　　我们知道，宋代夜禁制度松弛，城市中出现了繁华的夜市，市民的夜生活很是丰富，酒楼茶坊夜夜笙歌、觥筹交错；瓦舍勾栏每晚都上演精彩节目，令人流连忘返；店铺与街边摊营业至深夜，乃至通宵达旦；街市上热闹不减白昼。城市夜生活的展开、市民对黑夜的开发，离不开一个前提条件：发达的照明。如果没有明亮的照明工具，在黑夜里，大伙儿能做的事情大概就是早点洗洗睡。

　　也因此，我们看宋人描述夜生活时，总是提到灯烛。《东京梦华录》写到，"凡京师酒店，……向晚灯烛荧煌，上下相照"；最豪华的樊楼，"珠帘绣额，灯烛晃耀"。樊楼的灯火，成为东京的繁华象征，深深铭刻进宋朝诗人的记忆："忆得少年多乐事，夜深灯火上樊楼。"《铁围山丛谈》记述，"（东京）马行人物嘈杂，灯火照天，每至四鼓罢"，多年之后苏轼回忆起马行街的繁荣时，也写到"灯火"："蚕市光阴非故国，马行灯火记当年。"宋朝都城的元宵节，更是不眠之夜、不夜之城："万街千巷，尽皆繁盛浩闹"，"家家灯火，处处管弦"，繁闹之地点燃巨烛，"照耀如昼"。[1]灯光，消弥了白昼跟黑夜之间的巨大反差，使得夜晚与白天一样光线明亮、人声喧哗。

　　那么宋人用什么照明呢？

油灯的普及

　　看起来这是一个很幼稚的问题，因为答案众所周知：不就是

1　孟元老：《东京梦华录》；吴自牧：《梦粱录》；周密：《武林旧事》。

油灯吗？

油灯确实是古时最常用的照明工具，不过，你未必知道，宋代的灯具与燃料悄然完成了一场革命性的变迁（变迁的时间起点可以追溯到宋代之前，但变迁的完成则是在宋代）。汉代的油灯，多使用动物油脂，河北满城汉墓出土的西汉铜卮灯，即发现有疑似牛油的残留物。动物油脂凝点低，常温下为膏状，燃烧时光线昏暗，且冒黑烟（我们看出土的汉朝灯具，多带有导烟管），还有难闻的气味。

到了宋代，动物油脂已很少见，人们点灯普遍使用植物油脂。北宋庄绰的《鸡肋编》比较了几种植物油的优劣："油，通四方可食与然者，惟胡麻为上，俗呼脂麻；……陕西又食杏仁、红蓝花子、蔓菁子油，亦以作灯；……山东亦以苍耳子作油，此当治风有益；江湖少胡麻，多以桐油为灯，但烟浓污物，画像之类尤畏之；……又有旁毗子油，其根即乌药，村落人家以作膏火，其烟尤臭，故城市罕用。"以胡麻油为佳。跟动物油脂相比，植物油脂优点明显：排烟较少，也没有难闻的气味。

从出土的灯具实物来看，汉代灯具多为青铜器、铁器与陶器，以青铜灯的造型最为繁复、华丽，如1985年山西朔县汉墓出土的西汉彩绘雁鱼青铜釭灯（中国国家博物馆藏），由衔鱼雁首（灯盖与烟管）、雁身（灯架兼吸烟装置）、灯罩及灯盘组成，四个部件均可拆卸。灯盘有手柄，可转动；灯罩是两块弧形屏板，能开合，既可挡风，又可调节亮度；雁腹内盛水，油脂燃烧所产生的烟雾，通过鱼腹和雁颈组成的烟管导入雁腹，最后沉淀于水中。整个灯具设计之高妙，令人叹为观止。

到宋代时，青铜釭灯已十分罕见，陶瓷灯具成为最常见的照明工具，而且灯具的造型比较简单，往往是单体的碗、盘和钵。

西汉彩绘雁鱼青铜釭灯

宋代青釉洗式五管器

四川博物院收藏有一件宋代青釉洗式五管器，出土自简阳东溪镇宋墓，研究者相信，这是一个五芯灯盏。跟西汉的彩绘雁鱼青铜釭灯相比，这件青釉灯具可谓朴素无华、平淡无奇。

　　这说明了什么？宋人的工艺水准不如汉代吗？当然不是。毋宁说这是汉代灯具应用不广的反映。试想一下，华贵的青铜灯具，价格不菲，平民百姓哪里用得了？自然是皇室贵族、官宦之家，或富有的平民家庭才得以享用的奢侈品；而简单的陶瓷灯盏，则是值不了几文钱的寻常之物，再贫穷的家庭，都买得起一只陶瓷灯盏。

　　换言之，汉代时，很可能只有皇室贵族、官宦豪富及一部分富有平民才使用灯具，多数处于社会中下层的老百姓恐怕并无夜里点灯的习惯。"凿壁偷光"的故事即发生在汉代，汉《列女传》也记述了一贫女，家中没有油灯，只能与邻居"会烛相从夜绩"，

梁楷《蚕织图卷》局部

而受到邻家奚落。再据《汉书·食货志》，冬天农闲时节，妇女有"相从夜绩"的习惯，夜间纺织为什么要聚在一块？自然是为了共用灯盏。可见汉代时并不是每家每户都备有灯具。

因为灯光的匮乏，夜晚意味着普遍的黑暗，这也导致古人对黑夜产生了深切的恐惧，这种恐惧体现在法律制度上，又形成"黑夜禁忌"，如居延汉简中的一则逮捕法条规定："《捕律》：禁吏毋夜入人庐舍捕人。"《周礼》亦记载了古老的夜禁制度：政府设"司寤氏"一职，"掌夜时，以星分夜，以诏夜士夜禁，御晨行者，禁宵行者、夜游者"。

而在宋代，随着物质文明的发展、庶民生活水平的提高，植物油燃料得到广泛使用，灯盏的结构也明显趋于简化，灯具的材质普遍采取廉价的陶瓷，意味着油灯作为一种寻常的日用品，已普及至千家万户。从南宋梁楷的《蚕织图卷》（黑龙江省博物馆藏），我们可以看到，住着茅屋的普通养蚕户，家里都点着油灯。

宋代夜禁制度的消亡，也可能与民间灯火的普及有关联。

白蜡的应用

古代的照明工具，大致可以分为灯系与烛系。宋代"照明革命"的另一个体现，是蜡烛的广泛应用。

当然，中国人使用蜡烛的历史可以追溯到汉代－魏晋时期，汉刘歆《西京杂记》载："闽越王献高帝石蜜五斛，蜜烛二百枚。"南朝刘义庆《世说新语》中，也有石崇"以蜡烛灼炊"的记述。这里的蜜烛，当为蜂蜡所制。古人很早就掌握了从蜂巢中提取蜂蜡的方法："蜡乃蜜脾底也。取蜜后炼过，滤入水中，候凝取之，色黄者俗名'黄蜡'。"[1] 不过，最初的蜜烛形制跟今天的蜡烛并不一样，多是蜡块，使用时先加热熔化成液体，再充当油脂点灯。然后才出现了粗短的圆柱体蜡烛，这是因为蜂蜡熔点低，易软化变形，难以制成细长的管状烛。而且，汉晋时期的蜜烛绝对是奢侈品，只有皇家或石崇这样的巨富，才用得起蜡烛。

宋人所用的蜡烛，形态上已经跟汉代的蜜烛完全不一样，而跟我们现在所用的蜡烛更接近，呈长长的管状，中间有烛芯，可以直接点燃。从表现夜游、夜宴或祭祀题材的宋代绘画作品中，我们可以真切地看到宋代的蜡烛形态，如宋代佚名《夜宴图》（美国私人藏）、南宋李嵩《四迷图·酗酒》（收藏者张大千曾将此图标注为"文酒夜宴图"，似不确）、宋人摹《韩熙载夜宴图》（北京故宫博物院藏）、马麟《秉烛夜游图》（台北故宫博物院藏），

1　李时珍：《本草纲目》。

上：宋代佚名《夜宴图》局部；下：李嵩《四迷图·酗酒》

宋人摹《韩熙载夜宴图》局部

马麟《秉烛夜游图》局部

都是画饮酒宴游的夜生活，也都画出了点燃的长条状蜡烛。

南宋《女孝经图卷》（北京故宫博物院藏）、李嵩（款）《焚香祝圣图》（台北故宫博物院藏），则画有宋人祭祀时使用的蜡烛，也为长管状。《焚香祝圣图》题签提到的"焚香"是指使用香炉，图中点燃的红色管状物为蜡烛。

不要小看这种长管状的蜡烛，它不但保存、携带、使用方便，燃烧时间较长，亮度也远大于油灯，可谓是人类照明史的一次

上：南宋《女孝经图卷》局部；下：李嵩（款）《焚香祝圣图》

进步。它的出现，得益于古人对制烛新材料的发现：白蜡。白蜡熔点比黄蜡（蜂蜡）高，"不淋"，既有可塑性，又有一定硬度，这才可以制成长长的蜡烛，点燃后也比较光亮，正是照明的理想材料。

白蜡取自蜡虫的分泌物。由于白蜡是中国特产，西洋人也将它叫作"中国蜡"。中国养殖蜡虫提取白蜡的历史，也许可以追溯至唐代，但有史料可确证的时间则是宋代。南宋人周密《癸辛杂识》续集录有"白蜡"条目，介绍了蜡虫的养殖情况："江浙之地，旧无白蜡，十余年间，有道人自淮间，带白蜡虫子来求售，状如小芡实，价以升计。其法以盆栽树，树叶类茱萸叶，生水傍，可扦而活，三年成大树。每以芒种前以黄草布作小囊，贮虫子十余枚，遍挂之树间，至五月，则每一子中出虫数百，细若蟣蝼，遗白粪于枝梗间，此即白蜡，则不复见矣。至八月中，始录而取之，用沸汤煎之，即成蜡矣。又遗子于树枝间，初甚细，至来春则渐大，二三月仍收其子如前法，散育之。或闻细叶冬青树亦可用。其利甚博，与育蚕之利相上下，白蜡之价，比黄蜡常高数倍也。"

这条史料透露了几个信息：南宋后期，白蜡虫养殖业从淮河一带扩展至江浙地区；养殖白蜡虫的收益跟养蚕不相上下；白蜡的价格高于黄蜡。

宋人还用乌桕油脂制作蜡烛："乌桕，实如鸡头，液如猪脂，可压油为烛。"[1] 乌桕种子有一层蜡质表皮，是制蜡的上品；桕子榨油，混入融化的白蜡，倒进模具内，凝结后便是桕烛。按南宋诗人陆游的使用体验，桕烛的光亮可将蜡烛比下去，"乌桕烛明

1　南宋《嘉定赤城志》。

蜡不如"[1]。不仅陆游这么说，另一位南宋诗人杨万里也有《乌臼烛》诗曰："焰白光寒泪亦收，白灯十倍蜜灯休。"

宋人用来制烛的原料还有石油，叫作"石烛"。今日蜡烛所用的工业蜡即从石油中提炼，不知宋人又是如何制作石烛的，因史料记载过于简单，不好臆断。不过我们确知，石烛的照明效果很不错，来看陆游记录进《老学庵笔记》的使用体验报告："宋白《石烛》诗云：'但喜明如蜡，何嫌色似黛。'烛出延安，予在南郑数见之。其坚如石，照席极明。亦有泪如蜡，而烟浓，能熏污帷幕、衣服，故西人亦不贵之。"据说石烛也耐烧，一支可顶蜡烛三支，但缺点是烟浓。

蜡烛的商品化

从出土的唐墓壁画来看，长管形的蜡烛至迟在唐朝就出现了。陕西乾陵博物馆的永泰公主墓壁画中，就绘有手执蜡烛的侍女。唐诗也常常提到蜡烛，比如"何当共剪西窗烛，却话巴山夜雨时"，"银烛秋光冷画屏，轻罗小扇扑流萤"，"日暮汉宫传蜡烛，轻烟散入五侯家"，不过，这些带有"蜡烛"的诗句所描述的，通常都是上层社会的生活，因为蜡烛此时还是贵族、官宦、富商才使用的奢侈品，一般平民可消费不起。因此，燃烛也是唐朝人炫富的一种方式，如贵戚"杨国忠每家宴，使每婢执一烛，四行立，呼为烛围"[2]。

1　陆游：《赛神曲》。

2　王仁裕：《开元天宝遗事》。

唐永泰公主墓壁画中的蜡烛

　　到了宋代，恰如宋诗所描写："白云劝酒终日醉，红烛围棋清夜深"[1]，"湖上画船风送客，江边红烛夜还家"[2]，蜡烛已经成为普通的日用品，进入一般士庶家庭。

　　我们知道，宋朝的元宵节非常热闹，家家户户都会放灯，从正月十四至正月十八，连放五天。放灯期间，"灯品至多"，"精妙绝伦"[3]。相传南宋李嵩绘画的《观灯图》（台北故宫博物院藏）

1　黄庭坚：《赠赵言》。

2　蔡襄：《六月八日山堂试茶》。

3　周密：《武林旧事》。

传李嵩《观灯图》

就画有一组元宵花灯：奏乐仕女身后架了一个灯棚，上面悬挂着三盏巨灯；右侧的桌子上安放着一只走马灯；还有两名童子一个手执兔儿灯，一个手执瓜形灯。这种可以提在手上到处游玩的花灯，使用的燃料不大可能是油灯（因为花灯在晃动时，液体很容易泼洒出来），只能是蜡烛。也就是说，在宋代元宵花灯中，蜡烛的应用是相当普遍的。

为了鼓励民间放灯，临安政府每天还会给市民发放蜡烛与灯油，《武林旧事》载："天府（临安府）每夕差官点视，各给钱酒油烛，多寡有差。且使之南至升阳宫支酒烛，北至春风楼支钱。"在南宋杭州，显然家家户户都用上了蜡烛。

我们如果去检索宋代笔记，还会发现关于蜡烛的使用记录突然多了起来，南宋洪迈《夷坚志》多次提到"烛"，如"洛中怪兽"条载："宣和七年，西洛市中忽有黑兽，仿佛如犬，或如驴，夜出昼隐。民间讹言能抓人肌肤成疮痏。一民夜坐檐下，正见兽入其家，挥杖痛击之，声绝而仆。取烛视之，乃幼女卧于地已死。"这个故事很诡异，不过我们不去管它，只注意故事透露出来的信息：洛阳平民家中备有蜡烛。

《梦粱录》则记载，南宋杭州的年轻人谈婚论嫁，女家收了聘礼后，要在"宅堂中备香烛酒果，告盟三界"；到迎亲之日，男方派人各执"花瓶、花烛、香球、沙罗洗漱、妆合、照台、裙箱、衣匣、百结、青凉伞、交椅"等礼品，"前往女家，迎取新人"。蜡烛显然是宋人办婚嫁喜事必不可少的用品。宋人婚后生子，为孩子举行"抓周"仪式时，摆出来让孩子抓的物品，包括"烧香炳烛、顿果儿饮食、及父祖诰敕、金银七宝玩具、文房书籍、道释经卷、秤尺刀翦、升斗等子、彩缎花朵、官楮钱陌、女工针线、应用物件，并儿戏物"，其中也有"烧香炳烛"。

　　宋朝都城设有一个服务机构，叫作"四司六局"，相当于现在的婚庆服务公司。人家若有喜庆欲办筵席，可雇用"四司六局"承办全部流程。这"四司六局"中，专设了一个"油烛局"，职责即"掌灯火照耀、上烛、修烛、点照、压灯、办席、立台、手把、豆台、竹笼、灯台、装火、簇炭"[1]。可知宋代一般平民的生活中常常需要用到蜡烛。

　　在《梦粱录》记录的杭州"团行"（工商行业组织）中，有"修香浇烛作"，说明制作蜡烛尤其是祭祀用的香烛，在南宋城市已经成为一个行业。在"铺席"（商店）中，则有"童家柏烛铺"、"马家香烛裹头铺"两家"有名相传"的大品牌；《梦粱录》又载，杭州"处处各有茶坊、酒肆、面店、果子、彩帛、绒线、香烛、油酱、食米、下饭鱼肉鲞腊等铺"，可知南宋杭州出现了蜡烛专卖店，蜡烛是市场上常见的商品，不再是贵族豪富专享的奢侈品。明代仇英版《清明上河图》（辽宁省博物馆藏）画有一间售卖蜡烛的"朝山纸烛铺"，虽然仇英应该是以中晚明的苏州城为参照描绘宋代市井风情，不过证之《梦粱录》的记载，南宋杭州的街市无疑是有这样的蜡烛铺的。

　　实际上宋朝的图像也可以佐证我们的观察。黑龙江省博物馆收藏的另一幅南宋初画院摹本《蚕织图卷》，画的是江南蚕织户从"腊月浴蚕"到"织帛下机"的全过程。我们发现，蚕织户的家具当中，就有一架烛台。中国国家博物馆藏有一幅南宋佚名的《耕织图轴》，图上也画出了一架烛台，想来是夜织时用来照明的。蚕织户并非大富户，只是一般农户，他们也用得起蜡烛。

上：仇英版《清明上河图》上的蜡烛铺；下：南宋画院《蚕织图卷》局部

南宋佚名《耕织图轴》局部

　　南宋画师牟益绘有一幅《捣衣图卷》（台北故宫博物院藏），以图画表现南朝诗人谢惠连《捣衣诗》诗意，画的实际上就是画家心目中古代女性为丈夫捣练、剪裁、缝制冬衣的劳动场景。图卷中也出现了烛台与蜡烛。显然，在画家生活的南宋后期，蜡烛应该是常见的日用品，所以才被牟益画入描绘女性劳作的画面。

　　宋代佚名的《秋堂客话图》（北京故宫博物院藏），描绘了主宾二人秉烛夜谈的情景，可以看出来，住着茅屋的寒士也用得起蜡烛。

　　那么宋代的蜡烛价钱几何呢？据《宋会要辑稿》，宋神宗年间，朝廷给予官员的奠仪包括"秉烛每条四百文，常料烛每条一百五十文，茶每斤五百文"，可知宋代宫廷蜡烛的价格为每根

牟益《捣衣图卷》局部

150 文至 400 文不等，相当于一名城市下层平民两三天的收入。不过宫廷的蜡烛制作豪华，用料精细，无疑偏贵，正如宫廷用茶每斤 500 文，而榷货务面向市场销售的茶价则是："其贸鬻：蜡茶，每斤自四十七钱至四百二十钱"，品质一般的蜡茶每斤只需 47 文钱。同理，坊间民用蜡烛的价钱也应当不会太昂贵。

再据《续资治通鉴长编》，宋哲宗年间，定州采购的防城器具计有"松明一十四万一千六十二斤半，桦烛一百一十四万四千五十二条，估定合用物料价钱二万二千九百九十七贯二十七文"。[1] 如果我们忽略掉松明与桦烛的价差，则可以计算出，这种用桦木皮包裹

1　参见张彦晓《宋代照明燃料述论》，《史志学刊》2015年第6期。

蜡脂制成的蜡烛每根约 18 文钱，顶多 20 文钱，相当于一名城市平民日收入的十分之一。这个价格，显然是一般市民都能消费得起的。

元杂剧《昊天塔孟良盗骨》说的是宋代杨家将的故事，里面有一处情节也提到蜡烛的价格："杨景：'和尚，我布施与你一千枝蜡烛。'和尚：'且慢者。一千枝蜡烛，一分银子一对，也该好些银子。'"一分银子即 0.01 两银，按元朝的银钱比价，一两银子约兑 3000 文钱，0.01 两银换成铜钱的话大概是 30 文。蜡烛一对 30 文，显然也不是特别贵重。元杂剧反映的物价情况应该是元代的信息，不过宋元相隔不远，也可以作为我们了解南宋蜡烛价格的参考。

当然，点蜡烛的成本还是明显高于点油灯，一名南宋读书人

宋佚名《秋堂客话图》局部

"每夜提瓶沽油四五文，藏于青布褙袖中归，燃灯读书"[1]，彻夜点灯，也才耗油 4 至 5 文钱。而通宵点烛，少说要三至五根蜡烛，即需要支出 50 至 90 文钱，是油灯成本的 1 至 20 倍。

因此，北宋名臣寇准好奢华，家中不点灯，专点烛，便被欧阳修视为是"可以为戒"的不良生活作风："邓州花蜡烛名著天下，虽京师不能造，相传亦是寇莱公（寇准）烛法。公尝知邓州而自

---

1 盛如梓：《庶斋老学丛谈》。

少年富贵，不点油灯，尤好夜宴剧饮，虽寝室亦燃烛达旦。每罢，官去，后人至官舍，见厕溷间烛泪在地，往往成堆。杜祁公（杜衍）为人清俭，在官未尝燃官烛，油灯一炷，荧然欲灭，与客相对清谈而已。二公皆为名臣，而奢俭不同如此，然祁公寿考终吉，莱公晚有南迁之祸，遂殁不返，虽其不幸，亦可以为戒也。"[1]

还有一个叫蒲宗孟的官员，"性侈汰，藏赂丰，每旦刲羊十、豕十，然烛三百，入郡舍，或请损之，愠曰：'君欲使我坐暗室忍饥邪？'"他是苏轼的粉丝，曾致信苏轼汇报学道心得，苏轼给他复信："闻所得甚高，然有二事相劝：一曰慈，二曰俭也。"[2] 委婉劝他不要点那么多的蜡烛。

寇准与蒲宗孟燃烛的豪迈劲儿，唐朝的杨国忠也许会自叹不如，晋代巨富石崇若穿越过来，见了也会惊呆。但实际上，寇准、蒲宗孟的个人财富肯定比不上石崇，只不过蜡烛在石崇的时代还是昂贵的奢侈品，在杨国忠的时代也可以用来炫富，而在寇准的时代已不怎么贵重，所以士大夫家庭才能够"燃烛达旦"、每夕"燃烛三百"。

今天，灯烛是我们习焉不察的寻常之物，但它们背后，也蕴藏着中国物质文明演进的生动信息哩。

---

1 欧阳修：《归田录》卷一。
2 《宋史·蒲宗孟传》。

八

百年前的儿童玩些什么玩具

琳琅满目的玩具商品

有人考证出"玩具"一词产生于宋代，见南宋《梦粱录》：杭州人家给孩子"抓周"，会摆上"父祖诰敕、金银七宝玩具、文房书籍、道释经卷、秤尺刀翦、升斗等子、彩缎花朵、官楮钱陌、女工针线，应用物件，并儿戏物"，然后"置得周小儿于中座，观其先拈者何物，以为佳谶"。供孩子"抓周"的物件中就有玩具。

玩具作为一种普通的商品普遍出现于市场，也是在宋代。我们今天翻开孟元老《东京梦华录》、吴自牧《梦粱录》、周密《武林旧事》、耐得翁《都城纪胜》与署名"西湖老人"的《繁胜录》，可以发现宋代城市已经出现了成熟的玩具市场，销售的玩具可谓琳琅满目，简直"亮瞎你的钛合金狗眼"。

《东京梦华录》记载，北宋时，东京城里，常有"乐人动鼓乐于空闲，就坊巷引小儿、妇女观看，散糖果子之类，谓之'卖梅子'，又谓之'把街'"。又有走街串巷的小商贩"博卖冠梳、领抹、头面、衣着、动使、铜铁器、衣箱、磁器之类"，叫卖的"动使"，就包括各种玩具在内。

冬至前夕，东京宣德门广场上例有"教车象"，即皇家车象仪仗队的训练与表演。每到此时，宣德门外的御街非常热闹，"游人嬉集，观者如织，卖扑土木粉捏小象儿，并纸画，看人携归，以为献遗"[1]。这个"土木粉捏小象儿"就是玩具。是什么样子的呢？台北故宫博物院藏有一幅传为南宋李嵩所绘的《观灯图》，上面就画了一个供儿童玩耍的小象玩具，可以看出，这小玩意做得栩

1　孟元老：《东京梦华录》。

传李嵩《观灯图》局部

栩如生。

南宋时，杭州的玩具市场就更发达了。《武林旧事》列出一堆"儿戏之物"：选官图、檐前乐、粘竿、风幡、钓钩、钓竿、香袋儿、面花儿、绢孩儿、符袋儿、弩儿、弩弦、弹弓、箭翎、鹁鸪铃、风筝、象棋、竹猫儿、鱼儿活、虮蚪儿、促织儿、小螃蟹、虫蚁笼、促织盆，等等。杭州西湖也是一个热闹的玩具市场，"时承平日久，乐与民同，凡游观买卖，皆无所禁，画楫轻舫，旁午如织"，商贩在船上"关扑宜男、戏具、闹竿、花篮、画扇、彩旗、糖鱼、粉饵、时花、泥婴等，谓之'湖中土宜'。又有……玩具等物，无不罗列"。

《梦粱录》也说，杭州"大街关扑……四时玩具"，"买卖品物最多，不能尽述，及小儿戏耍家事儿，如戏剧糖果之类：行娇惜、宜娘子、秋千稠糖、葫芦、火斋郎果子、吹糖麻婆子孩儿等、糕粉孩儿鸟兽、像生花朵、……线天戏耍孩儿,鸡头担儿、罐儿、碟儿、镟小酒器、鼓儿、板儿、锣儿、刀儿、枪儿、旗儿、马儿、闹竿儿、花篮、龙船、黄胖儿、麻婆子、桥儿、棒槌儿,及影戏线索、傀儡儿、狮子、猫儿"。名目繁多。

《繁胜录》也列出了杭州市井上扑卖的各样玩具:"犀皮动使、合色凉伞、小银枪刀、诸般斗笠、打马象棋、杂彩拨球、宜男扇儿、土宜栗粽、悬丝狮豹、土宜巧粽、杖头傀儡、宜男竹作、锡小筵席、杂彩旗儿、单皮鼓、大小采莲船、番鼓儿、大扁鼓、道扇儿、耍三郎、泥黄胖、花篮儿、一竹竿、竹马儿、小龙船、糖狮儿、檐前乐、打马图、闹竹竿(有极细用七宝犀象揍成者)……"如果将这些玩具名目一一考证出来,可以写成一部厚厚的"宋朝儿童生活史"了。

宋朝每年还有一个"玩具节",那就是七夕乞巧节,这一天各种奇巧的小玩具都会上市,《东京梦华录》载,"七月七夕,(东京)潘楼街东宋门外瓦子、州西梁门外瓦子、北门外、南朱雀门外街及马行街内,皆卖'磨喝乐',乃小塑土偶耳";又有以黄蜡铸成的"凫雁、鸳鸯、鸂鶒、龟鱼之类,彩画金缕",叫"水上浮";"以小板上傅土旋种粟令生苗,置小茅屋花木,作田舍家小人物,皆村落之态",叫"谷板";"以瓜雕刻成花样",叫"花瓜";"以绿豆、小豆、小麦于磁器内,以水浸之,生芽数寸,以红篮彩缕束之",叫"种生"。这些新奇玩意儿,"皆于街心彩幕帐设,出络货卖"。

在我的记忆中,我童年的玩具基本上都是自己和小伙伴动手做的,店铺中几乎没有什么玩具售卖。那时还是刚刚改革开放的20世纪80年代初。真想不到在八百年前的宋朝,城市的市场上已经有如此琳琅满目的玩具商品。

从《货郎图》也可一窥宋代玩具商品之丰富。货郎是旧时挑着杂货担，摇着拨浪鼓，游走于乡里、市镇、街巷贩卖日用百货的小商贩。货郎业兴于宋代，《东京梦华录》所说的"乐人动鼓乐于空闲，就坊巷引小儿妇女观看"，《梦粱录》所说的"又有挑担抬盘架，买卖江鱼、……河蟹、河虾、田鸡等物"，都是货郎。这是商品经济兴起，同时物流又不如今日发达的社会产物。我小时候，农村还时常可以看到走乡串里的货郎。货郎的人物形象，也是从宋代开始才进入画家的视野，宋代之前的图像作品几乎是难觅货郎踪影的。

最擅长画《货郎图》的宋朝画家，可能是苏汉臣与李嵩，明清时期许多仿作的《货郎图》，都署苏汉臣之款。而传世的李嵩款《货郎图》，至少有四幅，分别藏于北京故宫博物院、台北故宫博物院、美国大都会艺术博物馆与克利夫兰美术馆。其中台北故宫收藏的一幅又叫《市担婴戏图》，我们不妨看看上面绘出了多少种玩具。

据研究玩具史的清华大学王连海教授对《市担婴戏图》的观察，图中货郎贩卖的小商品，除了日用杂货与时蔬酒果之外，最多的便是儿童玩具，"可辨识者有如下诸种：小鸟、鸟笼、拨浪鼓、小竹篓、香包、不倒翁、泥人、小炉灶、小壶、小罐、小瓶、小碗、六角风车、雉鸡翎、小鼓、纸旗、小花篮、小笊篱、竹笛、竹箫、铃铛、八卦盘、六环刀、竹蛇、面具、小灯笼、鸟形风筝、瓦片风筝、风筝桃、小竹椅、拍板、长柄棒槌、单柄小瓶、噗噗噔等"[1]。

玩具既如此丰富，最高兴的莫过于孩子了，所以在李嵩的几

1　王连海：《李嵩〈货郎图〉中的民间玩具》，《南京艺术学院学报》2007 年第 2 期。

李嵩《市担婴戏图》

幅《货郎图》中，必出现几个欢叫的儿童。

"婴戏图"上的儿童玩具

宋代还有一类绘画题材，也画出了多姿多彩的童年生活与各种各样的儿童玩具，那就是"婴戏图"。自宋至清，"婴戏图"都颇为流行，但以宋代最盛，许多传世的明清"婴戏图"也是临摹、模仿宋人作品，或冒用宋人之名。最著名的"婴戏图"画家，非宋代苏汉臣莫属，《历代名公画谱》称苏汉臣"制作极工，其写婴儿，着色鲜润，体度如生，熟玩之不啻相与言笑者，可谓神矣"。

而最著名的苏汉臣款"婴戏图",当是《冬日婴戏图》与《秋庭戏婴图》,现均收藏于台北故宫博物院。两图尺寸、风格非常相似,许多人相信苏汉臣应该画过一套四季婴戏图轴,存世的《冬日婴戏图》与《秋庭戏婴图》是这个系列的其中两幅,而春夏二景的婴戏图已经佚失。

我们来看《秋庭戏婴图》,图中一对小姐弟正趴在圆墩上玩小游戏,这游戏叫"推枣磨",玩具是自制的:一枚鲜枣削去半边,露出枣核,用三根小木棍插在枣上,作三足立于桌上,枣核朝上;另用一根细竹蔑,两端各插一枚小枣,再将竹蔑小心翼翼搁在枣核上,轻轻一推,便会旋转不已。小姐弟身边,还有一个圆墩,上面也堆放着几个小玩具:人马转轮、八宝纹纸格、玳瑁盘、小陀螺、红色佛塔、棋盒。地上还散落了一对小铙钹。

这些小玩具在市场上都可以买到。图上的小佛塔,宋人又称其为"宝塔儿",一般为陶土烧制。宋代用陶土炼制的玩具很多,如泥娃娃、泥建筑模型,统称"山亭儿"。宋话本《山亭儿》写了一个叫作合哥的小贩,"挑着两个土袋,撅着二三百钱",到玩具制造商那里批发了一批山亭儿,"唤做:山亭儿、庵儿、宝塔儿、石桥儿、屏风儿、人物儿"。你如果放大《市担婴戏图》看,还会发现图中货郎的货担上,也装了几个泥塑玩偶。《东京梦华录》亦有记述:每年清明时节,开封市民都要携儿带女,带着"黄胖、山亭、戏具、鸭卵、鸡雏"出城踏春,这里面也有山亭儿,"黄胖"则是泥娃娃,"戏具"是面具,"鸭卵"与"鸡雏"应该是泥塑的小鸡小鸭。

《武林旧事》称"若夫儿戏之物,名件甚多,尤不可悉数,如相银杏、猜糖、吹叫儿、打娇惜、千千车、轮盘儿"。所谓"儿戏之物",便是儿童玩具。其中"轮盘儿"即《秋庭戏婴图》中

红色佛塔

棋盒

大马转轮

八宝纹纸格

玳瑁盘
与小陀螺

推枣磨

小铙钹

上：苏汉臣《秋庭戏婴图》上的推枣磨；下：苏汉臣《秋庭戏婴图》局部

的人马转轮。

"千千车"则是我们现在所说的陀螺，清人杭世骏《橙花馆集》描述过这种陀螺："形圜如璧，径四寸，以象牙为之。面平，镂以树、石、人物，丹碧粲然。背微隆起，作坐龙蟠屈状，……当背中央凸处，置铁针仅及寸，界以局，手旋之，使针卓立，轮转如飞。复以袖拂，则久久不能停。逾局者有罚。相传为前代宫人角胜之戏，如《武林旧事》所载'千千'。"《秋庭戏婴图》上的那个玳瑁盘与小陀螺，便是"千千车"。

至于"打娇惜"，那是另一种搁地上旋转、用鞭子抽打的陀螺。台北故宫博物院还藏有一幅传为苏汉臣的《婴戏图》，图像下端，那两名孩子玩的就是"打娇惜"。他们上方的地上，还有一辆制作颇为精致的玩具车。

再往上看，床榻上还有三个孩子正凝神看着两个玻璃瓶，瓶中养着几尾小鱼。不要以为宋代没有玻璃瓶，宋人范成大有一首诗写道："映光鱼隐见。"并自注："琉璃壶瓶贮水养鱼，以灯映之。"[1]可知宋人已经在用透明的玻璃瓶养鱼，并以灯光装饰，供人观赏。元人熊梦祥的《析津志》说，元大都中，有小商贩"以竹拴琉璃小泡，养数小鱼在内，沿街擎卖"。这种玻璃泡养小鱼的玩具，应该是从宋时南方传至元时北方的。

前引《东京梦华录》提到的"戏具"，也可以从此图中找到：你看那个穿红衣的男孩，正戴着面具表演宋时很流行的傩戏呢。宋朝社会流行木偶戏，宋人称其为"傀儡戏"。本来用于表演的傀儡，也被制成了儿童玩具，《梦粱录》列出的"影戏线索、傀儡儿、

---

1 范成大：《上元纪吴中节物俳谐体三十二韵》。

传苏汉臣《婴戏图》

狮子、猫儿",都是给儿童玩耍的玩具傀儡。台北故宫博物院收藏有一幅传为宋人的《傀儡婴戏图》,便描绘了四名童子在表演"悬丝傀儡"。另一幅传为苏汉臣所绘的《侲童傀儡图》(日本东京国立博物馆藏),则画了三名表演"杖头傀儡"的儿童。

在北京故宫博物院收藏的《百子嬉春图》中(传作者为苏汉臣),我们也可以看到几个孩子围坐在一起玩"悬丝傀儡",呃,

上：传宋人《傀儡婴戏图》；下：传苏汉臣《侲童傀儡图》

就在图的右下方。图的中间还有一个孩子在学演皮影戏。皮影也是宋朝儿童很喜爱的节目，每年元宵节，东京的"每一坊巷口，无乐棚去处，多设小影观棚子，以防本坊游人小儿相失，以引聚之"[1]，在巷口设小棚子，放皮影戏，吸引小孩子。

我再指出一个细节：你看图中还有几名孩子爬上台阶玩滑梯。而说起滑梯，不能不提到美国大都会艺术博物馆收藏的一幅《婴戏图》，虽然是元人作品，但画家绘出的儿童玩具当为宋时传下，因为可以跟宋代的婴戏图相印证。图中最值得注意的是上方那个巨大的木制滑梯，四名孩子正在玩这滑梯。这一图像史料无可辩驳地证实，早在宋元时期，已经出现了供儿童玩耍的滑梯设施。

这幅元人《婴戏图》还画了两名小孩在骑竹马。竹马是古时很常见的玩具，李白诗中便有"郎骑竹马来，绕床弄青梅"的描述。不过唐代的竹马很可能只是一根象征马的竹竿而已，宋代的竹马则制作得很是精致，不但有了或木刻或纸糊的"马头"，从《婴戏图》上我们还看到，竹马的后端还装上了两只轮子，玩起来应该更有趣。这个样子的竹马，在台北故宫博物院藏的宋人《长春百子图卷》上也可以找到。

宋朝的"芭比娃娃"

如果要评选一件在宋代最流行、最受儿童喜爱的玩具，那应该就是前面已经提到的"磨喝乐"了。"磨喝乐"又是什么呢？是宋朝的"芭比娃娃"，其名字来自梵文，为音译，所以有时又

1　孟元老：《东京梦华录》。

上：传苏汉臣《百子嬉春图》；下：元人《婴戏图》

写成"摩睺罗""摩侯罗""摩睺罗""魔合罗"。

"磨喝乐"通常都在乞巧节期间大量上市。北宋金盈之《醉翁谈录》说:"京师是日(乞巧节)多博泥孩儿,端正细腻,京语谓之'摩睺罗'。小大甚不一,价亦不廉。或加饰以男女衣服,有及于华侈者,南人目为巧儿。"《繁胜录》也说:"(七夕,杭州)御街扑卖'摩侯罗',多着乾红背心、系青纱裙儿。亦有着背儿、戴帽儿者。"明人田汝成讲述宋时杭州掌故的《西湖游览志》亦记载:"七夕,市中以土木雕塑孩儿,衣以彩服,号为'摩睺罗'。"

这些文献记录还告诉我们一个信息:宋代的"磨喝乐"以土木材料制成,身材、手足、面目、毛发栩栩如生,还配有漂亮的迷你服装。"磨喝乐"可能还有固定的造型,以男女童子手执莲花、莲叶为特征。

宋朝的寻常市民家、富室乃至皇家之中,都有"磨喝乐"的忠实粉丝,"禁中及贵家与士庶为时物追陪"[1]。宋时有一首谑词,道尽宋人扑买"磨喝乐"的狂热之情:"天上佳期,九衢灯月交辉。摩睺孩儿,斗巧争奇。戴短檐珠子帽,披小缕金衣,嗔眉笑眼,百般地敛手相宜。转睛底工夫不少,引得人爱后如痴。快输钱,须要扑,不问归迟。归来猛醒,争如我活底孩儿!""磨喝乐"既然风靡天下,价钱也就不可能太便宜,"价亦不廉";贵者,"一对直数千(文)"。

流风所至,宋朝孩子很喜欢模仿"磨喝乐"的造型:七夕,京师"小儿须买新荷叶执之,盖效颦磨喝乐"[2]。南宋临安也是如此,

---

1 孟元老:《东京梦华录》。

2 孟元老:《东京梦华录》。

"市井儿童，手执新荷叶，效'摩睺罗'之状。此东都（汴梁）流传，至今不改"[1]。大人们夸一个孩子可爱迷人，也会说"生得磨喝乐模样"。"磨喝乐"之于宋朝儿童的地位，就如芭比娃娃之于今日的孩子。

"磨喝乐"最出名的制造商是苏州人。南宋陈元靓《岁时广记》记载："磨喝乐，南人目为巧儿。今行在中瓦子后市街、众安桥，卖磨喝乐最为旺盛，惟苏州极巧，为天下第一。进入内庭者以金银为之。"尤以吴中名匠袁遇昌制造的"磨喝乐"最为神奇，据明代《姑苏志》载，宋人"袁遇昌居吴县木渎，善塑'化生摩睺罗'，每抟埴一对，价三数十缗，其衣襞脑囟，按之蠕动"。想必这"磨喝乐"的内部配有机械装置。

可惜我们从传世宋画中找不到"磨喝乐"的踪影，倒是在明刻本《元曲选》寻得一张《张平叔智勘魔合罗》的插图。这"张平叔智勘魔合罗"故事中有个细节，也值得一说：话说七月初七这天，货郎高山挑着一担自塑的"魔合罗"入城贩卖，路遇大雨，入神庙避雨时结识了生病的李德昌，受李之托，前往李家送信。到了李家，见李德昌的孩子很喜欢"魔合罗"，便送了一个给他，说道："你牢牢收着，不要坏了，底下有我的名字，道是'高山塑'。你父亲来家呵，我寄信不寄信，久后做个大见证哩。"可知宋元时的手工艺品制造商，通常会在产品上注明工艺人的姓名，有如今天的注册商标。

宋代还有另一种也是盛行于民间的泥娃娃，跟"磨喝乐"有点相似，叫作"黄胖"。前面《繁胜录》与《梦粱录》列出的杭

1　吴自牧：《梦粱录》。

《张平叔智勘魔合罗》插图

州市场上的玩具商品，就有"黄胖儿""泥黄胖"。西湖景区尤多商贩叫卖"黄胖"。田汝成《西湖游览志余》称："临安风俗，嬉游湖上者竞买泥孩、莺哥、花湖船回家，分送邻里。"

那么"黄胖"跟"磨喝乐"有什么差异呢？从零零碎碎的文献记载来看，两者是有一些区别的。首先，上市的季节不同，"黄胖"一般在春季大量上市；"磨喝乐"一般在乞巧节前批量上市。

其次，造型不同，"磨喝乐"同芭比娃娃一样，穿着绢布制成的迷你服装，又以手执荷叶为典型姿势；"黄胖"呢？似乎并不需要外穿绢布服饰。再据宋人笔记《四朝闻见录》，南宋权相韩侂胄"春日宴族人于西湖。用土为偶，名曰黄胖，以线系其首，累至数十人，游人以为土宜"。另一本宋人笔记《谈薮》亦有类似记载："韩侂胄暮年以冬月携家游西湖，画船花舆，遍览南北二山之胜，末乃置宴于南园，族子判院与焉。席间有献牵丝傀儡，为土偶负小儿者，名为迎春黄胖。"可以推知，宋代的"黄胖"是能够活动的，可通过丝线控制泥偶的头、手、足动作，有点像"悬丝傀儡"。宋朝玩具制作手艺之精良，于此亦见一斑。

从儿童玩具史的角度来说，玩具的产生可以推到公元前的商周时期，从郑州二里岗遗址出土的文物中，就发现了一些商代的陶虎、陶羊、陶龟、陶鱼，考古学家相信这是殷商时代的饰品或儿童玩具。汉代时，儿童玩具已较为常见，东汉王符《潜夫论》说，当时的老百姓"或作泥车瓦狗、马骑倡排，诸戏弄小儿之具，以巧诈"。这里的"戏弄小儿之具"，就是儿童玩具。但请注意，王符是持一种严厉批判的立场对待玩具的，将"作泥车瓦狗"视为民风"浮侈""诈绐"的表现。

玩具史发展到宋代时，发生了一个历史性的变化：不但出现了"玩具"一词（这意味着玩具已普遍到需要给它一个独立的

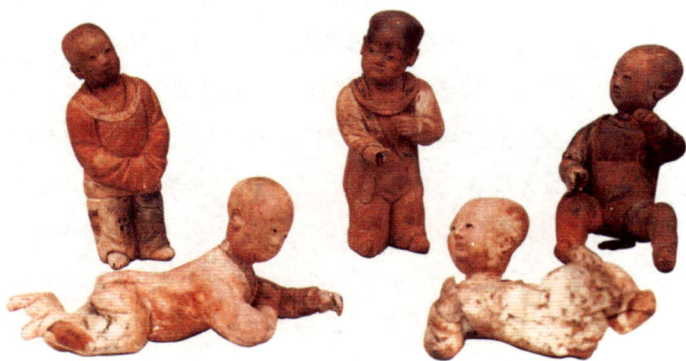

江苏镇江出土的宋代泥塑童戏像。有人说是"磨喝乐",也有说是"黄胖"。我觉得都不像,
这只是普通的宋代泥孩儿

命名),还形成了一个繁荣的玩具商品市场;不但儿童玩具的品种空前丰富,制作技巧远胜于之前,而且,琳琅满目的儿童玩具被文人与画家当成社会繁华的象征写入笔记、绘入图画,不再被看作是"无用而有害"(王符语)之物。我相信,只有一个富足、闲适、富有享乐精神的社会,才会以这么从容的心态、欣赏的目光看待儿童乃至成人的玩具。

雅趣

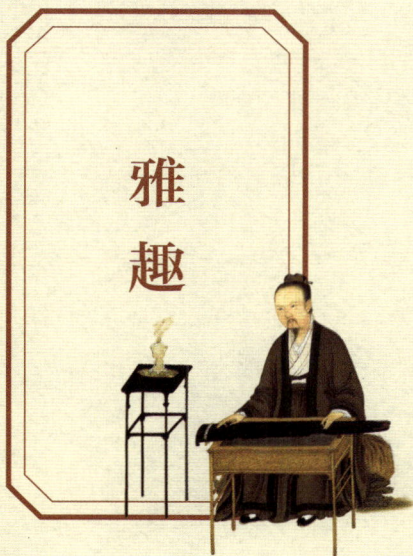

宋

人爱插花

以插花为尚

我们先来看几幅宋画，分别是苏汉臣《妆靓仕女图》（美国波士顿艺术博物馆藏）、南宋佚名《盥手观花图》（天津艺术博物馆藏）、南宋《六尊者像》（北京故宫博物院藏。此画作者原标注为唐代卢棱伽，但有学者根据画中多种家具的形制判断，图画应该出自南宋人之手）、马公显《药山李翱问答图》（日本京都南禅寺藏）、马麟《松阁游艇图卷》（未知收藏者）。

这几幅宋画描绘的是不同人物的生活图景，不过它们却有一个相同的地方，是什么呢？瓶插鲜花。《妆靓仕女图》插的是水仙，《盥手观花图》插的是牡丹，《六尊者像》插的也是牡丹，《药山李翱问答图》插的是一枝寒梅，《松阁游艇图卷》上的插花看不出是何种花卉。透过这些宋朝画作，我们可以确知，不管是大家闺秀的闺房、富贵人家的庭院，还是隐者的案头、出家人的禅房、士大夫的书房，都有瓶插的鲜花，将生活空间点缀得意趣盎然。

这样的图像信息，显示出插花作为一种生活装饰品，已经广泛出现在不同阶层的宋朝家庭中。宋代之前，虽然也有插花艺术，但一般只流行于宫廷与贵族家庭，或表现为佛堂供花。到了宋代，插花已成为整个社会的生活时尚，深入到寻常百姓家。今天比较追求生活情趣的市民、白领、小资，经常会买一束鲜花回家，插在花瓶中，装饰生活。宋人也是这样。

我总觉得，恐怕再没有一个时代的居民比宋朝人更热爱鲜花了。宋代每年春天都会举办盛大的"花朝节"，《梦粱录》记载："仲春十五日为花朝节，浙间风俗，以为春序正中，百花争放之时，最堪游赏。"花朝节出门赏花的市民往往万人空巷。而宋后，花朝节则逐渐趋于沉寂。

上：苏汉臣《妆靓仕女图》；下：南宋佚名《盥手观花图》

上：南宋《六尊者像》局部；下：马公显《药山李翱问答图》

马麟《松阁游艇图卷》局部

宋人还有"簪花"的习惯，不论男女，不分贵贱，上至君主、士大夫，下至市井小民，都以簪花为时尚，"虽贫者亦戴花饮酒相乐"[1]。六月时节，茉莉花刚上市，"其价甚穹（高），妇人簪戴，多至七插，所直数十券，不过供一饷之娱耳"[2]，可谓爱美之极。

宋朝又是中国插花史上的鼎盛期。如果说，插花是宋朝社会的时尚潮流，那么赵宋皇室与政府无疑就是这一插花潮流的引导者。每逢花季，临安后苑都要"妆点一新"，"间列碾玉、水晶、金壶及大食玻璃、官窑等瓶，各簪奇品，如姚魏御衣、黄照殿红之类几千朵，别以银箔间贴大斛，分种数千百窠，分列四面。至于梁栋窗户间，亦以湘筒贮花，鳞次簇插，何翅万朵"[3]。用名贵

---

1 邵伯温：《闻见前录》。

2 周密：《武林旧事》。

3 周密：《武林旧事》。

的器皿簇插珍品牡丹等鲜花，陈列于宫禁，供人观赏。

洛阳是北宋时最著名的花都，牡丹盛开之时，地方政府会举办"万花会"（插花展览）。张邦基《墨庄漫录》说："西京牡丹闻名天下，花盛时，太守作万花会。宴集之所，以花为屏障，至梁栋柱拱，以筒储水，簪花钉挂，举目皆花。"另一个城市扬州，"芍药为天下冠"[1]，花开之季，扬州太守也会办"万花会"。

士大夫更是以插花为尚。许多首宋诗都写到宋朝士大夫的插花时尚，如高翥的《春日杂兴》："多插瓶花供宴坐，为渠消受一春闲。"苏辙的《戏题菊花》："春初种菊助盘蔬，秋晚开花插酒壶。"杨万里的《赋瓶里梅花》："胆样银瓶玉样梅，此枝折得未全开。为怜落莫空山里，唤入诗人几案来。"插花被宋人列为"文人四艺"之一，《梦粱录》称，"烧香、点茶、挂画、插花，四般闲事，不宜累家"。有些风雅的文人出游，也要携带桌几，"列炉焚香、置瓶插花，以供清赏"[2]。

寻常人家也热爱插花。欧阳修《洛阳牡丹记》说："洛阳之俗，大抵好花。春时城中无贵贱皆插花，虽负担者亦然。大抵洛人家家有花。"其实"好花"不仅是"洛阳之俗"，宋人都爱在家中摆放一瓶鲜花点缀生活。《夷坚志》提到一名爱花成痴的市井女子："临安丰乐桥侧，开机坊周五家，有女颇美姿容，尝闻市外卖花声，出户视之，花鲜妍艳丽，非常时所见者比，乃多与，直悉买之，遍插于房栊间，往来谛玩，目不暂释。"

五月端午节，更是家家户户皆插鲜花，《繁胜录》记载："（五

1　苏轼：《东坡志林》。
2　沈括（传）：《洞天游录》。

月）初一日，城内外家家供养，都插菖蒲、石榴、蜀葵花、栀子花之类"，"虽小家无花瓶者，用小坛也插一瓶花供养，盖乡土风俗如此。寻常无花供养，却不相笑，惟重午不可无花供养。端午日仍前供养"。

宋朝的商家，也喜欢用插花来装饰酒店、茶坊，营造出高大上的优雅格调。《梦粱录》记述说："汴京熟食店，张挂名画，所以勾引观者，留连良客。今杭城茶肆亦如之，插四时花、挂名人画，装点门面"，堪比今天的高档会所。杨万里的一首诗还写到，简陋的路边小店也以插花为装饰："路旁野店两三家，清晓无汤况有茶。道是渠侬不好事，青瓷瓶插紫薇花。"[1]

高超的插花技艺

宋代插花时尚的流行，催生出高超的插花技艺。有一篇宋人丘浚撰写的《牡丹荣辱志》，介绍了插牡丹花的原则与技艺。丘浚将插花的配材分为主花、配花两大类，类似于今天插花业所说的花材、配叶。

主花当然是牡丹了，丘浚又依牡丹之品种高下，分"王""妃""九嫔""世妇""御妻"五级，其中以"姚黄"为上上品，即牡丹之王。配花则分"花师傅""花彤史""花命妇""花嬖幸""花近属""花疏属""花戚里""花外屏""花宫闱""花丛脞"十级，比如"花师傅"有五色灵芝、九茎芝、碧莲、瑶花、碧桃，"花丛脞"有野蔷薇、荠菜花、夜合、芦花、杨花、金雀儿、菜花。

1　杨万里：《道旁店》。

不同的主花与配花按照一定的原则相搭配，可以组合成各种风格的插花作品。丘浚提倡的配花原则是：以"姚黄"为王，"魏红"为妃，"位既尊矣，必授之以九嫔；九嫔佐矣，必隶之以世妇；世妇广矣，必定之以保傅；保傅任矣，则彤管位；彤管位矣，则命妇立；命妇立则嬖幸愿；嬖幸愿则近属睦；近属睦则疏族亲；疏族亲则外屏严；外屏严则宫闱壮；宫闱壮则丛脞革"。听起来是不是很玄乎？你将那些宫廷职位换成不同的花卉，就比较容易理解了。

还是来看图像吧。南宋宫廷画师李嵩，绘有一套《花篮图》，分为春夏秋冬四幅，其中《夏花篮图》现收藏于北京故宫博物院，《冬花篮图》现收藏于台北故宫博物院，《春花篮图》流落于日本，《秋花篮图》则已经失传。有人说，李嵩这套《花篮图》系列是世界上最早的静物画，这个我们不去管它，重要的是，我们可以透过这一套写实性很高的图像，观察宋朝人是如何以竹篮为器皿、四季花草为配材来完成一件插花作品的。

在《夏花篮图》中，插花师用夏天盛放的大朵蜀葵作为主花，栀子花、石榴花、含笑、萱草为配花，衬绕于旁边。《冬花篮图》中，插花师则以带叶的大红山茶为主花，配上绿萼梅、白水仙、腊梅、瑞香等冬季花卉、绿叶，主次相从。[1]竹篮也编织得非常精巧，与花卉相得益彰。整个插花组合看起来相当惊艳，体现了宋人高超的插花艺术与精致的审美情趣。

宋人还总结出了许多插花的技术经验，这些经验放在今日，

1　这里参考了网友"加斯列莫夫"先生《对李嵩款〈花篮图页〉的一点推想》一文的解读。致谢。

上：李嵩《夏花篮图》；下：李嵩《冬花篮图》

也可以供对插花艺术感兴趣的朋友借鉴，如延长花卉保鲜期之法，宋人温革《琐碎录》说："牡丹、芍药……摘下，烧其柄，先置瓶中，后入水。夜则以水洒地，铺芦席，又用水洒之，铺花于其上，次日再入瓶，如此可数日。"苏轼《格物粗谈》说："荷花以乱发缠折处，泥封其窍，先入瓶底，后灌水，不令入窍，则多存数日。"周密《癸辛杂识》说："凡折花枝，捶碎柄，用盐筑，令实柄下满足，插花瓶中，不用水浸，自能开花作叶，不可晓也。"

繁荣的鲜花市场

宋人的插花时尚，自然带动出一个繁荣的鲜花市场。北魏时的《齐民要术》称："舍本逐末，贤哲所非，日富岁贫，饥寒之渐，故商贾之事，阙而不录。花草之流，可以悦目，徒有春花，而无秋实，匹诸浮伪，盖不足存。"花卉种植与交易，在宋代之前是受到排斥的，被认为是华而不实的东西。然而宋代却有无数人以种花、卖花为业，宋朝市民对生活品质的追求，宋代城市发达的工商业，使得原来"浮伪"的花花草草变成了有利可图的热门生意，养活了诸多花农与花商。

在东京，每至春天，"万花烂漫，牡丹、芍药、棣棠、木香，种种上市。卖花者以马头竹篮铺排，歌叫之声，清奇可听"[1]。著名的张择端《清明上河图》（北京故宫博物院藏）便画了两处卖鲜花的小摊，一个在城内"孙羊正店"门口，一个在城门外的路边。旁边有市民正在买花。

1　孟元老：《东京梦华录》。

上：张择端《清明上河图》上"孙羊正店"门口的鲜花摊；
下：张择端《清明上河图》上城门外的路边鲜花摊

在洛阳，"凡园皆植牡丹"，"城中赖花以生者，毕家于此。至花时，张幕幄，列市肆，管弦其中。城中士女，绝烟火游之"。名贵的姚黄、魏红品种，竟然叫价"一枝千钱"[1]。

在扬州，人们"无贵贱皆喜戴花，故开明桥之间，方春之月，拂旦有花市焉"[2]。

在成都，"二月花市，各地花农辟圃卖花，陈列百卉，蔚为香国"[3]。

南宋杭州的花市更为发达。三月暮春，正是鲜花盛开时节，也是鲜花生意最为旺盛之时。《梦粱录》说："春光将暮，百花尽开，如牡丹、芍药、棣棠、木香、酴醾、蔷薇、金纱、玉绣球、小牡丹、海棠、锦李、徘徊、月季、粉团、杜鹃、宝相、千叶桃、绯桃、香梅、紫笑、长春、紫荆、金雀儿、笑靥、香兰、水仙、映山红等花，种种奇绝。卖花者以马头竹篮盛之，歌叫于市，买者纷然。"

不独春季如此，一年四季杭州都有鲜花叫卖，"四时有扑带朵花……春扑带朵桃花、四香、瑞香、木香等花；夏扑金灯花、茉莉、葵花、榴花、栀子花；秋则扑茉莉、兰花、木樨、秋茶花；冬则扑木春花、梅花、瑞香、兰花、水仙花、腊梅花。更有'罗帛脱蜡像生四时小枝花朵'（即绢花），沿街市吟叫扑卖"[4]。特别是端午节这一天，杭州人家家户户都要插花，以至花农"一早卖一万贯花钱不啻。何以见得？钱塘有百万人家，一家买一百钱花，

1　李格非：《洛阳名园记》。

2　王观：《扬州芍药谱》。

3　赵抃：《成都古今记》。

4　吴自牧：《梦粱录》。

便可见也"[1]。

　　反过来说，花市的繁华，也反映出宋人热爱插花的盛况，市民对雅致生活的追求，以及人民生活的富庶与安逸。只是，按台湾学者黄永川先生的研究，插花艺术在元代便转入"沉滞期"，"种花卖花之事大不如前，赏心乐事的花事也因花卉生产的停止、种花师的绝世而渐靠沉滞"。这当然是因为从草原而来的征服者不尚风雅、社会粗鄙化所致。明代中后期，插花艺术虽有复兴，但朱元璋的立国精神以反对游畋、赏玩为特征，再不复有官民共襄花事之盛举。至清中叶之后，"由于战乱，经济困疲，插花已不流行，遇有节日，则以盆栽勉强充数，其作风多流行于装饰或因袭，故作风繁缛而庸俗"[2]。

　　辽宁省博物馆藏的仇英本《清明上河图》也画有一间鲜花店，但我们可以发现，这间鲜花店销售的并不是用于插花的花卉，而是盆栽。不知这是不是画家对民间插花艺术衰微现象的不自觉表现。而插花艺术自唐宋时期传入日本后，则在日本发展成精致的"花道"。

　　我少年时，读陆游的诗"小楼一夜听春雨，深巷明朝卖杏花"[3]，感觉到一种淡淡的惆怅，却难以名状。直至后来读到《东京梦华录》的一段话，突然之间才明白这惆怅是什么："（东京）卖花者以马头竹篮铺排，歌叫之声，清奇可听。晴帘静院，晓幕高楼，宿酒未醒，好梦初觉，闻之莫不新愁易感，幽恨悬生，最一时之佳况。"

1　西湖老人：《繁胜录》。

2　黄永川：《中国插花史研究》，西泠印社出版社，2012。

3　陆游：《临安春雨初霁》。

仇英版《清明上河图》上的鲜花店

　　原来这清晨从楼下小巷传来的卖花声，寄托着一个时代如梦又易碎的繁华，近在眼前，却转瞬即逝。

宋

人爱『写真』

家中不挂名人像，只挂自己肖像

台湾学者蒋勋先生曾在一档电视节目上借宋画讲述宋朝文人的生活：

> 大家看一下，这张画里最有趣的是，他的屏风挂了一张画（像），这个画（像）刚好是他自己的自画像。我们从来很少知道，宋朝的文人家里是挂自画像。我们常常提到说，所谓的 self-portrait，即西方美术里面讲的自画像，是在文艺复兴以后才发展出来的，就是说，你开始重视人的存在意义跟价值的时候，你才会有自画像出现。可是宋朝已经有自画像，而且是挂在自己家里。一个文人会把自己的自画像挂在自己的家里，而不是挂另外一个什么领袖或者是皇帝的像，表示说他觉得他自己存在的意义很重要，你要每天反省你自己存在的意义是什么。一个人自我凝视的时候，他（才）有反省的力量。[1]

蒋勋先生所说的"这张画"，是指收藏于台北故宫博物院的《宋人人物图》，作者为宋代画家，但姓名已不可考。其实图中的画像，未必是自画像，也可能是主人请他人画的，不过说是主人自己的肖像则无疑问。将自个儿肖像绘入图像，挂于书房或客厅，在宋代士大夫群体中是很常见的事情。这类肖像画，宋

---

[1] 据电视节目《殷瑗小聚·中国美术史》蒋勋谈话整理。

《宋人人物图》

人称为"写真"。

　　元初刘贯道画有一幅《消夏图》（美国纳尔逊·艾特金斯艺术博物馆藏），与《宋人人物图》意境相似。刘贯道虽然生活在元代，但他的《消夏图》完全模仿宋画（题材与构图模仿宋人《槐荫消夏图》，意境模仿《宋人人物图》与宋摹《重屏会棋图》），描绘的也是想象中的宋代文人生活。此图中也画了一扇屏风，屏风上的图画，不是山水，而恰恰是主人自己的生活情景写实。因此，这屏风其实也是一幅写真画。由此看来，宋人的写真，未必仅仅是单纯的肖像画，还可以是类似于"生活照"的情景画。南宋刘克庄有一段话可证："画者为余记颜多矣，朝衣朝冠辄不似，儒衣儒冠辄又不似，暮年悉发箧而焚之。陈生汝用独为长松怪石、飞湍怒瀑，着余幅巾燕服，杖藜其间，见之者皆曰逼真。他画师

元人刘贯道《消夏图》

者见之亦曰逼真。"[1] 画家陈汝用给刘克庄画的写真图，就是一幅
"生活照"。

　　说起来，写真的历史可以追溯到很远，比如南北朝时，"武
烈太子偏能写真，座上宾客，随宜点染，即成数人，以问童儒，
皆知姓名矣"[2]；不过，在宋代之前，肖像画多出现在政治或宗教
场合，如汉宣帝在麒麟阁陈列功臣像，唐太宗给凌烟阁二十四位
功臣画肖像；又如唐朝佛教壁画中有很多供养人画像，民间人家

1　刘克庄：《赠陈汝用》。
2　颜之推：《颜氏家训》。

也有供奉祖先遗像的习俗。

到了宋朝，士大夫群体中似乎兴起了给自己写真的风气。就如今人热衷于拍写真集、玩自拍，宋朝的士人也喜欢请画师给自己画个肖像挂起来（有高超绘画技艺的士人还喜欢绘自画像），并且题写几句"画像赞"（画像赞是宋朝文人圈很流行的文体），自我评价，自我调侃，自我勉励，自我反省。这是宋朝文人的习惯。

我们从宋诗中可以检索到非常多的"画像赞"、"自赞"，这显示了写真在宋朝文人圈的流行。北宋黄庭坚曾一口气写了五首《写真自赞》，毫无疑问，黄庭坚家中肯定挂着自己的画像。而从黄氏的另外两首诗《张大同写予真请自赞》、《张子谦写予真请自赞》来看，他的画像应该是叫张大同、张子谦的画家绘画的。

南宋杨万里也写过一首《自赞》，其短序说："吾友王才臣命秀才刘讷写余真，戏自赞。"可知杨万里的肖像是一位叫刘讷的秀才所绘。史载刘讷"工写貌"，与杨万里等诗人有来往，杨有诗歌《赠写真刘敏叔（即刘讷）秀才二首》相赠。

与杨万里同时代的周必大，更是一名热衷于写真的"狂热分子"。他七十岁时，请刘敏叔给他画了肖像，并写一首《刘氏兄弟写予真求赞，时年七十》纪念；七十三岁时，又请"南城吴氏记予七十三岁之颜"；七十七岁时，又请了法华院的僧人祖月"写余真"，并题词戏赞："老子七十七，到处遮人壁。住世更十年，化身千百亿。"陆游的朋友杜敬叔也曾给周必大画过像，周因此写了一首《陆务观之友杜敬叔写予真，戏题四句，他日持示务观一笑》，记录此事。陆游自己当然也有写真画像，因为他写过好几首《放翁自赞》。

给周必大画像的"南城吴氏"，是吴伸、吴伦兄弟，也曾给朱熹画过肖像，时在南宋绍熙元年（1190），吴氏兄弟之后参与

了朱熹领导的社仓建设，与朱氏过从甚密。十年后，即庆元五年
（1200），朱熹将这幅画像赠给了石洞书院，并在上面题写了一首
自赞诗："苍颜已是十年前，把镜回看一怅然。履薄临深谅无几，
且将余日付残编。"下面附注"南城吴氏社仓书楼为余写真如此，
因题其上。庆元庚申二月八日沧州病叟朱熹仲晦父"。

　　给朱熹画过肖像的画家还有画工郭拱辰。郭氏"善写照"，
当时的大学者楼钥称赞他所画的人物肖像惟妙惟肖，栩栩如生，
"若郑公尚书、晦庵数公，展卷对之，如欲笑语"[1]。朱熹也写过一
篇《送郭拱辰序》，赞美其画技："世之传神写照者，能稍得其形
似，已得称为良工。今郭君拱辰叔瞻，乃能并与其精神意趣而尽
得之，斯亦奇矣。"郭拱辰给朱熹画了一大一小两幅画像，形神
兼备，朱熹"持以示人，计虽相闻而不相识者，亦有以知其为予
也"。看过画的人一眼就能认出画的正是朱老爷子。

　　朱熹的朋友陈亮、辛弃疾等人，也都请人画过肖像，因为陈
亮曾著文"自赞其像"，也写过一篇《辛稼轩画像赞》。上文提到
的朱熹的再传弟子刘克庄有很多幅自己的写真图，因为他说，"画
者为余记颜多矣"。

　　相传朱熹还自己给自己画"自画像"。1974年，福建发现了
一块清初朱熹第十六代孙朱玉所立的"朱熹对镜自画像"石碑（现
藏福建建瓯市博物馆），画像为半身写真图，朱熹的面部特征（右
颊有七颗黑痣）很明显。碑文称此像乃是"文公六十一岁对镜写
真也"。

　　不过，据一些学者考证，朱熹其实并无"对镜自画"的技能，

────────────────

1　楼钥：《攻媿集》卷七九。

朱熹自画像石碑拓片

此像应该是绍熙元年南城吴氏给朱熹画的肖像，后世以讹传讹，
传成了朱熹自画像。不管是谁人所画，有一点我们可以肯定，朱
熹在世时，他的书房肯定挂着几幅自己的画像。

给人画像的专业画家

存世的宋人自画像还有桂林伏波山的米芾自画像石刻。米芾
是北宋的著名画家、书法家，长于自写真，相传"米芾自写真世
有数本"，流传于外，其中米家藏有一幅米芾的"自作小像"，南
宋嘉定八年（1215），广西转运判官方信孺将这幅米芾"自作小像"
借来，刻像于石，以纪念这位一百多年前（1074 年前后）在静
江府当过临桂县尉的大艺术家。伏波山的米芾自画像石刻如今已

米芾自画像石刻拓片

赵孟頫《自写小像图页》

成珍贵文物。

现收藏于北京故宫博物院的赵孟頫《自写小像图页》，是唯一一幅保留至今的宋人自画像原件。此图绘于元初，作为赵宋宗室之后的赵孟頫将自己画成了一名漫步于竹林的隐者（这也是一幅有山水背景的"生活照"），大概是为了表达自己仕元的复杂心绪吧。亦有人称宋徽宗的《听琴图》是赵佶的自画像，不过缺乏直接证据，存疑。

在没有相片作为参照的古代，画自画像肯定是一门高难度的技能，非寻常画师所能为。不过，这样的高手宋代出了不少，如北宋僧人元霭，能自写形貌，活灵活现；道士白玉蟾，"自写其容，数笔而就"[1];房州人"三朵花",因为他"常戴三朵花,莫知其姓名,郡人因以'三朵花'名之,能作诗,皆神仙意,又能自写真"[2]。

多才多艺的苏轼也"尝于灯下顾见颊影,使人就壁画之,不作眉目,见者皆失笑,知其为吾也"[3]。对着自己的影子勾勒出画像轮廓,苏大学士果然脑洞不是一般的大。苏轼的朋友、著名画家李公麟也擅长自写真,他给苏轼画了一幅肖像,然后在苏轼像旁边画上自己的画像,苏学士觉得很有趣,"故赞云:殿以二士"。苏门弟子黄庭坚等人看了此画像,也请李公麟给他们画肖像。[4]

而专门给他人画肖像图的宋朝画家(相当于今天的人像摄影师)就更多了。除了前面提到的郭拱辰、吴伸、吴伦、刘讷,又有"牟谷、元霭、尹质长于写貌,笔能夺真"[5];金陵人陈怀立,善传神,曾经为苏轼画像,得苏轼赞赏:"南都人陈怀立传吾神,众以为得其全者。"[6]还有一位叫妙善的画师,画过皇帝御容,许多人都排长队请他写真,追随者中包括苏轼。苏轼有诗《赠写御容妙善师》:"平生惯写龙凤质,肯顾草间猿与獐。都人踏破铁门限,黄金白璧空堆床。尔来摹写亦到我,谓是先帝白发郎。不须览镜坐自了,明年乞身归故乡。"

另一位画过六殿御容的画家朱渐,京师人,生活在宣和年间,由于他画的肖像太逼真,坊间传言:"未满三十岁不可令朱待诏

1 民国本《闽清县志》卷八。
2 苏轼:《三朵花》诗序。
3 苏轼:《传神记》。
4 苏轼:《李伯时画像跋》。
5 刘道醇:《圣朝名画评》。
6 苏轼:《书陈怀立传神》。

写真。"为什么？"恐其夺尽精神也"[1]。同样生活在宣和年间的画师李德柔，也是"写真妙绝一时"[2]。还有金陵人李士云，也是善传神，尝为王安石画肖像，王安石写诗相赠："衰容一见便疑真，李子挥毫故有神。欲去钟山终不忍，谢渠分我死前身。"[3]

宋朝出了这么多专业的写真画家，直接反映了宋代士大夫群体请人画肖像的需求量之大。而宋代肖像画的发达，还催生出了供画家描摹的"模特儿"："今乃使具衣冠坐，注视一物，彼方敛容自持"[4]，"使人伟衣冠，肃瞻眄，巍坐屏息。仰而视，俯方而起草，毫发不差，若镜中写影"[5]。今日的画家画人像素描，不正是如此吗？不过，苏轼反对这种画法，认为这么绘画只能"写真"，不能"传神"。

从宋画隐藏的图像信息，我们也可以发现"专业写真"在宋朝社会的流行。宋人临摹五代周文矩的《宫中图卷》，为故宫旧藏，民国初年被人盗出，割成四段，分别流入美国和意大利，其中一段（哈佛大学意大利文艺复兴研究中心藏），便有宫廷画师给宫女画肖像的图景。

如果说，《宫中图卷》反映的是宫廷生活，与老百姓不相干，那么不妨再来看看南宋梁楷的细笔白描画《黄庭经神像图卷》（曾为翁同龢私藏，后被其玄孙翁万戈携往美国），图中也有画师给人写真的画面。此处图景表现的是市井人间的世俗生活。显然，

1　邓椿：《画继》。

2　邓椿：《画继》。

3　王安石：《寄金陵传神者李士云》。

4　苏轼：《传神记》。

5　陈造：《论写神》。

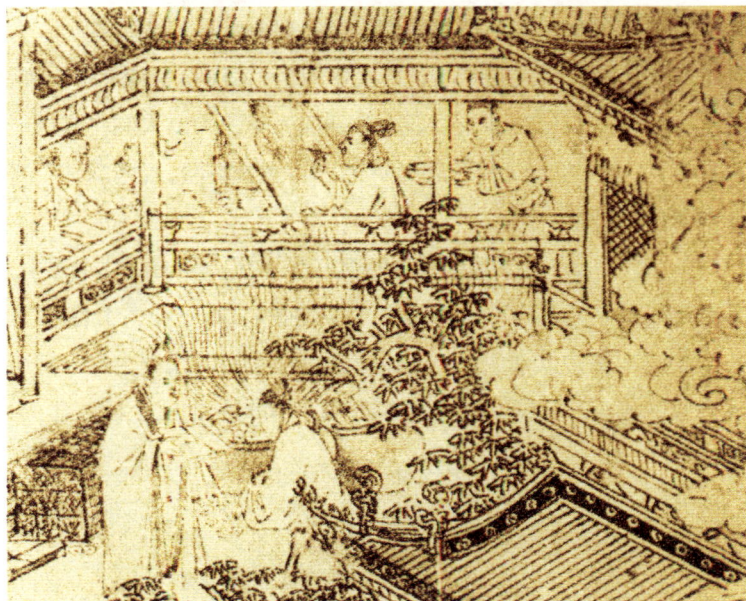

上：宋人摹《宫中图卷》局部；下：梁楷《黄庭经神像图卷》局部

仇英版《清明上河图》上的画像馆

在梁楷生活的时代，民间人家有请职业画师给家人画肖像的习惯。

明代仇英版的《清明上河图》（辽宁省博物馆藏）还画出了一间专给顾客画肖像的画像馆，位于商铺林立的临河大街上，大概相当于现在的照相馆。由于史料匮乏，我们不知道宋代的市场上是不是也出现了类似的商业性画像馆。

自我意识的觉醒

为什么宋代的士大夫群体热衷于将自己的肖像画进图画，挂在家里？我觉得这是宋人自我意识集体觉醒的体现，诚如蒋勋先生所说，宋朝的士大夫会"觉得他自己存在的意义很重要"，会"每天反省自己存在的意义是什么"。当人每一次看着自己的画像，就如同面对另一个"我"，一个"我"活于尘世，另一个"我"定格在某一时空。当"我"与"我"相面对，你会看到从前的容颜、过去的年华，看到岁月的流逝，看到昨日之"我"与今日之"我"的不同，甚至还会联想到明日之"我"。于是你会忍不住感慨万端、苦笑、自嘲、自省、自勉、自警。

这种种情绪，就体现在宋人的"自题画像赞"之中。如黄庭坚的《写真自赞》说："如鲁直者，欲寡过而未能，以傲世则不敢。自江南乘一虚舟，又安知乘流之与遇坎者哉。"这是坦率的自嘲。

苏辙《写真自赞》说："心是道士，身是农夫。误入廊庙，还居里闾。秋稼登场，社酒盈壶。颓然一醉，终日如愚。"既是自嘲，又是自省。

苏轼也有《自赞》诗曰："目若新生之犊，身如不系之舟。试问平生功业，黄州惠州儋州。"也是自嘲。

杨万里亦有《自赞》诗："青白不形眼底，雌黄不出口中。只有一罪不赦，唐突明月清风。"这是自况与自得。

周必大七十岁时的《写真自赞》说："骨相屯，气宇尘。浊不盈，臞不清。视汝形，肖汝身。无古心，无时名，乃久生，真幸民。"表现出历尽风霜之后的豁达心境。

蔡枢的《自题画像》诗写道："平生陋质写难真，画史挥毫妙入神。瘦似休文宁复健，寒如东野故应贫。尘埃自笑双蓬鬓，泡影俄惊两幻身。从此山林皆独往，定无勋业上麒麟。"则忍不住流露出对自己人生的失落之情。

陈亮在《写真自赞》中说："其服甚野，其貌亦古。倚天而号，提剑而舞。惟禀性之至愚，故与人而多忤。叹朱紫之未服，谩丹青而描取。远观之，一似陈亮；近眠之，一似同甫。未论似与不似，且说当今之世：孰是人中之龙、文中之虎！"有一股舍我其谁的豪迈气，掺杂着怀才不遇的些许愤慨。

当然，说起自我意识的觉醒，我们可能立即会想到另一个时代——魏晋六朝。《世说新语》中有一段桓温与殷浩的对话，桓温问殷浩："卿何如我？"殷浩说："我与我周旋久，宁作我。"好一句"宁作我"，这便是自我觉醒的宣言。

魏晋士人的自我觉醒，也体现在这一时期的肖像画风格上，有学者提出，肖像画是个人主义兴起的一个清楚的标志，"在西方，个体的发现始于中世纪后期，新式肖像画法的出现是其证明，这种画法描绘了'一个具体的肖像和包含在它所有个性中的人性'。在中国的魏晋时代，也产生着相似的变化"。虽然魏晋之前已有肖像画，但传统的肖像画"基本上都是杰出人物的肖像画，其目的在于激发人们的道德感。正如诗人曹植所言：'观画者，见三皇五帝，莫不仰戴……是知存乎鉴者何如也。'肖像画法中的说教传统在汉末并未完全消失，但一个崭新的个人主义人物画形式，在魏晋转折时期登台亮相了。在性格分析学的影响下，画家也以表现人的个性化精神风貌为目标"。

不过，我们也会发现，魏晋士人群体觉醒的自我意识，更多的是表现为对自己生命的挥霍和对欲望的放纵，所谓的"魏晋风流"就由饮酒、服药、裸袒、清谈之风构成。套用弗洛伊德的理论，可以说，魏晋士人的自我意识其实就是"本我"的苏醒；相比之下，宋人的自我意识，更多表现为对"我"（包括"我"的志趣、"我"的际遇、"我"应担当的道义、"我"生存于世的意义等）的理性审视，是"超我"的觉醒。

特别是宋朝的理学家，更是追求自觉地克制"本我"、发扬"超我"，用朱熹的说法，即"遏人欲而存天理"。人欲是过度的欲望与激情，天理是理性的外在表现。有人问朱熹："饮食之间，孰为天理，孰为人欲？"朱熹解释说："饮食者，天理也；要求美味，人欲也。"[1] 为节制过度的欲望与激情，儒家倡导"吾日三省吾身"[2]，朱熹也是任何时候都不忘记自省、自警。

乾道九年（1173），朱熹四十四岁，福建福唐县的画家给他写真，朱熹见画像上的自己"容发凋悴，遽已如此"[3]，心中感慨，题下一段《写照铭》自省："端尔躬，肃尔容。检于外，一其中。力于始，遂其终。操有要，保无穷。"绍熙元年，朱熹又在另一幅画像上题写"自警词"："从容乎礼法之场，沉潜乎仁义之府，是予盖将有意焉，而力莫能与也。佩先师之格言，奉前烈之余矩，惟暗然而日修，或庶几乎斯语。"十年后朱熹再看这幅画像，猛然间发现年华已经老去："苍颜已是十年前，把镜回看一怅然。"让朱熹怅然的，也许是他感觉到光阴虚度，而"我"却一无所成。

1　《朱子语类》卷一三。

2　《论语·学而》。

3　朱熹：《写照铭》。

宋

人爱焚香

日本今天还保留着传统的三"雅道"，即茶道、花道、香道。这日式三"雅道"其实都传自中国，宋朝文人间也流行四雅事：挂画、点茶、插花、烧香。其中的点茶、插花、烧香在日本演变成了茶道、花道、香道，但在中国本土，文人四雅事后来却全面没落，比如"烧香"一词，宋人一般用来指称一种雅玩，即焚香；而现在却与"拜佛"连用，指一种民间祭拜仪式，雅味全失，俗气尽显。

遥想当年，一炉袅袅飘着轻烟与香气的焚香，在宋人生活中的地位，就如今日小资家中终日飘扬的轻音乐吧。宋人在读书、闲居、烹茶、雅集、欣赏音乐、宴客的时候，都会烧一炉合香，氤氲一室。深谙香道的黄庭坚还自言："天资喜文事，如我有香癖。"[1] 可见香在文人心目中的重要性。如果抽掉了焚香，宋朝文人一定会认为他们的生活将失去了数不尽的清趣。

现在，且让我们跟随着宋朝画师的笔触，回到宋人的日常生活中，重温焚香之道。

宋画上的香炉

在南宋刘松年（传）的《山馆读书图》（北京故宫博物院藏）与《秋窗读易图》（辽宁省博物馆藏）上，我们看到，读书人的案头都放置着小巧的香炉，那是因为宋人读书时有焚香的习惯。许多宋诗也描绘了这样的文人习惯，如陈必复的《山中冬至》："读

1　黄庭坚：《贾天锡惠宝薰乞诗多以兵卫森画戟燕寝凝清香》。

上：刘松年《山馆读书图》局部；下：刘松年《秋窗读易图》

易烧香自闭门，懒于世故苦纷纷。"戴复古的《赣州上清道院呈姚雪蓬》："短墙不碍远山青，无事烧香读道经。"陈宓的《和喻景山》："而今已办还山计，对卷烧香爱日长。"

今天我们能够看到两幅宋人的《听琴图》，一幅传为宋徽宗赵佶所绘，现为北京故宫博物院藏；另一幅传为刘松年所绘，现为美国克利夫兰博物馆藏。两幅《听琴图》都画出了一张香几，香几上放着一只香炉，显示宋人在欣赏音乐时，也会焚香渲染气氛，正所谓"约客有时同把酒，横琴无事自烧香"[1]。

而宋徽宗的另一幅作品《文会图》（台北故宫博物院藏），画的是文人雅集、宴会的图景，图中绘有一块大石桌，上面放了一只黑漆古琴，以及一个青铜香炉。传为刘松年所绘的四幅《十八学士图》（台北故宫博物院藏），其中一幅的主题就是"品香"。传为李公麟的《西园雅集图卷》（中贸圣佳拍品），描绘了苏轼、苏辙、黄庭坚、秦观等名士的一次雅集，图卷中苏轼正在作画，画案上也放了一个精致的白瓷香炉，"炉烟方袅，草木自馨，人间清旷之乐，不过于此"[2]。烧香是宋朝文人宴客雅集时必不可少的点缀，宋人说："今日燕集，往往焚香以娱客。"[3]这叫作"燕集焚香"。

"煮茗烧香了岁时，静中光景笑中嬉。"[4]点茶与焚香同为宋朝士大夫的雅道，烹茶之时怎能没有焚香？我们在刘松年的《撵茶图》（台北故宫博物院藏）可以看到，仆人在烹茶，全套茶具已

1　陈必复：《赋参政叔祖水亭》。

2　米芾：《西园雅集图记》。

3　李宗孔：《宋稗类钞》。

4　范成大：《丙午新正书怀》。

上：赵佶《听琴图》局部；下：刘松年《听琴图》

上：赵佶《文会图》局部；下：传刘松年《十八学士图·品香》

传李公麟《西园雅集图卷》局部

刘松年《撵茶图》

经搬出来，主人则与宾客坐在书案边题字作画，书案上一只古香古色的青铜香炉正飘着缕缕轻烟。这情景，恰如陆游《初寒在告有感》诗所形容："扫地烧香兴未阑，一年佳处是初寒。银毫地绿茶膏嫩，玉斗丝红墨渖宽。俗事不教来眼境，闲愁那许上眉端。数橐留得西窗日，更取丹经展卷看。"

　　宋人闲居时也有烧香的习惯，这叫"燕居焚香"。许多宋诗都写到燕居焚香的生活趣味，如杨万里的《二月十三日谒西庙早起》："起来洗面更焚香，粥罢东窗未肯光。"苏轼的《三月二十九日》诗："酒醒梦回春尽日，闭门隐几坐烧香。"陆游的《初夏》："床有蒲团坐负墙，室无童子自烧香。"南宋马远有一幅《竹涧焚香图》（台北故宫博物院藏），画的正是文人雅士闲居独处时的焚香。

　　在宋朝女性的闺房中，香炉也是必不可少的日常用具。李清照的几首小词都写了女性生活中的焚香："藤床纸帐朝眠起，说

马远《竹涧焚香图》

不尽、无佳思。沉香断续玉炉寒，伴我情怀如水。"[1] "淡荡春光寒食天，玉炉沉水袅残烟，梦回山枕隐花钿。"[2] "薄雾浓云愁永昼，瑞脑销金兽。"[3] 瑞脑，即香料；金兽，即香炉。从宋人佚名《飞阁延风图》（北京故宫博物院藏）、《调鹦图》（美国波士顿美术馆藏），我们都可以看到宋人闺房里的桌几上陈设着香炉。

---

1 李清照：《孤雁儿》。
2 李清照：《浣溪沙》。
3 李清照：《醉花阴》。

秦佚名《飞阁延风图》局部

宋佚名《调鹦图》

宋人喜用合香

从上面引用的宋人焚香图像中，我们还会发现，宋人常用的
香跟今天常见的盘香、线香是不一样的。宋朝时候有没有盘香与
线香呢？应该说，有是有。苏洵诗《香》写道："捣麝筛檀入范模，
润分薇露合鸡苏。一丝吐出青烟细，半炷烧成玉箸粗。"像筷子
一样的香，大概便是线香。但宋时线香尚很少见，迄今我们尚未
在宋画中见到线香。盘香，宋人称为"印香""篆香"，多用于计
时或祭祀，孟元老《东京梦华录》"诸色杂卖"条载："日供打香

印者，则管定辅席，人家牌额，时节即印施佛像等。"至于旨在点缀生活的焚香，宋人通常都是使用香丸、香饼，即将香料制成饼状或丸状，而非线香与盘香。

更准确地说，宋人焚香用的是人工调制的合成香料，叫"合香"，并不是直接将沉香、檀香等拿去烧。宋人陈敬撰著的《陈氏香谱》载："合香之法，贵于使众香咸为一体。麝滋而散，挠之使匀；沉实而胕，碎之使和；檀坚而燥，揉之使腻。比其性，等其物，而高下，如医者则药，使气味各不相掩。"这是宋人制香的原则：按"君臣佐使"的道理配伍香药，和合各香，使其激发出来的气味更加宜人。

许多宋朝士大夫都喜欢亲手调香，并将调香当成文人生活的雅趣。我们熟悉的爱国诗人陆游就是一位调香高手，他的《焚香赋》描写的就是调香之法："暴丹荔之衣，庄芳兰之苗。徙秋菊之英，拾古柏之实。纳之玉兔之臼，和以桧华之蜜。"

黄庭坚也是调香的一把好手，宋人将意和香、意可香、深静香、小宗香合称"黄太史四香"，便是以黄庭坚命名。黄氏的《药方帖》记录了一道调配"婴香"的方子："婴香，角沉三两末之，丁香四钱末之，龙脑七钱别研，麝香三钱别研，治弓甲香壹钱末之，右都研匀。入牙消半两，再研匀。入炼蜜六两，和匀。荫一月取出，丸作鸡头大。"今日有雅兴的朋友不妨仿着调制一些香丸。黄庭坚以"角沉"作为调制"婴香"的主香，应该就是看中海南沉香气味的"清远深长"。

"清远深长"是宋人丁谓在其《天香传》提出的香味品评标准。宋人烧香，并不追求香气的浓烈，而更为心仪香味幽长耐久、淡雅清逸的合香类型。宋时从海外贩入的番舶沉香，由于香味"腥烈，不甚腥者，意味又短，带木性，尾烟必焦"，并不受士大夫欢迎；其中有一种番香，因为在广西钦州集散，被称为"钦香"，其特点是"质重实多大块，气尤酷烈"，宋人便认为它"不复风味，惟可入药，南人贱之"[1]。

宋人还喜欢用鲜花或水果蒸香，使花果的香味沁入香料中，焚香时便可以嗅到花香或果香。有一款叫作"返魂梅"的合香，烧起来有梅花的香味。"返魂梅"的名字为黄庭坚所取，据黄氏自述："余与洪上座同宿潭之碧湘门外，舟中衡狱花光仲仁寄墨梅二枝，扣船而至，聚观于灯下。余曰：'只欠香耳。'洪笑发谷董囊，取一炷焚之，如嫩寒清晓行，孤山篱落间。怪而问其所得，云：东坡得于韩忠献家，知子有香癖而不相授，岂小鞭其后之意乎。洪驹父集古今香方，自谓无以过此。以其名意未显，易之为返魂梅。"[2]

这段话说的是：黄庭坚与好友惠洪游潭，恰好衡山花光寺的长老派人送来两幅墨梅。黄庭坚在灯下欣赏后，评价说："好画！唯一的缺憾是没有花香。"此时惠洪从囊中取出一粒香丸，投入香炉内，顿时闻到梅花的暗香浮动。黄庭坚问这是什么香。惠洪说，此香为韩琦所创，后苏轼学到调制的手法，又传给了他。惠洪还取笑黄庭坚：苏大学士都知道你有香癖，却不肯将此香制法相授，真不够朋友。黄庭坚遂给这一合香取名"返魂梅"。

宋人的所谓"烧香"，其实也不是用火"烧"，而是用炭"炙"。《陈氏香谱》说得很清楚："焚香，必于深房曲室，矮桌置炉，与人膝平，火上设银叶或云母，制如盘形，以之衬香，香不及火，

1　范成大：《桂海虞衡志·志香》。
2　《陈氏香谱》"韩魏公浓梅香"条引黄太史跋。

自然舒慢，无烟燥气。"利用炭火的炙烤激发出香料的香味，同时又避免了香料燃烧时发出的烟气。而用来炙烤香丸的香炉，宋人也形象地称其为"出香"。杨万里有一首《烧香》诗，描绘的"烧香"其实也是隔火熏香："琢瓷作鼎碧于水，削银为叶轻如纸。不文不武火力匀，闭阁下帘风不起。诗人自炷古龙涎，但令有香不见烟。"这也是为什么我们在表现烧香题材的宋画上，往往只看到香炉，而不见多少烟雾缭绕。

不妨再来看传为南宋李嵩所作的《听阮图》（台北故宫博物院藏），图中一位侍女正在往香炉里添香，从她手指的姿势看，炉里所烧的香料显然是制成丸状的合香。传为赵伯骕所绘的《荷亭对弈图》（北京故宫博物院藏），也有侍女添香的细节，也可以看出她添入香炉的香为丸香。而且，二图画家都未画出袅袅的烟气，符合"但令有香不见烟"的宋式焚香原则。

从佛堂供香到文人雅道

焚香作为一种文人雅道，是宋人发展起来的。当然中国人用香的历史可以追溯到很早，不过宋人之前，焚香只是皇室、贵族的时尚，或者表现为佛堂供香。由于香被认为有"感格鬼神"之功效，而且寺院一直是财力雄厚的机构，佛堂供香通常非常华贵。传为李公麟绘画的《维摩演教图卷》（北京故宫博物院藏）上，就画有一张造型华丽的香几，上面放置的香炉是莲花座狻猊出香。这类华美的香炉，可见于北宋徐兢《宣和奉使高丽图经》的记载："狻猊出香亦翡色也，上为蹲兽，下有仰莲以承之，诸器唯此物最精绝。"

至宋时，随着商品经济的繁荣、香药的进一步市场化，市井

上：传李嵩《听阮图》；下：传赵伯骕《荷亭对弈图》

传李公麟《维摩演教图卷》局部

中出现了香药铺，越来越多的人都有机会购买到香料。《东京梦华录》载，开封"御街一直南去，过州桥，两边皆居民，街东车家、炭张家酒店，次则王楼山洞梅花包子、李家香铺、曹婆婆肉饼、李四分茶。……御廊西即鹿家包子，余皆羹店、分茶酒店、香药铺、居民"。张择端的《清明上河图》（北京故宫博物院藏）便画有一间"刘家香药铺"。明代仇英版的《清明上河图》（辽宁省博物馆藏）上也出现了一家香药铺，打出的广告招牌是"上料八百高香"，一名伙计正踩着木梯往屋顶晒香，从香的形态看，显然是盘香。盘香盛行于元明时期，宋人其实并不太使用这种直接点

上：张择端《清明上河图》上的刘家香药铺；下：仇英《清明上河图》上的香药铺

燃的盘香。

除了一部分名贵的香药品种，香品在宋代已成为寻常的商品，不但文人士大夫热衷于调香、焚香，普通市民也消费香料，南宋杭州市井中不乏市民"关扑香囊、画扇、涎花珠佩"[1]；端午节时，"杭城人不问大小家，焚烧午香"[2]；杭州儿郎迎娶新娘，送给女方的礼品中也包括香料："至迎亲日，男家刻定时辰，预令行郎各以执色，如花瓶、花烛、香球、沙罗洗漱、汝盒、照台、裙箱、衣匣、百结、青凉伞、交椅，授事街司等人，及顾借官私妓女乘马，及和倩乐官鼓吹，引迎花檐子或粽檐子藤轿，前往女家，迎取新人。"[3]

清贫的宋人如果有雅兴，也可以焚香。宋代有人调制出一种成本十分低廉的"山林四和香"："香有富贵四和，不若台阁四和，台阁四和不若山林四和。盖荔枝壳、甘蔗滓、干柏叶、茅山黄连之类，各有自然之香也。"[4] 宋代的"四和香"是名贵香品，由沉香、檀香、龙脑香、麝香四味珍贵香料合成。而"山林四和香"的原料只是荔枝壳、甘蔗滓等生活废弃物，可谓"变废为宝"。制法也很简单，《陈氏香谱》收录了一款跟"山林四和香"差不多的"小四和香"配方："香橙皮、荔枝壳、槟榔核或梨滓、甘蔗滓，等分，为末，名'小四和'。"四种寻常原料以 1:1:1:1 的比例搭配，研成粉末，加梨汁和成丸，阴干即可备用。

不要以为这是胡扯，《陈氏香谱》载，荔枝，"取其壳合香，

1　周密：《武林旧事》。

2　吴自牧：《梦粱录》。

3　吴自牧：《梦粱录》。

4　陈郁：《藏一话腴》。

甚清馥"。你不妨做一个试验：将荔枝壳晒干，然后用电蚊香机烤热，保准会散放出浓烈的香味。陆游就曾利用荔枝壳调制合香。宋仁宗宠爱的张贵妃也用荔枝壳制作了一款清新朴素的"阁中香"："温成皇后阁中香，用松子膜，荔枝皮、苦练花之类，沉檀、龙麝皆不用。"[1]

宋朝市井中也有香道。你到酒店喝杯小酒，只要付一点点小费，招呼一声，便有"香婆"捧着香炉上前，在你的酒桌上给你焚香。南宋周密《武林旧事》说，杭州的酒楼"各分小阁十余，酒器悉用银，以竞华侈。……及有老妪以小炉妪香为供者，谓之香婆"。当然，"香婆"所用香丸，肯定不是名贵香药，好在价格便宜，一般市民都消费得起。

我们知道，宋人有"燕集焚香"的风气。这个"燕集焚香"也出现了市场化的供应。提供这一服务的机构叫作"四司六局"，你若要大宴宾客，便可交给专业的"四司六局"操办："常时人户，每遇礼席，以钱请之，皆可办也"；"虽广席盛设，亦可咄嗟办也"；"主人只出钱而已，不用费力"。"四司六局"中的香药局，就是专门负责办理香药的部门。收费也不贵，"承揽排备，自有则例，亦不敢过越取钱"。[2]

宋人的焚香，你要说它平民化，它又讲究到极致，连"气尤酷烈"的名贵番舶沉香都被士大夫评为"不复风味，惟可入药，南人贱之"，剥夺了其作为焚香品的资格。但你要说它太讲究，它又有十分平民化的一面，寒门子弟用荔枝壳调制出来的合香，

1　苏轼：《香说》。
2　周密：《武林旧事》；耐得翁：《都城纪胜》；孟元老：《东京梦华录》。

也被誉为"有自然之香"，优雅的焚香之道，始终向寒士敞开一扇门扉。这也是宋代香道兴盛的一大原因吧。

宋

人怎么玩收藏

知名书画收藏家刘文杰先生曾经提出："从中国书画鉴藏史上讲，中国有五次收藏高潮"，第一次是宋朝，第二次是明朝，第三次是清代乾隆年间，第四次是清末民国时期，"以1993年中国成立收藏家协会为标志，中国进入了第五次收藏高潮"[1]。

无独有偶，另一位知名收藏家马未都先生也认为，中国历史上经历了五次"收藏热"，第一次是北宋时期，第二次是晚明时期，第三次是"康乾盛世"，第四次是晚清到民国初期，"第五次就是今天，每一个普通收藏者都可以感受到收藏带来的愉悦"[2]。

也有学者说，纵观历史，收藏热潮出现过三次，分别是北宋末年、清代康熙年间与清末民初。不管是多少次，有一点是没有疑问的：其中一次收藏热产生于宋代。

博古图

宋人说收藏，有一个专门的名词："博古"。考"博古"之意，既有鉴赏古器、古玩的意思，也包含了"博古通今"的意义。作为收藏热的体现，宋代开始出现了大量的"博古图"，主要有两大类，一种是金石学著作中摹绘古器形制的插图；另一种是描绘收藏者鉴赏文物古玩情景的卷轴画。为了叙述方便，我们不妨将前者叫作"博古图谱"，将后者叫作"博古图轴（卷）"。

博古图谱是宋代金石学非常发达的副产品。尽管早在西汉时，已有学者考释古铜器，但金石学成为一门学科，则是宋代的

1　刘文杰先生在北京"2012书画知识产权艺术周艺术品投资与收藏论坛"上的演讲实录。
2　马未都先生2014年在成都艺术鉴赏论坛上的演讲。

事情。按近代大学者王国维先生的说法，"近世学术多发端于宋人，如金石学，亦宋人所创学术之一。宋人治此学，其于搜集、著录、考订、应用各面，无不用力。不百年间，遂成一种之学问"。现代中国的考古学其实就是在宋清两朝的金石学基础上发展起来的。今天考古学界还在使用的青铜古器名称，如钟、鼎、簋，"皆宋人之所定"[1]。

据研究者的统计，宋代有姓名可考的金石学家超过 60 位，宋人编撰的金石学著作有 119 部之多。我们熟悉的女词人李清照的丈夫赵明诚，便是一位热爱收藏的金石学家，撰有《金石录》三十卷，收录了近 2000 件古代金石器物、碑刻、书画的目录。

为便于收藏者直观地了解、鉴别文物古玩，一些宋代金石学著作还附上摹画了古器形制的插图，此即博古图谱，包括北宋官修的《皇佑三馆古器图》，金石学家刘敞的《先秦古器图》、吕大临的《考古图》、王楚的《博古图》。王国维评价说："《考古》《博古》二图，摹写形制、考订名物，其用力颇巨，所得亦多，乃至出土之地、藏器之家，苟有所知，无不毕记。后世著录家当奉为准则。"[2]

北宋著名画家李公麟也绘有博古图谱："元丰后，又有文士李公麟者出，公麟，字伯时，实善画，性希古，则又取生平所得暨其闻睹者（古器），作为图状说，其所以而名之曰《考古图》，传流至元符间。"北宋末，宋徽宗下诏官方编纂《宣和博古图》三十卷，著录了皇家收藏的自商代至唐代的古铜器 800 多件。后来晚明时收藏风气复兴，《宣和博古图》多次重修、再版，乃至

---

1 王国维：《宋代之金石学》。
2 王国维：《宋代金文著录表·序》。

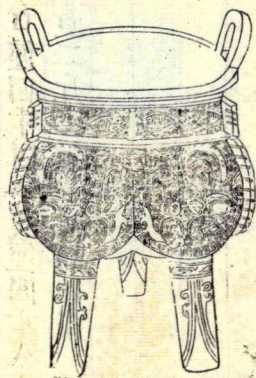

戈
父癸
貝 穿

高五寸九分耳高一寸四分闊一寸五分深
三寸四分口徑四寸八分腹徑五寸六分容
二升三合重五斤十有二兩銘三字
右二器皆曰父癸第一器曰孫旁作兕形昔

明刻《重修宣和博古图》插图

制成小开本，"使人易藏，虽寒生俭士，皆得一见商周重器，大有裨于鉴藏家"[1]。对此，我们可以从明代万历年间刻印、刊行的《重修宣和博古图》插图窥得一二。

顺便一提，在艺术史上，宋徽宗宣和年间，实在是一段标志性的时期。除了器物考古学领域出了《宣和博古图》之外，绘画艺术则有《宣和画谱》，书法艺术有《宣和书谱》，篆刻艺术有《宣和印谱》，茶艺有《宣和北苑贡茶录》，棋牌艺术有《宣和牙牌谱》，观赏石鉴赏有《宣和石谱》，琴艺方面尽管未见《宣和琴谱》，却有"宣和式古琴"。

收藏家鉴赏、品评古器的画面，也多次被宋朝的画家绘于笔下，显示"博古"已经是常见的生活图景，成了热门的绘画题材。我们目前还能看到的宋代博古图轴，有刘松年《博古图》、张训礼（一说为刘松年）《围炉博古图》、钱选《鉴古图》、佚名《博古图》（均为台北故宫博物院藏）、《宋人博古图》（中国嘉德拍品），等等。想看看宋人如何玩收藏，这些博古图轴是不可错过的。

其后晚明社会再现收藏热，也多有博古图轴问世，如仇英画有《竹院品古图》，崔子忠画有《桐荫博古图》，张翀画有《育鉴图》，杜堇画有《玩古图》，尤求画有《品古图》。有意思的是，明代画家笔下的博古图轴，多为临摹、模仿宋人作品（一些学者提出，上引宋代博古图轴当为明人仿作），或者干脆以宋人鉴赏古器为题材，仿佛宋朝就是明人描绘繁华世象的一面镜子。

---

1 胡应麟：《甲乙剩言》。

刘松年《博古图》

上：张训礼《围炉博古图》局部；下：钱选《鉴古图》

上：宋佚名《博古图》；下：《宋人博古图》

古玩市场

宋代收藏热的另一个表现，是出现了热闹的古玩市场，古器成为价值不菲的商品。据叶梦得《避暑录话》，宋徽宗宣和年间，因皇家"尚古器"，士大夫之家竞献所藏文物，"而好事者复争寻求，不较重价，一器有直千缗者。利之所趋，人竞搜剔山泽，发掘冢墓，无所不至。往往数千载藏，一旦皆见，不可胜数矣"。蔡絛《铁围山丛谈》也载："世既知其所以贵爱，故有得一器，其直为钱数十万，后动至百万不翅矣。于是天下冢墓，破伐殆尽矣。"为了发掘到古器，卖个好价钱，民间甚至刮起盗墓之风。

按宋朝对于物权归属的立法，居民在官地或自家土地发现地下"宿藏物"，可自动获得其所有权："诸官地内得宿藏物者，听收"；如果在他人土地发现"宿藏物"，则需与业主平分所得物的价值："凡人于他人地内得宿藏物者，依令合与地主中分"；如果发掘到国家保护性文物，则要求送官，官府再给予相应的报酬："得古器锺鼎之类形制异于常者，依令送官、酬直"[1]。这些立法规定，构成了宋代文物交易的法律基础。根据法条，"形制异于常"的保护性文物是不准许自由交易的，但一般的古器珍玩，显然可以自由流通于市场。

张邦基在《墨庄漫录》中记述了一次文物交易："宣和中，予客唐州外氏吴家。时襄阳府光化县村人耕穴一冢，得一器，类鼎而有盖，盖及鼎腹皆雷纹，中有虬形，两耳为饕餮，足为蚩尤，制作甚精。一足微蚀损，尚可立也。表舅唐恕端仲数金得之，以

---

1 《宋刑统》。

与舅氏顺图好古博雅,乃以归之。"而有的文物发现者为了规避"形制异于常者"法律条文的限制,甚至将出土的文物肢解后再卖出:"宋元丰二年夏,霖雨,安阳河涨水,啮冢破,野人探其中,得古铜器。质文完好,略不少蚀。众恐触官法,不敢全货于市,因击碎以鬻之。"[1]

可惜我们未能从传世宋画中找到古玩交易的图像。倒是明代仇英版的《清明上河图》(辽宁省博物馆藏)画出了一家古玩商店、一个摆卖古器的街边摊。

虽然仇英版《清明上河图》反映的是中晚明的城市生活,不过,证之文献,我们可以确知,宋代的城市亦出现了类似的古玩商店与摊子。《东京梦华录》载,开封东十字大街的茶坊,"每五更点灯博易,买卖衣物、图画、花环、领抹之类,至晓即散,谓之鬼市子";潘楼附近的集市,"每日自五更市合,买卖衣物、书画、珍玩、犀玉";大相国寺也有古玩市场,"殿后资圣门前,皆书籍、玩好、图画,及诸路罢任官员土物、香药之类"。耐得翁《都城纪胜》也记载,杭州"自大内和宁门外,新路南北,早间珠玉、珍异及花果、时新海鲜、野味、奇器,天下所无者,悉集于此"。这里的图画、珍玩、玩好、珍异、奇器,都是古董。

李清照与赵明诚这对小夫妻当时就经常跑到大相国寺"淘宝",乐而忘返。这段美好的时光成了李清照一生中最难忘的记忆,多年之后,她写文章回忆说:"予以建中辛巳归赵氏,时丞相作吏部侍郎,家素贫俭,德甫(赵明诚,字德甫)在太学,每朔望谒告出,质衣取半千钱,步入相国寺,市碑文、果实归,相对展玩、

1　纳新:《河朔仿古记》。

上：仇英版《清明上河图》上的古玩商店；下：仇英版《清明上河图》上的古玩摊子

咀嚼。后二年，从宦，便有穷尽天下古文奇字之志，传写未见书，买名人书画、古奇器。"[1] 后赵明诚果然著成《金石录》三十卷。

收藏家

宋代收藏热的第三个表征，是涌现了一大批收藏家。名单我们能够列出一长串：刘敞、欧阳修、夏竦、李建中、吕大临、王晋卿、李公麟、苏轼、米芾、赵明诚、贾似道、洪迈、赵孟坚、单炜……

刘敞藏有"先秦鼎彝数十"；欧阳修"喜集往古石刻"；夏竦"性好古器奇珍宝玩。每燕处，则出所秘者，施青毡列于前，偃卧牙床，瞻视终日而罢"；李建中"好古勤学，多藏古器名画"；王晋卿"藏古今法书名画，常以古人所画山水置于几案屋壁间，以为胜玩"；李公麟"平日博求钟鼎古器，圭璧宝玩，森然满家"；米芾"遇古器物、书画则极力求取，必得乃已"；贾似道"广收奇玩珍宝"；洪迈"家蓄古彝器百种"；赵孟坚"多藏三代以来金石名迹，遇其会意时，虽倾囊易之不靳也"；单炜"好古博雅，所蓄奇玩甚富，乃精于辨别，平生俸入，尽费于此"。[2]

最著名的古器收藏家当属皇帝宋徽宗。大观初年，内廷"凡所藏者，为大小礼器，则已五百有几"；政和年间"为最盛，尚方所贮至六千余数百器，时所重者，三代之器而已，若秦汉间，

1　洪迈：《容斋随笔·四笔》。
2　《宋史·刘敞传》；蔡绦：《铁围山丛谈》；吴曾：《能改斋漫录》；《宋史·李建中传》；《宣和画谱》；邓椿：《画继》；《宋史·米芾传》；《宋稗类钞》；洪迈：《容斋随笔·续笔》；周密：《齐东野语》；张世南：《游宦纪闻》。

非殊特，盖亦不收"；宣和之后，"则咸蒙贮录，且累数至万余""宣和殿后，又创立保和殿者，左右有稽古、博古、尚古等阁，咸以古玉印玺、诸鼎彝、法书图画咸在"[1]。完全是大型博物馆的规模。

宋人为什么如此热衷于收藏？这里有时代思潮在推动的因素。我们知道，宋人心存"回向三代"的复古之志，同时又盛行疑古、疑经之风，文献经典的记载不再被宋人奉为金科玉律，他们更愿意将目光从纸本文献转向古代金石器物，以图发掘出比文献记录更真实的礼制原型。当宋人说起自己的收藏之好时，常常要极力撇清玩物丧志的嫌疑："当天下无事时，好事者蓄之，徒为耳目奇异玩好之具而已。……（我们收藏古器）非敢以器为玩也，观其器诵其言，形容仿佛以追三代之遗风，如见其人矣。以意逆志或探其制作之原，以补经传之阙亡，正诸儒之谬误。天下后世之君子，有意于古者，亦将有孜焉。"[2] 实际上，这正是后人设立博物馆之意旨所在。

还有一大原因，为王国维所点出："缘宋自仁宗以后，海内无事，士大夫政事之暇，得以肆力学问。其时哲学、科学、史学、美术，各有相当之进步，士大夫亦各有相当之素养。赏鉴之趣味与研究之趣味，思古之情与求新之念，互相错综。"[3] 有赖于社会的安定、商业的发展、生活的富足、文化的进步，收藏活动在宋代成为士大夫文化生活的重要组成部分。

我们从描绘士大夫雅集的北宋李公麟（传）《西园雅集图》（中

1 蔡绦：《铁围山丛谈》。
2 吕大临：《考古图》。
3 王国维：《宋代之金石学》。

传李公麟《西园雅集图》局部

贸圣佳拍品），以及传为南宋刘松年摹画的《西园雅集图》、表现宋人文娱活动的李嵩（传）《听阮图》（均为台北故宫博物院藏）、反映消暑生活的宋佚名《消夏图》（苏州博物馆藏），都可以找到士大夫把玩、欣赏书画古玩的画面。

换言之，宋朝士大夫玩收藏，追求的是博古通今的学术趣味，是士人生活的格调展示。他们在休闲、举办雅集与音乐会的时候，往往都会陈列古董，以供清玩。宋代最著名的一次文人雅集，当属王晋卿发起的"西园雅集"，据称苏轼、苏辙、黄庭坚、秦观、李公麟、米芾、晁补之、张耒等名动一时的名士都参加了，王晋卿还邀请李公麟将这一次雅集绘成《西园雅集图》，后来诸多画家包括马远、刘松年、唐寅、丁观鹏等，都摹绘过此图。据米芾所撰《西园雅集图记》，西园雅集中就有鉴赏古玩的节目："孤松盘郁，上有凌霄缠络，红绿相间。下有大石案，陈设古器瑶琴，芭蕉围绕。"

而从上文提到的刘松年《博古图》、张训礼（传）《围炉博古

上：传刘松年《西园雅集图》局部；下：传李嵩《听阮图》局部

宋佚名《消夏图》

图》中，我们又可以看出，宋人在鉴赏古玩的时候，又会摆上茶具，煮水烹茶，好不清雅。难怪王国维说，"汉、唐、元、明时人之于古器物，绝不能有宋人之兴味"[1]。今天许多人跟风玩收藏，恐怕更是抱着捡漏发财的功利之心。

---

1 王国维：《宋代之金石学》。

中

国茶艺的绝响

中国茶文化的鼎盛期，毫无疑问出现在 11—13 世纪，即两宋时期。

何以见得？

从饮茶风尚所席卷的广角来看，茶在民间的普及，是在宋代才完成的，宋人说，"夫茶之为民用，等于米盐，不可一日以无"，"盖人家每日不可缺者，柴米油盐酱醋茶"[1]。茶可以很俗，俗到成为寻常百姓家的每日必需品。

从饮茶艺术所能达至的高度来看，宋朝茶道、茶艺的精致程度，也是堪称空前绝后的，宋人又说，"烧香点茶，挂画插花，四般闲事，不许戾家"。[2] 戾家，指外行人。茶可以很雅，雅到挤入了不适宜外行人玩的文人四大雅道之列。

到处是茶坊

唐人封演这么描述茶在唐朝之盛况："楚人陆鸿渐（陆羽）为《茶论》，说茶之功效，并煎茶炙茶之法，造茶具二十四事，以'都统笼'贮之。远近倾慕，好事者家藏一副。有常伯熊者，又因鸿渐之论广润色之，于是茶道大行，王公朝士无不饮者。"[3] 但此时饮茶的风尚，不过流行于上层社会，"无不饮者"无非是"王公朝士"。

这一特点也可以从茶画中看出来。你去看唐代的饮茶图，就

1　王安石：《议茶法》；吴自牧：《梦粱录》。

2　耐得翁：《都城纪胜》。

3　封演：《封氏闻见记》。

唐人佚名《会茗图》

会发现唐人所描绘者，几乎都是贵族生活。比如台北故宫博物院藏的一幅唐人佚名《会茗图》，便是描述一群宫廷贵妇聚会品茗、奏乐的场景。

现在我们再来看几幅宋代的茶画：南宋刘松年的《茗园赌市图》（台北故宫博物院藏）、南宋佚名的《斗浆图》（黑龙江省博物馆藏）、元人赵孟頫摹宋画的《斗茶图》（私人藏）。图中那些饮茶、斗茶的人，不再是贵族官宦，而都是市井上的小商贩。这也显示出，宋代时，茶叶已成为市场上的寻常商品，饮茶已是贩夫走卒的生活习惯。用宋人的话来说："茶非古也，源于江左，流于天下，浸淫于近代。君子小人靡不嗜也，富贵贫贱靡不用也。"[1]

---

1 李觏：《富国策》一〇。

上：刘松年《茗园赌市图》；下：南宋佚名《斗浆图》

赵孟頫摹宋画《斗茶图》

　　这群斗茶的小贩，在宋代叫作"提茶瓶人"。北宋开封的夜市上，三更半夜都有提瓶卖茶者，"盖都人公私荣干，夜深方归也"，"冬月虽大风雪阴雨，亦有夜市"[1]。这些上夜班的公吏、市民，下班路上，都习惯买一碗滚热的茶汤喝，以暖暖身子。

　　而且，宋时的城市，满大街都是茶坊、茶肆，就如今天城市中几乎每一个要闹处都会有咖啡厅。《东京梦华录》说，汴京的朱雀门外，"以南东西两教坊，余皆居民或茶坊，街心市井，至

1　孟元老：《东京梦华录》。

夜尤盛"。旧曹门街的"北山子茶坊,内有仙洞、仙桥,仕女往往夜游,吃茶于彼"。张择端的《清明上河图》也画出东京城外的多处茶坊酒肆,主要分布在繁华的汴河两岸。

《梦粱录》则说,杭州"坊巷桥道,院落纵横","处处各有茶坊、酒肆",还列出了一串茶坊的名字:潘节干茶坊、俞七郎茶坊、朱骷髅茶坊、郭四郎茶坊、张七相干茶坊、黄尖嘴蹴球茶坊、一窟鬼茶坊、车儿茶肆、蒋检阅茶肆。《武林旧事》也罗列了一串茶坊名:清乐茶坊、八仙茶坊、珠子茶坊、潘家茶坊、连三茶坊、连二茶坊。单看这些茶坊的名字,我就觉得特别"酷炫",有如起名特有个性的今日城市酒吧。

这些茶坊依其服务与消费水平,又可以分为不同档次。大众茶肆茶价低廉,是"诸行借工卖伎人会聚行老处",即城市佣工、卖艺人等候雇主的地点,你要是生活在宋朝,想雇请个保姆、奶妈之类,可以到大众茶肆找"行老"介绍;高档一点的茶楼,"多有富室子弟、诸司下直等人会聚,习学乐器、上教曲赚之类",是城市文艺青年搞音乐创作的会所;而黄尖嘴蹴球茶坊、一窟鬼茶坊、车儿茶肆、蒋检阅茶肆比较清雅,适合开展文艺、学术沙龙,是"士大夫期约友会聚之处";俞七郎茶坊、朱骷髅茶坊、郭四郎茶坊、张七相干茶坊,则都是"花茶坊","楼上专安着妓女","非君子驻足之地也"。[1]

档次稍高一点的茶坊,装修都特别"高大上":"插四时花,挂名人画,装点店面";又"列花架,安顿奇松异桧等物于其上,

---

1 耐得翁:《都城纪胜》;吴自牧:《梦粱录》。

张择端《清明上河图》中的一处茶坊

装饰店面"[1]。有些茶坊还会邀请艺人献艺，以招徕顾客，如黄尖嘴蹴球茶坊内应该就有足球表演，又如洪迈《夷坚志》载，乾道年间，吕德卿偕其友前往杭州，在"嘉会门外茶肆中坐，见幅纸用绯帖尾云：'今晚讲说汉书'"。这家茶坊不但有说书节目，还张贴出节目预告。今天的酒吧不也是邀请歌手驻店演唱？

　　而清乐茶坊、八仙茶坊、珠子茶坊、潘家茶坊、连三茶坊、连二茶坊，平日里都有歌妓迎客："莫不靓妆迎门，争妍卖笑，朝歌暮弦，摇荡心目"[2]。需要提醒的是，宋代的歌妓就如今天的女艺人，并不是娼妓。你刚踏入这些茶坊，立即有"提瓶献茗"的美貌服务员给你奉上茶汤一杯，这时候你需要付一点小费，叫作"点花茶"。你也可以叫歌妓陪着饮茶，弹奏唱曲助兴；如果你对这茶坊的歌妓不满意，还可以召唤他处的歌妓过来陪饮：

1　吴自牧：《梦粱录》。
2　周密：《武林旧事》。

"或欲更招他妓,则虽对街,亦呼肩舆而至,谓之'过街轿'"[1]。那歌妓就在大街对面,才几步路远,却不肯走路,要坐着轿子过来。

家家尚饮茶

寻常的宋朝人家,平日里接待宾客,也必用茶与饮料。当客人来访时,主人家要先敬茶招待;当客人告辞时,主人家则奉上饮料送客。宋人笔记《南窗纪谈》与《萍洲可谈》都记录了宋朝的这一习俗:"客至则设茶,欲去则设汤。不知起于何时,然上自官府下至闾里,莫之或废";"今世俗,客至则啜茶,去则啜汤。汤取药材甘香者屑之,或温或凉,未有不用甘草者。此俗遍天下"。这里的"汤",是宋人最喜欢的饮料,一般由中药材、果子、鲜花煎制而成,又叫"香饮子"。看得出来,宋朝人家还是挺追求生活品味的。

上层社会更是以烹茶为风尚。南宋有一位叫作张约斋的雅士,写了一篇《张约斋赏心乐事》,文章列举了一年四季中最适宜做的赏心乐事,其中三月季春最赏心之事,是"经寮斗新茶";十一月仲冬最赏心之事,是"绘幅楼削雪煎茶"。许多宋朝士大夫也都撰文述说茶道,如蔡襄著有《茶录》,黄儒著有《品茶要录》,周绛著有《补茶经》。美国弗利尔美术馆收藏的一幅宋人《饮茶图》,表现的正是上层仕女饮茶的日常生活。

当时的文人雅集,品茶是必不可少的一道环节。许多士大夫

1　周密:《武林旧事》。

宋人《饮茶图》局部

还会定期举行"茶会"，邀三五好友，择一清雅之所，品茗斗茶。苏轼诗曰："禅窗丽午景，蜀井出冰雪。坐客皆可人，鼎器手自洁。"[1] 说的便是他在扬州石塔寺参加茶会的事情。传为宋徽宗作品的《文会图》与《十八学士图》（均为台北故宫博物院藏），以及宋代佚名的《春宴图卷》（北京故宫博物院藏），都描绘了文人学士在庭院中举行茶雅集的情景。此三图烹茶面画的构图相似，当有传承关系。

可以这么说吧，到了宋朝，上至皇室贵族，下至贩夫走卒，都以饮茶为生活时尚。难怪宋徽宗要夸口说："（本朝）缙绅之士、韦布之流，沐浴膏泽，薰陶德化，盛以雅尚相推，从事茗饮。故

1　苏轼：《到官病倦，未尝会客，毛正仲惠茶，乃以端午小集石塔，戏作一诗为谢》。

上：赵佶《文会图》局部；中：赵佶《十八学士图》局部；
下：宋佚名《春宴图卷》局部

近岁以来，采择之精，制作之工，品第之胜，烹点之妙，莫不盛造其极。"[1]

点茶，高超的茶艺

也只有宋人敢说"近岁以来，采择之精，制作之工，品第之胜，烹点之妙，莫不盛造其极"。为什么？因为在中国茶艺史上，宋人的烹茶方式是独一无二的，是历史上的绝唱。汉唐人虽然也饮茶，但饮用的方式比较"粗暴"：将茶叶放入锅里煮，并加入姜、葱、茱萸、薄荷、盐等佐料。著《茶经》的陆羽将这种煮出来的茶汤直接贬斥为"沟渠间弃水"。

元明时期形成、流传至今的泡茶法，也过于朴实、简易，难以发展成一套繁复的烹茶工艺。泡茶法所用的茶叶，叫作"散茶"，宋代市场上也有"散茶"，但不流行，而以"团茶""末茶"为主流。什么叫作"团茶"呢？即茶叶采摘下来之后，不是直接焙干待用，而是经过洗涤、蒸芽、压片去膏、研末、拍茶、烘焙等一系列复杂的工序，制成茶饼，这就是"团茶"了。在制茶过程中，茶叶蒸而不研，则是"散茶"；研而不拍，则是"末茶"。

"团茶"制成之后，要用专门的茶焙笼存放起来。烹茶之时，从茶焙笼取出茶饼，用茶槌捣成小块，再用茶磨或茶碾研成粉末，还要用罗合筛过，以确保茶末都是均匀的粉末状。茶末研好之后，便可以冲茶了。先用茶釜将净水烧开；随后马上调茶膏，每只茶盏舀一勺子茶末放入，注入少量开水，将其调成膏状。然后，一

---

1 赵佶：《大观茶论》。

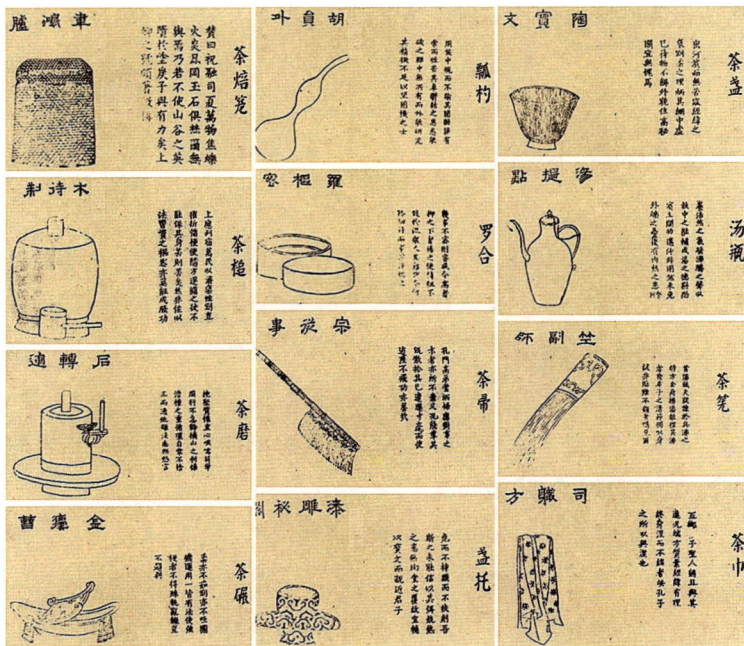

董真卿《茶具图赞》上的宋代茶具

边冲入开水，一边用茶筅击拂，使水与茶末交融，并泛起茶沫。击拂数次，一盏清香四溢的宋式热茶就出炉了。这个烹茶的过程，宋人称为"点茶"。

需要提醒诸位的是，宋人即便用"散茶"烹茶，也不是拿茶叶直接冲泡，而是先研成茶末，调成茶膏，再入盏冲点。这还是"点茶"的烹茶法。有诗为证——苏辙《宋城宰韩秉文惠日铸茶》："君家日铸山前住，冬后茶芽麦粒粗。磨转春雷飞白雪，瓯倾锡水散凝酥。"诗中的"麦粒粗"是指山铸茶之状，说明日铸茶乃是散茶，"磨转"则表明烹茶之时需要用茶磨将茶叶研磨成茶末。

点茶的过程既如此繁复，好茶的士大夫之家，当然必备一整套茶具，南宋人董真卿将这套常备的茶具绘成《茶具图赞》，共有十二件，故又称"十二先生"，还给它们分别起了人性化的名字：储放茶团的茶焙笼叫"韦鸿胪"，用于捣碎茶团的茶槌叫"木待制"，磨茶的小石磨叫"石转运"，研茶的茶碾叫"金法曹"，量水的瓢杓叫"胡员外"（因为一般用葫芦做成），筛茶的罗合叫"罗枢密"，清扫茶末的茶帚叫"宗从事"，安放茶盏的木制盏托叫"漆雕秘阁"，茶盏就叫"陶宝文"，装开水的汤瓶叫"汤提点"，调沸茶汤的茶筅叫"竺副帅"，最后用来清洁茶具的方巾叫作"司职方"。诸位，什么叫作"精致的生活"，这就是了。

当然，如果是不怎么讲究的平民，也可以不用准备这么多的烹茶器具，因为市场上有大量"末茶"出售，可以直接用于调膏、冲点，就如今天的速溶咖啡。但文人雅士很享受研茶的过程，追求的就是全套烹茶流程所代表的品质与格调，因而家中茶槌、茶磨、茶碾之类的茶具是少不了的，正如今天那些追求生活情调的城市小资，喝咖啡一般不会喝速溶的，而是在家里准备了一整套器皿，从磨咖啡豆的研磨器，到煮咖啡的小炉。

宋人精致的点茶技艺随后传入日本，便成了现在我们还能看到的日本抹茶，日本《类聚名物考》便承认，"茶道之起……由宋传入"。而在中国本土，由于宋后点茶失传，今天我们只能通过传世的茶图来观察宋人的点茶过程了。刘松年的《撵茶图》（台北故宫博物院藏），描绘的便是宋人烹茶的场面，图上两名男子，一人正在用石磨研茶，一人提着汤瓶，准备点茶。他们身边的方桌上，还放着茶筅、茶盏、盏托、茶罗等茶具。河北宣化下八里出土的辽墓壁画，也有一幅《备茶图》，反映的应该是辽国汉地的烹茶习俗。从图像看，辽代燕赵贵族之家的烹茶方式、茶具，都跟宋人的差不多。

刘松年《撵茶图》局部

宣化辽墓壁画《备茶图》

　　宋人点茶，对茶末质量、水质、火候、茶具都非常讲究。他们认为，烹茶的水以"山泉之清洁者"为上佳，"井水之常汲者"为"可用"；茶叶以白茶为顶级茶品；茶末研磨得越细越好，这样点茶时茶末才能"入汤轻泛"，发泡充分；火候也极重要，宋人说"候汤最难，未熟则沫浮，过熟则茶沉"，以水刚过二沸为恰到好处；盛茶的茶盏以建盏为宜，"茶色白，宜黑盏。建安新造者，绀黑，纹如兔毫，其坯微厚，熁之久热难冷，最为要用。出他处者，或薄，或色紫，皆不及也"。[1]最后，点出来的茶汤色泽要纯白，茶沫亦以鲜白为佳。

1　赵佶：《大观茶论》；蔡襄：《茶录》。

宋人点茶尚白，这一点跟现在的日本抹茶不同。不过白茶的制作非常麻烦，数量极少，民间点茶还是以绿色为尚。宋人自己也说，"上品者亦多碧色，又不可以概论"[1]。

分茶与斗茶

宋人将点茶的技艺，发挥到极致，又形成了一种叫作"分茶"的高超茶艺。出色的分茶高手，能够通过茶末与沸水的反应，在茶碗中冲出各种栩栩如生的图案。成书于北宋的《清异录》记述说，"近世有下汤运匕，别施妙诀，使汤纹水脉成物象者，禽兽、虫鱼、花草之属纤巧如画，但须臾即就散灭。此茶之变也，时人谓之'茶百戏'"。有点像今日咖啡馆玩的花式咖啡：利用咖啡与牛奶、茶、巧克力的不同颜色，调配出有趣的图案。

据说著名的女词人李清照便是一名分茶高人，擅长"活火分茶"，她的不少诗词都提到分茶，如《满庭芳》词中有"生香薰袖，活火分茶"之句，《晓梦》诗有"嘲辞斗诡辨，活火分新茶"之句。宋徽宗也是茶艺好手，著有《大观茶论》，还曾亲手表演分茶技艺："（宣和二年十二月）召宰执、亲王等曲宴于延福宫……上命近侍取茶具，亲手注汤击拂，少顷白乳浮盏面，如疏星淡月，顾诸臣曰：'此自布茶'。"[2]

点茶对技艺的要求极高，不似元明之后的泡茶，几乎不具技术含量。因此，点茶也特别适合用于竞技性的"斗茶"。事实上，

1　陈鹄：《耆旧续闻》。

2　蔡京：《延福宫曲宴记》。

宋代斗茶之风盛行，不论是下层社会的市井人物，还是上流社会的士大夫，只要有闲暇，都喜欢坐下来，摆上各种茶具，煮水点茶，看谁茶艺更高超。

宋人斗茶主要是"斗色斗浮"，色是指点出来的茶汤色泽，"以纯白为上真，青白次之，灰白次之，黄白又次之"；浮则是指茶沫，要求点出来的茶沫乳白如瑞雪，并且咬盏。所谓咬盏，即茶沫如"乳雾汹涌，溢盏而起，周回凝而不动"，以咬盏最久者胜。[1]当然，茶汤的香气、味道也很重要，范仲淹的《和章岷从事斗茶歌》就提到"斗味斗香"："斗余味兮轻醍醐，斗余香兮薄兰芷。"

传世的茶画也佐证了斗茶在宋代之盛行。包括前面提到的刘松年《茗园赌市图》、南宋佚名《斗浆图》、元人赵孟頫摹宋画《斗茶图》，都是描绘宋人斗茶的画面。刘松年还画有一幅《斗茶图》(台北故宫博物院藏)，画中两名贩卖茶叶的商贩，各自携带着助手，在松荫下斗茶、品茶。

而如果我们去看明清时期的茶画，基本上就找不到一幅"斗茶图"了，也难觅贩夫走卒的饮茶画面——除了几幅对宋人"斗茶图"的仿作，如清人姚文翰仿宋人的《茗园赌市图》(北京故宫博物院藏)。从绘画史的角度来看，宋代之后，寓意性的文人画兴起，写实性的风俗画衰落，明清的文人式画家对于升斗小民的日常饮茶全无入画的兴趣，要画也是画几个文人在林泉间品茗，如明代文徵明的《惠山茶会图》(北京故宫博物院藏)。

而从生活史的角度来看，繁复的点茶技艺在宋亡之后逐渐消亡，至明代时，完全被更简易的泡茶法取而代之。点茶之不存，

1　赵佶：《大观茶论》。

刘松年《斗茶图》局部

上：姚文翰仿宋人《茗园赌市图》；下：文徵明《惠山茶会图》局部

斗茶又焉附？那么，为什么点茶技术会在宋后被淘汰呢？这可能跟元明时期社会风尚的转变有关。入元，士大夫地位一落千丈，统治者的审美粗鄙化，宋时雅致的生活品位于是让位于尚质不文的新风气，恰如千雕万琢的南宋词让位于俚俗的元曲。

入明，朱元璋也是粗人一个，他极力倡导的社会风气依然是尚质不文，还曾下诏罢贡"团茶"（团茶的制作工艺过于繁复），改用"散茶"。由是，整个社会的审美习惯被扭转到跟宋时完全相反的方向上，像宋人点茶那样的精致技艺，自然不会受欢迎，遂成绝唱。一位生活在明末清初的学者，居然已经不知道宋人点茶的工具"茶筅"为何物："祭礼无茶，今偶一用之，若朱礼每称茶筅，吾不知茶筅何物，且此是宋人俗制，前此无有，观元人有咏茶筅诗可验。或曰宋时用茶饼，将此搅之，然此何足备礼器乎？"[1]

倒是日本人追求精致、优雅，因此才可以将从中国传入的焚香发展成香道，将唐宋人的插花艺术发展成花道，将宋人的点茶技艺发展成茶道。

1　毛奇龄：《辨定祭礼通俗谱》。

宋
式家具之雅

你应该会同意，从审美的角度来看，明式家具可以说是中国古典家具艺术的巅峰，其雅致、清朗、简约的风格，对于现代家具设计而言都极富启发性，西方设计界甚至将明式家具誉为现代极简主义的鼻祖。实际上，明式家具继承的是宋式家具的审美风格。宋代是中国历史上高型家具全面取代矮型家具的时期，并开创了素雅高洁的文人家具风格，成为明式家具的滥觞。研究历史的李治安教授说："人们在综观 10—15 世纪的历史之余，常常会有这样的朦胧感受：明后期与南宋非常相似，万历以后很像是对南宋社会状况的'跨代连接'。"[1] 我个人认为，明式家具也是对宋式家具的"跨代连接"。

宋式家具的造型、结构究竟是什么样子的？文献的记述很难转化为直观的形象，而出土的宋代家具又比较少见，好在我们有图像。传世的许多宋画都画有各种家具，特别是南宋画师临摹五代顾闳中的《韩熙载夜宴图》（北京故宫博物院藏），简直就是宋式家具的博览图，宋代常见的家具类型都可以在此图中找到，从承具到坐具，从屏风到架具，从卧具到床上用品。[2]

图像中的宋朝家具

床与榻。古时床与榻的功能近似，都是可卧可坐的家具，不过床、榻是两种卧具类型，形制上并不相同，功能上也有微妙差异。

---

1 李治安：《元和明前期南北差异的博弈与整合发展》，《历史研究》2011 年第 5 期。
2 关于《韩熙载夜宴图》为宋人摹品的论证，可参见邵晓峰《〈韩熙载夜宴图〉断代新解》，《南京艺术学院学报》2006 年第 1 期；张朋川《〈韩熙载夜宴图〉图像志考》，北京大学出版社，2014。

南宋人摹《韩熙载夜宴图》"听乐图"中的床与榻

宋代的床，主要是摆放在卧室供睡觉用的卧具，具有一定的私密性；而榻则是安放在书房、客厅的坐具，具有陈设的功能，更注意装饰与美观，当然也可用来躺卧、憩息。打个不是十分准确的比方，宋榻有点像现代家具中的沙发，今人的客厅少不了一套沙发，宋人的客厅或书房则少不了一张坐榻。

从南宋人摹《韩熙载夜宴图》的"听乐"部分，我们可以看到宋代的床与榻。图中的床为帐床，三面有围子，铺有床单，帐帘卷起，露出一面围子与一角锦被。榻是黑漆的围子榻，围子绘有装饰画，上面坐着主人韩熙载与一位红衣客人。

案与桌。在矮型家具时代，并没有桌，只有案。案是低矮的承具，有食案、书案、棋案、香案、画案等。到了高型家具时代，才出现了高脚的桌，饭桌、书桌、棋桌、画桌，等等。桌，宋人写成"卓"，含有"卓立不群"之意，可见桌的特点是高立。同时传统的案也逐渐向高型发展，案与桌的功能相近，但造型与用途还是略有区别，一般来说，桌的支架是四条腿，案往往保留着框状支架；桌越来越注重实用功能，案越来越注重陈设功能。在我们的语言习惯中，"案"更雅一些，而桌更"俗"一些，你可以将文人的工作说是"伏案"，却不能说成"伏桌"；成语中有"举案齐眉"，你不能改为"举桌齐眉"。

《韩熙载夜宴图》出现的餐桌是宋代最流行的细腿长桌。在宋佚名《戏猫图》（台北故宫博物院藏），我们则可以找到一张黑漆花腿方桌；宋佚名《梧阴清暇图》（台北故宫博物院藏）的梧桐树下、大屏风前，放的是一张黑漆束腰书案，这是主人用来观书、写作的文化用具；旁边还有一张红漆花腿方桌，堆放着杂物。

椅与凳。在矮型家具时代，也不会有椅，只有低矮的凳，包括长凳、方凳、圆凳、月牙凳，等等。《戏猫图》上就有一张铺了蓝色织物的长凳，上面趴着两只猫。椅与凳的差异其实并不是高与矮，因为到了高型家具时代，凳也发展出高脚。椅区别于凳的特征是出现了靠背。椅，宋人一般写成"倚"，显示出椅可以倚靠的功能。除了靠背椅，宋人还给椅子装上扶手，变成扶手椅。总之，跟凳相比，椅更强调坐着的舒适感。传为南宋刘松年的《十八学士图·展书》（台北故宫博物院藏）就画了一张靠背椅、一张扶手椅。图中的书桌，是镶嵌了大理石板的黑漆花腿桌。

宋代还有一种也很常见的墩形坐具，叫作"坐墩"，从形制上可以分为圆墩、鼓墩、方墩。从造型看，比凳更为美观。《十八学士图·观画》（台北故宫博物院藏）上就出现了一个鼓墩。上文提到的《梧阴清暇图》上也有一个鼓墩、一个方墩。

橱与柜。橱柜是用于收纳物品的家具，装有横拉门，北方人称柜，南方人称橱。橱柜在传世宋画中比较少见，不过我们可以从传为南宋刘松年的《唐五学士图》上找到一个书橱。

宋佚名《戏猫图》中的桌与凳

宋佚名《梧阴清暇图》中的书案、方桌与坐墩

上：传刘松年《十八学士图·展书》中的椅与桌；
下：传刘松年《十八学士图·观画》中的鼓墩

传刘松年《唐五学士图》中的书橱

屏风。宋代屏风的使用非常普遍，宋人说，"今人称士大夫之家，必曰门墙，曰屏著，是矣"[1]。屏风上通常都绘有精美的图画，在客厅、卧室、书房乃至庭院中设一架屏风，可以起到装饰、美观的作用，同时也有区隔空间的功能。我们从大量宋画中都可以看到屏风，如《韩熙载夜宴图》全卷分为"听乐""观舞""休憩""清吹""宴归"五个段落，各个段落用屏风隔开。宋画中最著名的屏风应该是宋人摹五代周文矩的《重屏会棋图》（北京故宫博物院藏），屏风中有屏风，构成一种奇妙的视觉效果，所以题签曰"重屏"。

台与架。台与架都是功能单一的架具，如花架、灯架、烛架、梳妆台。北宋王诜的《绣栊晓镜图》（台北故宫博物院藏）正好画了一张梳妆台，梳妆台上放了一个镜架。在《韩熙载夜宴图》的"听乐"部分，围子榻前面有一个鼓架，帐床后面有一个衣架；在"休憩"部分则有一个烛架。

几与组合几。几是宋人用来放置小型物品的承具，有茶几、花几、香几、宴几等。你看《唐五学士图》上就有一个红漆花几。传为宋徽宗赵佶所绘的《听琴图》（北京故宫博物院藏）上，就有一个黑漆香几，造型非常雅致。

需要特别指出来的是，宋代出现了一种设计巧妙的"组合几"。北宋人黄伯思设计的《燕几图》介绍的就是这种组合几。燕几，即宴几，指用于设宴的案几。这套燕几以"广一尺七寸五分，高二尺八寸"的方几为基础模数，两只方几可合成一张"小桌"，可坐两人；三只方几合成一张"中桌"，可坐三人；四张方几合

1　刘昌诗：《芦浦笔记》。

上：宋人摹《重屏会棋图》中的屏风；下：王诜《绣栊晓镜图》中的梳妆台与镜架

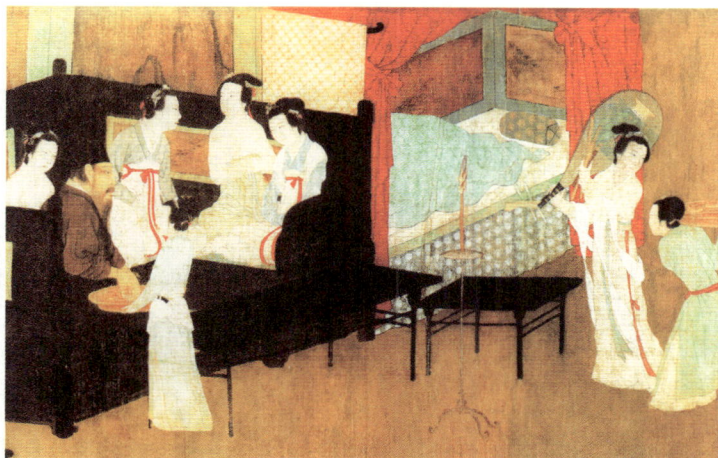

上：南宋人摹《韩熙载夜宴图》"休憩图"中的烛架、衣架、枕头；
下：传赵佶《听琴图》中的香几

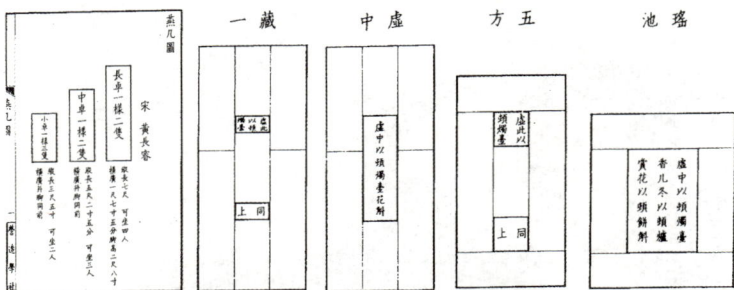

北宋《燕几图》中的桌几组合方式

成一张"长桌",可坐四人。整套燕几总共由七张桌几组成,其中长桌两张,中桌两张,小桌三张,号为"七星"。

小桌、中桌、长桌又可以根据宴会的需要,组合出数十种布局,"纵横离合,变态无穷,率视夫宾朋多寡、杯盘丰约,以为广狭之则。遂创为二十体,变为四十名,因体定名,因名取义,谓之'骰子卓',盖拟其六也(后增加一小桌,合为'七星')。燕衎之余,以之展经史、陈古玩,无施而不宜"[1]。不但可以当宴几,也可以作为陈列古玩、书籍的家具。这样一套燕几也是历史上最早的组合式家具。

追求舒适的造型

如果让我概括宋式家具的一个特点,我会说"追求舒适"。从人体生理结构来说,"垂足而坐"显然比"盘足而坐"更加舒服,

1　北宋《燕几图》作者自序。

这也是高型家具在宋代全面取代矮型家具的重要原因。宋代靠背椅、扶手椅、圈椅的兴起，也是出于人们对于舒适感的生理需求。一些宋代靠背椅的靠背还向后形成弧度，以适应人体脊椎结构。

宋人还发明了一种造型特别的交椅：在交椅的靠背上方加了一个荷叶状的托。为什么要加个荷叶托？方便枕着假寐。据宋人王明清《挥麈第三录》介绍，"绍兴初，梁仲谟汝嘉尹临安，五鼓往待漏院，从官皆在焉。有据胡床而假寐者，旁观笑之。又一人云：'近见一交椅样甚佳，颇便于此。'仲谟请之，其说云：'用木为荷叶，且以一柄插于靠背之后，可以仰首而寝。'仲谟云：'当试为诸公制之。'又明日入朝，则凡在坐客，各一张易其旧者矣，其上所合施之物悉备焉。莫不叹伏而谢之。今达宦者皆用之，盖始于此"。

交椅可以折叠，方便携带。现在加装一个荷叶托，又可以仰首休息，所以在士大夫中非常流行。有些士大夫外出游玩，也会带着这种交椅。宋代佚名《春游晚归图》(台北故宫博物院藏) 上，就画有一名仆人扛着一把交椅，随主人出游。

宋代还有一种躺床，可能是从交椅演变而来。在北京故宫博物院收藏的刘松年《四景山水图·夏景》上，可以看到一张这样的躺椅，研究家具设计史的方海先生，将这种躺椅命名为"松年椅"。邵晓峰先生的《中国宋代家具：研究与图像集成》一书还将"松年椅"绘制出来，让我们能够看得更加清楚。这种躺椅的靠背，很可能还可以调节倾斜坡度，明人高濂《遵生八笺》中介绍了这一技术："靠背，以杂木为框，中穿细藤如镜架然，高可二尺，阔一尺八寸，下作机局，以准高低。置之榻上，坐起靠背，偃仰适情，甚可人意。"

为了坐得更舒服一些，宋人还给坐具设计了软垫，我们去看

上：宋佚名《春游晚归图》中的交椅；中：刘松年《四景山水图·夏景》中的躺椅；

下：据《四景山水图·夏景》绘制的"松年椅"。转引自邵晓峰《中国宋代家具：研究与图像集成》

一书

《唐五学士图》，会发现图中的坐墩都铺设了松软的圆形坐垫，跟我们今天也会在椅子、沙发放上坐垫一样。

如果我们去看《宋人人物册》（台北故宫博物院藏），还会发现一个造型特别的用具，形同一个扁平的"兀"字，两端略翘，涂了红漆，搁放在榻上。这是做什么用的呢？蒋勋先生解释说："它是看画卷的东西，就是我们知道东方的画是要拉开来看的……这个家具我还曾在古董店看到过，是宋朝人特别为了看书法跟绘画设计的一种家具。"[1]

可惜蒋勋先生应该说错了。这个家具其实是用来搁放手臂的，叫作"凭几"。当你坐在榻上，长久挺直腰板，腰部很容易疲劳，这个时候如果有件东西让你的手臂搁着，换成懒洋洋斜倚着的姿势，便会觉得很舒服。凭几就是干这个用的，宋人又习惯称其为"懒架儿"，一个"懒"字，道尽了这种家具的功能。宋元笔记《宣和遗事》讲到宋徽宗微服私会李师师时，就写道："二人归房，师师先寝，天子倚着懒架儿暂歇，坐间忽见妆盒中一纸文书。"我们看《梧阴清暇图》，榻上正好有一个懒架儿，图中人物的左手就倚靠在懒架儿上面。

懒架儿除了可以搁臂，还可以用来搁脚——睡觉时将脚搁放在凭几上，就如宋佚名《槐荫消夏图》（北京故宫博物院藏）描绘的这样。这是一种很舒服也颇符合科学道理的睡姿，现代医学证明，睡觉时垫高脚部，有利于下肢的血液循环。

这幅《槐荫消夏图》还有一个细节值得注意：那位正在酣睡的文人，脑后枕着的枕头是一个软枕。由于出土的宋代瓷枕比较

1　参见电视节目《殷瑗小聚·中国美术史》中蒋勋谈话。

上：《唐五学士图》中的坐垫；下：《宋人人物图》中的凭几

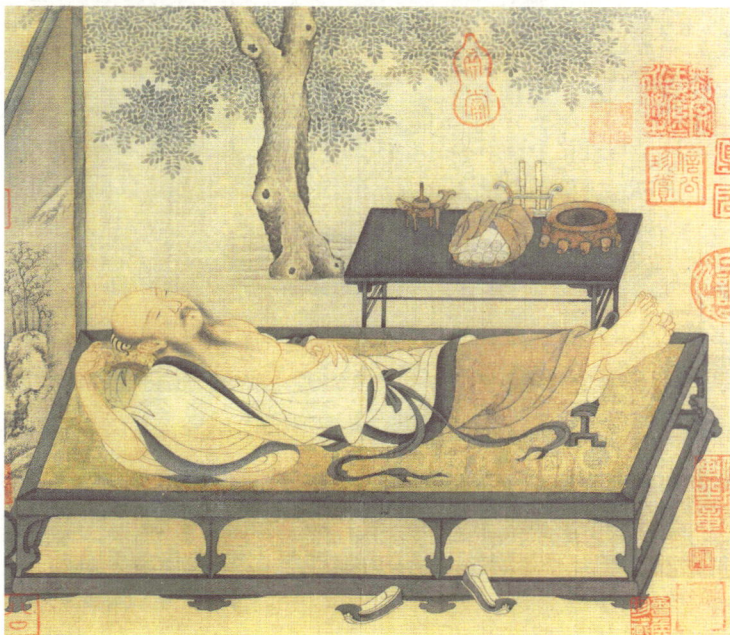

上：《梧阴清暇图》中的凭几；下：宋佚名《槐荫消夏图》中的凭几

多见，以致许多人都误以为宋人使用的都是硬枕，并产生了疑问：硬邦邦的枕头，用着能舒服吗？长久这么睡，不会得颈椎病吗？其实，宋人一般只是在炎热的夏天用瓷枕，图其凉快。清人说："昔尚瓷枕，暑月用之必佳。"[1]

除了硬枕，软枕在宋代的使用也很广泛，宋人张耒有诗云："烧香扫地一室间，藜床布枕平生事。"黄庭坚有诗曰："茵席絮剪茧，枕囊收决明。"陆游有诗写道："衫袖玩橙清鼻观，枕囊贮菊愈头风。"[2]这里的枕囊就是软枕。《槐荫消夏图》出现的软枕，便是宋人常说的枕囊。在前面提到的宋人摹《韩熙载夜宴图》"休憩图"上，也可以看到一张帐床，床上的枕头是一个蓬松的枕囊。南宋末画家钱选的《扶醉图》（私人藏），画中枕头似乎也是软枕。

元人刘贯道画有一幅完全模仿宋人风格的《梦蝶图》（美国私人藏），构图跟《槐荫消夏图》非常相似，也是画了一位文士躺在榻上酣睡，脚搁懒架儿，枕的却是一个可折叠的枕头。这个图像信息告诉我们，至迟在宋元时期，人们已经在使用折叠枕。

通过对图像史料上宋式家具的细致观察，我们可以确定地说，"舒适感"是宋人设计家具时的一个有意识的追求，无论是家具的尺寸，还是线条、结构与造型，都能照顾到使用者的舒适感，比如《燕几图》设计的组合几，一个方几的台面边长为"一尺七寸五分"，折算成现在的尺寸，约53厘米，刚好适合一个人用餐时的宽度。几的高度为"二尺八寸"，约85厘米，有家具设计经验的人应该知道，今天一张桌台的最佳高度，便是80厘米左右。

1　蓝浦：《景德镇陶录》。

2　张耒：《局中昼睡》；黄庭坚：《次韵吉老十小诗》；陆游：《示村医》。

上：钱选《扶醉图》中的枕头；下：刘贯道《梦蝶图》中的折叠枕

另外，将方几的基础尺寸全部确定为"广一尺七寸五分，高二尺八寸"，也即意味着可以实现模数化制造。

雅致的审美风格

如果宋式家具只讲求舒适、实用，那么它跟今天的一张沙发、一床席梦思没什么区别。但事实上，当我们观看宋画上的家具时，会感到赏心悦目，觉得那些家具蕴含着一种清雅的美。确实，宋式家具的审美风格，正是宋朝士大夫的雅致审美时尚在器物上的凝结，也是宋朝文人闲适、优雅生活的折射。

在我们所能看到的反映宋代文人家具的图像中，几乎找不到那种过分雕凿、装饰的家具。不管是《听琴图》中的琴桌、香几，还是《韩熙载夜宴图》中的食桌、床榻、屏风，抑或是《十八学士图》中的椅、墩、案，都呈现出线条流畅、构造简约、款式雅致的审美特色，不追求繁复的装饰，但讲究线条的美观，牙头、牙条、枨的使用既可加固家具的框架结构，又巧妙地起到修饰的作用，使得宋代家具的整体造型简约而不简陋，精致而不繁琐。宋人日用家具风格所体现出来的审美情趣，跟宋代士大夫崇尚的清雅、闲适生活也是相匹配的。

即便是宋朝皇室中的家具，也表现出一种素雅的美感，如南宋萧照《中兴瑞应图》（保利艺术博物馆藏）中的床榻、黑漆棋案、花几；南宋《女孝经图卷》（北京故宫博物院藏）中的黑漆细腿书桌、香桌，跟文人家具并无什么差异。这也许可以说明，宋朝皇室的审美跟宋朝士大夫的审美是高度合拍的。

王世襄先生曾经将明式家具的审美风格概括为"十六品"：（1）简练，（2）淳朴，（3）厚拙，（4）凝重，（5）雄伟，（6）圆浑，（7）

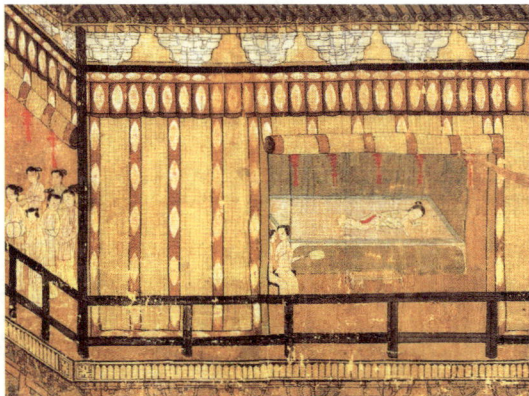

上：萧照《中兴瑞应图》中的床榻；中：萧照《中兴瑞应图》中的棋案；
下：南宋《女孝经图卷》中的香桌、书桌

沉穆，(8) 秾华，(9) 文绮，(10) 妍秀，(11) 劲挺，(12) 柔婉，(13) 空灵，(14) 玲珑，(15) 典雅，(16) 清新。我觉得用这"十六品"来形容宋朝家具，也是适当的，因为从审美风格来说，明式家具与宋式家具是一脉相承的。

明式家具收藏家伍嘉恩认为，"虽然明式家具是古典器物，但它们的造型在今天看来依然如此完美，甚至置于现代家居生活环境中也毫不突兀。正是因为能够经得起时间和空间的考验，明式家具才可以跨越地域和文化背景的差异而享有世界性的声誉"。我觉得用这句话来说评价宋代文人家具，也同样成立。

从图像史料的信息来看，装饰最繁琐、奢华的宋代家具，不是出现在士大夫家庭，甚至不是出现在皇家，而是出现在寺院。日本京都国立博物馆收藏有一幅传为宋代李公麟的《维摩诘像》，图中的床榻，可谓千雕百凿，极尽粉饰。

这种奢华雕凿风格的家具，在清代乾隆朝以降的清式家具中达到顶峰。跟风格典雅、造型简约、线条舒畅的明式（宋式）家具几乎完全相反，清式家具特别追求豪华、艳丽、繁琐的风尚，将雕刻、镶嵌发挥到极致，体现了土财主、煤矿主的典型审美追求。有人戏谑地评价："清式家具就好比是土豪的十根手指戴了十一只金戒指。"此话尽管有些刻薄，却击中清式家具风格的要害。

我从故宫南薰殿旧藏历代帝后像中找出一幅《宋太祖坐像》，图中皇帝所坐的"龙椅"，在所有宋代帝后像所描绘的皇室坐具中，算是最豪华的一种，雕刻了金漆龙首，做工也很精致；但它跟清代乾隆像中的"龙椅"一比，还是黯然失色。

图像还显示，宋代君主与清代帝王所穿的"龙袍"，风格也呈现出强烈的反差，宋代"龙袍"剪裁简约，完全没有任何花哨、浮夸的装饰；清代"龙袍"则万般装点，尽显奢华。实际上，不

传李公麟《维摩诘像》

宋太祖的"龙椅"与清乾隆的"龙椅"

单"龙袍"如此，典型的清代贵妇服装，也是极度追求刺绣图案与条纹的繁复装饰，跟中国传统的女性襦裙表现出完全不同的审美趣味。

还有首饰的审美，唐宋时期的首饰清秀、雅致；清代首饰则越来越浓艳，并在乾隆朝达到极致，形成富丽、繁碎的所谓"乾隆工"风格。瓷器的风格也出现类似的变化，有收藏经验的朋友都知道，宋瓷的造型与色彩都非常简洁、大方、雅致；清代的瓷器由于珐琅彩工艺的应用，显得更为艳丽，但乾隆朝珐琅彩瓷对色彩不加节制的滥用，又使得艳丽变成了艳俗，乃至俗不可耐。

可以这么说，在清代乾隆朝之后，传统中国的典雅审美，基本上就失落了。

社会

八

百年前，满大街都是博彩摇奖

春节将近，跟友人到商场逛逛，准备购置些年货。商家为促销商品，在商场门口设了一个抽奖转盘，顾客只要购物 100 元以上，凭小票可以转动彩盘一次，如果中奖，可得到一份洗发水、沐浴露之类的日用品。朋友指着那个抽奖转盘跟我说，你不是说宋朝社会很"现代"吗？宋朝可有这物件？我撇撇嘴，说：这种转盘游戏、摇奖销售的法子，就是宋朝人玩剩的。朋友的嘴巴张成了一个大大的 O 型：真的？我说：当然是真的。

在宋代，转盘抽奖之类的销售方式，叫作"关扑买卖"，或"扑买""扑卖"，有时也简称为"扑"或"博"。所谓"关扑"，换成现在的说法，即博彩，与"赌博"的英文单词 gamble 发音相近。元朝时，市井间关扑之风还很盛。我有点疑心 gamble 就是"关扑"的音译，可能由马可·波罗从中国带入欧洲。当然，这只是我的猜测而已。

宋朝的店铺或商贩，很喜欢用关扑的游戏来吸引顾客。假如你是宋朝人，在市场上看中一样商品，比如一斤羊肉、一件衣裳，你可以按市价买下来，也可以跟店主商定用关扑的方式赌一把：只掏一点钱参与摇奖，比如 100 文钱的商品，你掏 10 文便可以获得一次关扑的机会，你若赢了，商品你拿走；若输了，10 文钱归店家。这便是宋人所说的"关扑买卖"。

"扑卖盈市"

我们如果去翻阅宋代的笔记，北宋的《东京梦华录》也好，南宋《武林旧事》《梦粱录》也好，都会发现，宋朝民间非常流行关扑买卖。不过北宋与南宋的情况又有不同。北宋政府是禁赌的，《宋刑统》规定："诸博戏赌财物者，各杖一百。"关扑也属于"博戏赌财物"之列，受到管制。只是老百姓太热衷于关扑，宋政府也就顺应民情，在重大节日放开赌禁。

开禁的节日包括春节，《东京梦华录》说，"正月一日年节，开封府放关扑三日"。因此，每至春节，开封府的大街小巷都有商贩关扑年货："坊巷以食物、动使（日用品）、果实、柴炭之类，歌叫关扑。"一些热闹的商业街，更是"皆结彩棚，铺陈冠梳、珠翠、头面、衣着、花朵、领抹、靴鞋、玩好之类"，供人扑买。逛夜市的女性也喜欢跑到那里看人关扑："向晚，贵家妇女纵赏关赌，入场观看。"元宵节也允许关扑财物，最繁华的东京宣德门外大街，都是关扑买卖的商贩与游人。年底的冬至佳节，也是"官放关扑"。

此外，每年三月初一至四月初八，宋朝政府都会准时开放皇家园林"金明池"与"玉林苑"，纵市民游玩。开放期间，皇家园林内也是可以关扑的。就像我们今天在城市公园中看到的热闹场景，宋代池苑内，到处都有商家用彩布围成临时店铺，"铺设珍玉、奇玩、匹帛、动使、茶酒器物"，吸引游人关扑。游园的市民，也都乐得掏一点钱去博博运气，中了奖则高高兴兴回家，"往往以竹竿挑挂终日关扑所得之物而归"[1]。

到了南宋时，原来的赌禁已经形同虚设，关扑买卖更是常见了。一位南宋人说："关扑食物，法有禁。惟元正、冬至、寒食三节，开封府出榜放三日，……非如今常得关扑也。"[2] 这"如今常得关扑"几个字，表明关扑买卖已深入南宋市民的日常生活。

1　孟元老：《东京梦华录》。

2　赵彦卫：《云麓漫钞》。

杭州的夜市，一年四季都有关扑买卖，关扑的小商品包括各类小吃，如糖蜜糕、蜂糖饼、灌藕、炸藕、时新果子、像生花果、红边糍、猪胰胡饼、鱼鲜、猪羊蹄肉；各项小玩意，如细画绢扇、细色纸扇、新窑青器、螺钿玩物、打马象棋、杂彩球、琉璃炮灯、四时玩具；各种服饰，如销金裙、缎背心、缎小儿、销金帽儿、逍遥巾、狼头帽、小头巾、抹头子、花环钗朵、篦儿头、销金帽儿；还有各式家具，如螺钿交椅、时样漆器、细柳箱、诸般藤作、螺钿投鼓、螺钿鼓架。不要问我为什么晓得这么多商品名堂。这些名目都是从《梦粱录》与《繁胜录》抄下来的。

只要是商品，就可以摆出来扑卖。连女性也很喜欢到市场上"关扑香囊、画扇、涎花、珠佩"。宋人说杭州"扑卖盈市"，绝非虚言。[1]

宋朝女性爱美，喜欢往头上戴花；宋人也极追求生活情趣，喜欢在家里插束鲜花。鲜花都可以从市场上扑买。《梦粱录》说，杭州"四时有扑带朵花，亦有卖成窠时花、插瓶把花、柏桂、罗汉叶。春扑带朵桃花、四香、瑞香、木香等花；夏扑金灯花、茉莉、葵花、榴花、栀子花；秋则扑茉莉、兰花、木樨、秋茶花；冬则扑木春花、梅花、瑞香、兰花、水仙花、腊梅花。更有'罗帛脱蜡像生四时小枝花朵'（用丝绸做成的假花），沿街市吟叫扑卖"。

西湖上还有专供市民与游客博彩的游船，叫作"关扑船"。《繁胜录》载，"西湖内画船布满，头尾相接，有若浮桥。头船、第二船、第三船、第四船、第五船、槛船、摇船、脚般、瓜皮船、小船自

1　周密：《武林旧事》；西湖老人：《繁胜录》。

有五百余只"；"关扑船亦不少"。

转盘摇奖

宋人关扑的方式多种多样，其中一种跟我们今天仍能见到的转盘摇奖差不多。据南宋人曾三异的《因话录》记载，杭州有些商贩就采用转盘摇奖的方式叫卖食品：京城卖糖的小商贩，制作了一个圆盘，大约三尺见方，上面画有"禽鱼器物之状数百枚，长不过半寸，阔如小指，甚小者只如两豆许。禽之有足，鞋之有带，弓之有弦，纤悉琐细，大略皆如此类"。又"以针作箭，而别以五色之羽"，招揽市民前来关扑。

想来关扑的顾客，只要掏一文钱，便可获得往圆盘射一箭的机会。射箭时，商贩会将圆盘转动起来，以增加射中的难度。如果顾客能够射中圆盘上画着的图案，便可以得到一份奖品。如果没有射中，则需要再掏一文钱，才可以重新旋盘射箭。《梦粱录》说，"杭城大街，买卖昼夜不绝"，关扑各类小商品，其中"有白须老儿看亲箭闹盘卖糖"，说的也应该是转盘射箭的关扑买卖。看看，这是不是有点儿像今日商场为了促销而举行的"转盘中奖"活动呢？

生活在南宋末的学者周密，幼年时曾随父亲游京城，也亲眼见过转盘摇奖的关扑游戏。他在《癸辛杂识·故都戏事》记录说：杭州有一个叫王尹生的艺人，"善端视"，在市井上设了一个"大轮盘，径四五尺，画器物、花鸟、人物凡千余事"。他的玩法难度更高，"运轮如飞，俾客随意施箭"，而王尹生从旋转如飞的圆盘，能够一眼看出顾客"第一箭中某物，次中某物，次中某物"。待转盘停下来，一一验看，果然"与预定无少差"。如果他猜错，想来便算输了，要赔给顾客奖品。

顾客也可以掏钱让王尹生自己射箭，要求他必须射中圆盘上的某个图画："命之以欲中某物，如花须、柳眼、鱼鬣、燕翅之类"，王尹生按其要求发箭。尽管"运轮如飞"，要射的目标又"极微藐"，但他居然"无不中之。其精妙入神如此"。周密后来就再也没有见过如此高技能的艺人了，"未见能传其技者"。

宋代还有一种关扑游戏，玩法与今天的转盘摇奖更加接近。知名的连环画家王弘力老人曾经画了一册《古代风俗百图》[1]，里面有一张图像描绘的就是这种关扑游戏。

王弘力先生出生于民国时期，他的图画符合宋朝的实际吗？我觉得是符合的。因为从传世的宋画中，我们也找到了类似的转盘图像。南宋画师苏汉臣画有一幅《秋庭戏婴图》（台北故宫博物院藏），图上有一个圆墩，圆墩上放着宋朝儿童玩耍的各样玩具，其中一个玩具就是转盘模型，叫作"人马转轮"。由于是玩具模型，所以尺寸较小，成人用于关扑的转盘应该比这大得多。

从《秋庭戏婴图》上我们可以清楚地看到，"人马转轮"由一个支架、一张转盘和一根人马造型的指针构成。转盘被划成若干个扇形，上面画了不同的图案。转盘可以拨动旋转，当它停下来时，上面的人马指针就会指向不同的图案，大概宋人就是以此来区分输赢的。只是因为找不到文献记载，具体的游戏规则已不可考。但可以肯定，既然画家将"人马转轮"作为一种儿童玩具画入"婴戏图"，想来这一关扑工具在宋朝的社会生活中是比较常见的。

1　王弘力：《古代风俗百图》，辽宁美术出版社，2006。

王弘力《古代风俗百图》之宋人关扑图

苏汉臣《秋庭戏婴图》局部

《秋庭戏婴图》上的"人马转轮"

掷钱币

不过宋代最常见的关扑方式是掷钱币。关扑工具非常简单，就是六枚铜钱，叫作"头钱"，掷在陶盆里，以铜钱的正背面定输赢。如果你是宋朝市民，只要身上有几枚铜钱，碰见门外有叫卖水果的小贩，便可以叫住他：卖水果的，停一停，扑一斤桔子。

话本小说中有一个挺有趣的"扑买黄柑"的故事：南宋时，道州人吴约寓居都城杭州，住在清河坊客店。"客店相对有一小宅院，门首挂着青帘，帘内常有个妇人立着，看街上人做买卖"。吴约"时时听得他娇声媚语，在里头说话。又有时露出双足在帘外来，一湾新笋，着实可观。只不曾见他面貌如何，心下惶惑不定，恨不得走过去，揎开帘子一看"。

一日，吴约正坐在门前，呆呆看着对门帘内，"忽有个经纪（商贩），挑着一篮永嘉黄柑子过门"，吴约叫住他，问道："这柑子可要博的？"经纪道："小人正待要博两文钱使使，官人作成则个。"吴约便掏出头钱，往下就扑。可是他"一边扑，一心牵挂着帘内那人"，心不在焉。所以总是扑输，"算一算输了一万钱"。这个吴约，花了一万文钱，却连一个黄柑也扑不到。[1]

那么这种掷钱币的关扑规则是怎样的呢？史料缺乏详细记载。不过我们倒是可以从元杂剧《燕青博鱼》看出个大概。《燕青博鱼》说的是"浪子"燕青被宋江赶下梁山，流落东京，为了生计，"问人借了些小本钱，贩买了些鲜鱼。时遇着三月三清明佳节，到同乐院博鱼"。一心想"凭着我六文家铜镘，博的是这三尺金鳞"。

在同乐院，恰好遇到一个叫燕和的好汉，要跟他关扑。燕青说道："这鱼呵，重七斤八斤，你若是博呵，要五纯六纯，着小人呵，也觅一文半文。"这个"纯"，就是宋代的关扑术语，指掷出来的铜钱图案要完全一致，"五纯"即五枚铜钱全部正面或背面朝上，"六纯"则六枚铜钱全部正面或背面朝上。

换言之，如果燕和掷出一个"五纯"，便可以赢得燕青贩卖的一部分鱼。要是掷出"六纯"，则全部的鱼他都可以拿走。但燕和如果掷不出"五纯"或"六纯"，则要白付钱给燕青。据《东京梦华录》，在燕青生活的北宋末，开封府的鱼价，"冬月，即黄河诸远处客鱼来，谓之'车鱼'，每斤不上一百文"。一斤鱼按市

1　凌濛初：《二刻拍案惊奇》卷一四。故事原型为洪迈《夷坚志补·李将仕》。

明刻本《元曲选》"燕青博鱼"插图

价要 100 文钱左右，但如果关扑的话，掏数文钱便可以扑一次。

宋朝流行关扑之风，我觉得这是商业发达、社会开放、市民生活高度世俗化的体现。后世朱元璋以严刑酷法禁止民间博彩，明人周漫士《金陵琐事》载："（明）太祖造逍遥楼，见人博弈者、养禽鸟者、游手游脚者，拘于楼上，使之'逍遥'，尽皆饿死。"宋元时盛行的关扑买卖，自此消退，连"关扑"一词也退出了日常用语领域。

将

春节过成万圣节

2015 年万圣节那天，我刚好在上海做一个讲座，讲座的主题，是谈诸多我们以为在晚清才出现的近代性事物，其实早在宋代就已经有了。那天有一位朋友问：那宋朝有没有万圣节？我说：当然有了。宋朝的傩俗不就是万圣节么？

傩，是一种非常古老的巫俗，可以追溯到远古时代。先民们以为人间的疾病、灾祸是邪灵作祟，因此会在特定的日子，戴上面具，举行隆重的大傩仪驱除邪祟恶鬼。按《周礼》的记载，周代已将大傩仪列入国家祭祀礼仪。

问题是，将大傩仪比附成万圣节是不是有点牛头不对马嘴呢？从人类学与民俗学的角度来看，这种比附并非牵强附会。巫傩并不仅仅存在于华夏民族的历史中，不同文明体都曾经出现过类似的原始宗教仪式。民俗学家发现，在希腊文明、奥地利"裴西特"民俗、印第安人习俗中，都有过傩俗，万圣节的历史渊源也可以追溯到公元前的爱尔兰凯尔特原始部落的驱鬼习俗。

这些不同文明体的巫傩仪式具有高度的相似性。首先，驱傩的时间点都是在新旧年交替之际，如希腊傩仪在元月 6 日至 7 日举行，中国汉民族的大傩仪一般在腊日、除夕举行，西方社会以 10 月 31 日为万圣节，也是因为爱尔兰先民认为这一天是一年结束之日。其次，驱傩的仪式都要戴上怪兽或鬼怪的面具。最后，驱傩的目的都是吓走邪祟恶鬼。

那么中国古代的驱傩仪式是什么样子的呢？《后汉书·礼仪志》对汉代的宫廷大傩仪记述甚为详尽：大傩仪选在腊日的前一日举行，谓之"逐疫"。选一百二十名儿童为"侲子"，皆腰挂大鼓，手执鼓槌；又选一人扮成"方相氏"，身披熊皮，戴着四只眼睛的黄金面具，相貌凶恶；又有十二人头戴兽角，身披兽皮，扮成"甲作、肺胃、雄伯、腾简、揽诸、伯奇、强梁、祖明、委随、错断、穷奇、腾根"十二神兽。

然后方相氏率领十二神兽追逐邪灵恶鬼，一百二十名侲子一边擂鼓，一边大喊："甲作食凶，胇胃食虎，雄伯食魅，腾简食不祥，揽诸食咎，伯奇食梦，强梁、祖明共食磔死寄生，委随食观，错断食巨，穷奇、腾根共食蛊。凡使十二神追恶凶，赫汝躯，拉汝干，节解汝肉，抽汝肺肠。汝不急去，后者为粮！"这咒语很是惊心动魄，警告邪灵如果不速速遁走，便会被肢解、吃掉。

可以看出来，这时候的傩还表现出相当浓厚的原始宗教色彩，跟我们在电影上看到的原始部落驱邪仪式有点儿接近，跟万圣节却是差距很大，因为现在的万圣节，尽管还保留着披戴妖魔面具的习惯，但已经褪去了宗教色彩，完全世俗化、娱乐化，融入市民生活，不过是现代人的一场化装舞会式的狂欢而已。

既然如此，我们还可以说宋代的傩礼是万圣节么？可以。因为宋代的傩俗发生了一场跟今天万圣节一样的世俗化、娱乐化嬗变。

宋朝的万圣节

要了解宋代的傩俗，我们可以先来看一幅宋画——北京故宫博物院收藏的南宋院画《大傩图》。此图画了十二名农民，身着奇装异服，头戴假面，手持各种道具，正在表演欢快的傩舞。

有一些学者认为《大傩图》名实不符，画的其实并不是大傩仪式，因为大傩的主题是"驱鬼逐疫"，"是与假想中的疫厉恶鬼进行一场殊死搏斗，因此傩祭诸神的面具一般都很凶恶狰狞，其舞蹈动作也多模拟追逐扑杀之状而呈雄健勇猛之态，气氛也是相当恐怖和紧张的"；而"《大傩图》中的人物虽也化了妆，面相却

南宋《大傩图》

不狞恶。相反，他们的神态动作和气氛，都显现出一种诙谐幽默的生活情趣，看不出有任何驱赶逐杀疫鬼的含意"[1]。

然而，与"疫厉恶鬼进行殊死搏斗"只是宋代之前的古傩主题。

---

1 孙景琛:《〈大傩图〉名实辨》,《文物》1982 年第 3 期。

宋朝的傩仪是不是也这么剑拔弩张呢？未必。我们来看《东京梦华录》对北宋末年宫廷大傩仪的描述："至除日，禁中呈大傩仪，并用皇城亲事官、诸班直戴假面，绣画色衣，执金枪龙旗；教坊使孟景初身品魁伟，贯全副金镀铜甲，装将军。用镇殿将军二人，亦介胄，装门神。教坊南河炭丑恶魁肥，装判官，又装钟馗小妹、土地、灶神之类，共千余人，自禁中'驱祟'，出南薰门外转龙弯，谓之'埋祟'而罢。"

《梦粱录》对南宋初期宫廷大傩仪的描述也差不多："禁中除夜呈大驱傩仪，并系皇城事，诸班直戴面具，着绣画杂色衣装，手执金枪、银戟、画木刀剑、五色龙凤、五色旗帜，以教乐所伶工装将军、符使、判官、钟馗、六丁、六甲、神兵、五方鬼使、灶君、土地、门神、户尉等神，自禁中动鼓吹，驱祟出东华门外，转龙池湾，谓之'埋祟'而散。"

可以看出，跟《后汉书·礼仪志》记载的汉代宫廷大傩仪相比，宋代的官方傩礼出现了显著变化：扮相凶恶狰狞的方相氏与十二神兽消失了，恶狠狠的咒语也不见了，改由教坊伶人戴面具扮演钟馗、小妹等更为生活化的神灵，鼓吹着乐器，欢欢乐乐表演一番。

换言之，傩的原始宗教色彩已经淡化，而娱乐性却越发显示出来。以至后来的清代学者提出，"观《东京梦华录》所言，大抵杂以委巷鄙俚之说，盖唐时犹以为国家之典礼，至宋则直以戏视之，而古意益微矣"[1]。对宋代大傩仪式的娱乐化趋势很不以为然。

至于宋代的民间傩俗，由于不受礼教的约束，娱乐化与世俗

1　乾隆官修《钦定续通志·礼略·时傩》。

化的倾向就更为明显了。朱熹注释《论语》"乡人傩"时说，"傩虽古礼，而近于戏"。一个"戏"字，概括出宋朝乡傩的突出特征与内在精神。沿着娱乐化与世俗化方向演变的宋代傩俗，也就越来越像今天的万圣节。

南宋有一首《观傩》诗，其中几句描述道："夜叉蓬头铁骨朵，赭衣蓝面眼迸火。魁蜽罔象初俙伶，跪羊立豕相嗷嗷。红裳姹女掩蕉扇，绿绶髯翁握蒲剑。"说的正是宋朝的民间傩戏：人们戴着妖魔鬼怪的面具，纷纷出动，有眼睛欲喷火的夜叉，有跪着哭泣的羊面鬼，有站着的猪面鬼，有手执芭蕉扇的女鬼，有握蒲剑的老翁。如果将历史背景架空，用这些诗句来形容今天万圣节"群魔起舞"的狂欢，也是挺精准的嘛。

当然，这不过是"形似"。下面我们再来看"神似"的地方。

《东京梦华录》载汴京的傩俗："自入此月（十二日），即有贫者三数人为一火，装妇人神鬼，敲锣击鼓，巡门乞钱，俗呼为'打夜胡'，亦驱祟之道也。"《梦粱录》亦载杭州傩俗："自此入月（腊月），街市有贫丐者，三五人为一队，装神鬼、判官、钟馗、小妹等形，敲锣击鼓，沿门乞钱，俗呼为'打夜胡'，亦驱傩之意也。"陈元靓《岁时广记》也载："除日，作面具，或作鬼神，或作儿女形，或施于门楣，驱傩者以蔽其面，或小儿以为戏。"——你看，宋朝城市中的傩俗，跟今日万圣节之夜，孩子们戴着面具逐门讨要糖果或互相嬉闹的西方民俗多么相似。

显然，当历史发展至宋代时，由于社会生活的世俗化、城市化与商业化，古老的傩俗开始跟商品社会、城市生活相融合，演变成一种高度世俗化的市民娱乐方式。由于宋代的民间傩仪一般都是在腊日或除夕举行，说宋人将春节过成万圣节，似乎也并无大不妥。

了解了傩俗在宋代的嬗变之后，我不觉得《大傩图》有什么"名实不符"，也许宋人的傩本来就是这么欢乐、诙谐。

傩面具与儿童

更能体现宋代傩仪世俗化嬗变的表现，是傩面具的玩具化。

我们知道，傩仪的特征是佩戴面具。为什么不同文明体的巫傩仪式都以面目狰狞可怕的面具作为重要道具呢？这很可能是在先民的观念中，面具被认为具有某种神秘的力量，当人戴上面具，便获得了这种可以驱逐邪祟的神秘力量。宋代的官方大傩仪也好，民间乡傩仪也好，都要戴着面具驱祟。

傩面目的制作，又以广南西路的静江府最为精良，周去非《岭外代答》记载，"桂林傩队，自承平时名闻京师，曰静江诸军傩。而所在坊巷村落，又自有百姓傩。严身之具甚饰，进退言语，咸有可观，视中州装，队仗似优也。推其所以然，盖桂人善制戏面，佳者一值万钱，他州贵之。如此，宜其闻也"。陆游《老学庵笔记》也称："政和中，大傩，下桂府进面具，比进到，称'一副'。初讶其少，乃是以八百枚为一副，老少妍陋，无一相似者，乃大惊。至今桂府作此者，皆致富，天下及外夷皆不能及。"

这两条史料其实还透露出一条信息：宋人的傩面具，已摆脱了原始巫傩面具的狰狞，变成跟"戏面"差不多的寻常面目，"老少妍陋"俱全。这也说明了宋人可能已经不再视傩面具为神秘之物。

我们又知道，现在的万圣节以小朋友玩得最欢。宋代的傩戏同样深受儿童的喜爱，每当除夕，乡傩现身之时，儿童总是追逐着观看。苏轼一首"除夕"诗写道："爆竹惊邻鬼，驱傩逐小儿。"

陆游亦有一首"岁暮"诗说："太息儿童痴过我，乡傩虽陋亦争看。"

不但如此，傩面具还成为儿童玩具商品，出现在市场上，儿童学着大人的驱傩仪式，戴起傩面目嬉闹、玩耍。宋笔记小说《夷坚志》中有一个小故事说："德兴县上乡建村居民程氏，累世以弋猎为业，家业颇丰。因输租入郡，适逢尘市有摇小鼓而售戏面具者，买六枚以归，分与诸小孙。诸孙喜，正各戴之，群戏堂下。"前面所引的《岁时广记》也说，除夕之日，都人会购买玩具，给"小儿以为戏"。这跟今日孩子过万圣节，没什么两样。

在宋人"婴戏图"中，也很容易找到儿童戴着傩面目玩驱傩游戏的画面，如美国波士顿美术馆藏的南宋佚名《荷亭儿戏图》、克利夫兰美术馆藏的南宋佚名《百子图》，都描绘了儿童戴着傩面具玩耍的图景。其中《百子图》绘出的傩戏场面尤其浩大，活脱脱就是一场万圣节儿童狂欢。显然，成为儿童玩物的傩面具，已经彻底褪去了原始宗教道具的神秘属性。

台北故宫博物院收藏的一幅宋画《五瑞图》（传苏汉臣绘），描绘的也是宋朝儿童模仿大傩仪的情景。据收藏方台北故宫博物院的介绍，图中五名孩子分别装扮成小鬼（中间涂脸者）、判官（穿红衣者）、药师（挂葫芦者）、雷神（摇拨浪鼓者）和钟馗（黑脸者），"四个捉鬼大师，正卖力跳着驱鬼的舞步，希望快快赶走这个凶神恶煞（小鬼）"[1]。然而，从画面看，这驱鬼的场面全无半点古傩仪的恐怖与紧张气息，而是跟《大傩图》一样"显现出一种诙谐幽默的生活情趣"[2]。这并不奇怪，因为宋代时，傩仪已经

1　王兆乾：《苏汉臣的〈婴戏图〉与傩戏〈五星会〉》，《黄梅戏艺术》2002 年第 3 期。

2　孙景琛：《〈大傩图〉名实辨》，《文物》1982 年第 3 期。

上：南宋《荷亭儿戏图》；下：南宋《百子图》

传苏汉臣《五瑞图》局部

演变成孩子们嬉玩的游戏，就如今天的孩子过万圣节。

不过，宋代出现的傩仪的世俗化趋势，在明清时似乎又发生了逆转。从一首描述明朝宫傩的宫词"黄金四目植鸡翘；执戈侲子空驰骤"[1]来看，明代的官方大傩仪又恢复了面目狰狞的"方相氏"，复古意味比较明显。

另外，在商业与文化比较发达的城市，世俗化的民间傩礼也

1　蒋之翘：《天启宫词》。

渐渐衰微，转而传播到经济、文化相对落后的山区，跟当地巫文化相结合，倒也深深扎根下来。但在这个过程中，傩祭仪式出现再度宗教化、神秘化的变异，傩面具重获神秘力量，并发展出一套禁忌，比如禁止女人触摸傩面具，更不准妇女佩戴傩面具。尽管许多地方的傩仪都加入了戏剧表演因素，使得整个傩祭仪式更具观赏性。但这种观赏性跟宋代傩礼的世俗化与娱乐化是两回事。

人类社会不同文明体的巫傩文化大概沿着两个方向演化，一个方向就是世俗化、娱乐化，融入商业社会与城市生活，最终成为一种完全摆脱了宗教内涵的世俗性节日，以今天的万圣节为典型。但我想指出，这个方向的演化在宋代已经出现。另一个方向是继续保留浓烈的神秘色彩，作为一种民间宗教仪式扎根于乡土，但在社会迈向现代化的进程中，这个方向的尽头恐怕就是博物馆，最终成了只具有民俗学与民间艺术史意义的一个标本。

宋

朝流行女厨师

厨娘现象

不知现在的饮食界，是女厨师居多还是男厨师居多，不过我知道，在唐宋时代，流行的是女厨师，不但皇宫中有"尚食娘子"，大富大贵之家亦以聘请女厨师烧菜为时尚，市井中经营私房菜的饭店，也颇多手艺高超的厨娘。

相传北宋末宰相蔡京家有"厨婢数百人，庖子亦十五人"；南宋初宫廷中也有一位女御厨，"乃上皇（宋孝宗）藩邸人，敏于给侍，每上食，则就案所治脯修，多如上意，宫中呼为'尚食刘娘子'，乐祸而喜暴人之私"[1]。这位女御厨的厨艺不可挑剔，不过人品却不怎么样，是一个"喜暴人之私"的长舌妇。杭州民间最著名的大厨中，也有女厨师，如宋五嫂："宋五嫂者，汴酒家妇，善作鱼羹，至是侨寓苏堤，光尧（高宗）召见之，询旧，凄然，令进鱼羹。人竞市之，遂成富媪"[2]。

出土的宋墓壁画与雕砖文物也可证明宋代盛行女厨师的社会风气。宋朝墓画有不少以备宴为题材的图画，图中那些在厨房里操刀的，多是厨娘，而不是男性厨子。河南登封黑山沟北宋墓出土的壁画中，有一幅《备宴图》，画了两位厨娘在准备宴席。郑州新密下庄河宋墓壁画《庖厨图》，画的也是女厨师备宴的忙碌情景。湖北襄阳檀溪南宋墓发现的《备宴庖厨图》（襄阳博物馆藏），也是描绘大户人家的一群厨娘正在做菜。尤其生动的一幅宋墓壁画是登封高村出土的《烙饼图》（洛阳古墓博物馆藏），画

1　何薳：《春渚纪闻》。
2　田汝成：《西湖游览志余》。

上：登封黑山沟宋墓壁画《备宴图》；下：郑州下庄河宋墓壁画《庖厨图》

上：襄阳檀溪南宋墓画《备宴庖厨图》；下：登封高村宋墓壁画《烙饼图》

上三名厨娘在做烙馍。

洛阳关林宋墓曾出土一块宋代雕砖（洛阳古代艺术博物馆藏），上面雕刻了三名站在桌子后面做菜备宴的厨娘，其中两位厨娘正在将酒瓮中的酒倒入温酒器；另一位厨娘在料理锅里的食物。她们身边的方桌上，摆满了盘、碗、杯、盏、酒壶、温酒器等餐具。桌子前面还有一名侍女模样的助手，捧着一个盖了荷叶的器皿；另一名侍女正准备往宴席送菜，却又回头想吩咐什么。看来一场丰盛的酒宴即将开始。

无独有偶，中国历史博物馆收藏的几块河南偃师酒流沟宋墓雕砖，砖上刻画的也是几名厨娘备餐的图案。厨娘衣裙讲究，系有佩饰，梳着高高的发髻，透出一种既雍容华贵又精明干练的气质。

仔细看这厨娘砖刻拓片，四位厨娘看样子正在准备一场家庭宴席。左边那位厨娘在下厨之前，要先一丝不苟地整理好发髻与首饰，可见宋代厨娘特注意形象；还有一位厨娘微微低首，正用心烹茶（右二），宋朝的茶艺极其繁复，可不是一般家庭主妇就能掌握的；另一位在涤器（右一）。

那位正挽起衣袖的厨娘，大概是主厨吧，正准备做家宴的主菜——斫鲙（亦作"斫脍"）。那案上几条活鱼，便是斫鲙的食材。宋人所说的鲙，指生鱼片、生肉片，斫鲙即将生鱼切成薄片，食用时蘸葱丝与芥末酱生吃即可，跟我们现在吃日本刺身差不多。

宋代时候，名流圈很流行斫鲙，以刺身为人间美味。宋笔记《侯鲭录》收录了一份当时最美味的饮食名单，其中之一便是"吴人鲙松江之鲈"。北宋梅尧臣家有一厨娘，善斫鲙，朋友均"以为珍味"，欧阳修、刘原父诸人"每思食脍，必提鱼往过"梅尧臣家。南宋陆游诗"斫鲙捣齑香满屋，雨窗唤起醉中眠"，所咏叹也是斫鲙佐酒的美味。

整装　　　所鱠　　　烹茶　　　漆器

上：洛阳关林宋墓备宴砖刻；下：偃师酒流沟宋墓厨娘砖刻拓片

　　古人认为，一名高明的厨师，斫鲙之时，应"操刀响捷，若合节奏"；切出来的鱼片，要"縠薄丝缕，轻可吹起"[1]。苏东坡的诗句"运肘风生看斫脍，随刀雪落惊飞缕"，便是形容这种高超的斫鲙技艺。只看拓片似乎还不够，不妨将酒流沟宋墓的斫鲙厨娘砖刻找出来，以便我们更加真切地观察厨娘斫鲙的风姿。你看她那抬臂挽袖、胸有成竹的样子，想来应该身手不凡。

　　由于厨娘年轻漂亮，手艺又好，可谓才色俱佳，因此很是吃香，富贵之家都喜欢聘请年轻厨娘做菜；民间许多人家也特别注意培养女孩子的厨艺，以图女儿能被富贵之家相中，聘为厨娘。唐朝时，"岭南无问贫富之家，教女不以针缕绩纺为功，但躬庖厨，勤刀几而已。善醯盐菹鲊者，得为大好女矣。斯岂遐裔之天性欤！故俚民争婚聘者，相与语曰：我女裁袍补袄，即灼然不会；若修治水蛇黄鳝，即一条必胜一条矣"[2]。岭南人家的女孩子，多不善女工，但做菜的手艺可不一般。

　　宋代时，杭州一带甚至出现了"重女轻男"的风气："中下之户，不重生男，每生女则爱护如捧璧擎珠，甫长成，则随其姿质教以艺业。"为什么会"重女轻男"？因为女孩子如果从小训练她的才艺，长大后便可凭着一技之长，被富贵人家聘请为"针线人"（相当于私人高级定制服装设计师）、"杂剧人"（女艺人）、"拆洗人"、"厨娘"，等等。其中"厨娘最为下色，然非极富家不可用"。但即使是"最为下色"的厨娘，也是色艺俱佳，气质不凡，

1　段成式：《酉阳杂俎》。
2　房千里：《投荒杂录》。

斫鲙厨娘画像砖

身价不菲，绝不是寻常人家所能聘请得起的。[1]

厨娘故事

宋朝厨娘的气度与厨艺到底牛成什么样子呢？我举个例子吧。北宋有一位叫作梵正的尼姑，厨艺好得不得了："比丘尼梵正，庖制精巧，用炸、脍、脯、腌、酱、瓜、蔬、黄、赤杂色，斗成景物，若坐及二十人，则人装一景，合成《辋川图》小样。"[2] 意思是说，梵正能够以瓜、蔬等素食材，运用炸、脍、脯、腌、酱等烹饪手法，按照食材、佐料的色泽，拼成山川流水、亭台楼榭等景物。假如一桌坐20人，每位食客面前，居然各设一景，将一桌菜合起来，就是微缩版的王维《辋川图》。

王维的《辋川图》已佚失，不过有摹本传世。不妨来看看《辋川图》摹本（日本圣福寺藏），然后我们将它脑补成一桌菜。

再讲一个更生动的厨娘故事，这故事出自南宋人廖莹中的笔记《江行杂录》。大约宋理宗宝祐年间，有位太守告假在家，因为家中"饮馔粗率"，便想起以前某次参加官宴，"庖膳出京都厨娘，调羹极可口"，于是念念不忘。恰恰有朋友前往杭州，太守便托他在京都物色一位厨娘，只要手艺好，"费不屑较"。

未久，朋友来信，说厨娘找到了，是一名二十余岁的妙龄少女，"有容艺，能书算"。几天后，这厨娘也到了，却在距城五里的地方停下来，遣脚夫送来一封告帖，字写得很是端正清

1　廖莹中：《江行杂录》。
2　陶谷：《清异录》。

263

王维《辋川图》摹本

雅，措辞也极礼貌委婉，先谦卑地自称："庆幸，即日伏侍左右"；末尾则写道："乞以四轿接取，庶成体面"，意思是说，请大人派专车相迎，这样才不致损了大人的面子。太守不敢怠慢，派了一顶轿子前往迎接，"及入门，容止循雅，翠袄红裙，参视左右，乃退"。太守见她形容举止落落大方，知书识礼，气质优雅，很是满意。

过了几日，太守准备请几位朋友来家里吃顿饭。厨娘力请由她试厨。太守说，明日不是大宴，不用太铺张，做几道家常小菜就可。厨娘说，晓得，我先给大人拟一份菜谱。当下取来笔墨纸砚，写下菜谱及所用食材："羊头签"五份，各用羊头十个；"葱齑"五碟，合用青葱五十斤……

"羊头签"是流行于宋朝的"签菜"，可不是今天的牙签羊肉，而是羊肉卷——用猪网油将羊头肉卷起来，热油炸得焦黄，大笊篱捞出，便是极美味的"羊头签"。但这厨娘做五份"羊头签"，所用食材却需要十个羊头。而作为配菜的五碟"葱齑"，竟需青葱五十斤。这也太不合常理了吧。太守心中疑惑，但因厨娘初来乍到，不便点破，便让厨娘且去办理。同时派人暗暗监视厨娘到底怎么做菜。

次日，厨娘从带来的行奁中取出全套厨具：锅、铫、盆、杓、汤盘，一应俱全，"皆黄白所为"，啥意思？都是金银器做成。至于"刀砧杂器，亦一一精致"，看得旁观者都啧然惊叹。厨娘挽起袖子，穿上围裙，据坐胡床，开始切羊肉，但见她"方正惯熟，条理精通，真有运斤成风之势"。果然是身怀绝技。

但这厨娘出手也太铺张浪费，一个羊头，只"剔留脸肉"，其他部位全掷地上，弃之不用。帮厨的伙计问她这是为什么。厨娘说，按我们顶级厨娘的厨房标准，一个羊头就只有两块脸肉可做"羊头签"。其他部位的肉，"非贵人所食矣"！只有味蕾未开发过的人才吃。大伙听得暗暗心惊，心道，幸亏那扬州炒饭、沙县小吃的标准不是厨娘所订，否则，谁都吃不起。有些伙计又觉得羊头就这么丢了也挺可惜，便从地上拾起来，准备带回去炖着吃。厨娘取笑他们："汝辈真狗子也！"大伙心里很生气，却"无语以答"，被厨娘的气势镇住了。

剔好羊头肉，厨娘又动手切葱——所有的葱"悉去须叶"，根据碟子的大小，切成葱段。然后，将葱段外面的叶子全部剥掉，只"取心条之细似韭之黄者"（怪不得要用掉五十斤葱），用酒与醋浸渍，作为凉菜上席。其他的菜式，也均"馨香脆美，济楚细腻"。

晚宴上，太守宴请的客人吃得直咂舌头，"俱各相顾称好"，说这厨娘到底是从哪儿聘请的啊，做的菜这么美味，可以拍成《舌尖上的大宋》了。太守也觉得倍儿有面子。

撤席之后，厨娘整襟上前拜谢太守："此日试厨，幸中各意，后须照例支犒。"意思是请太守赏钱，说这是她们厨娘界的例规。太守叫人去检索照例赏赐的标准。厨娘说："这哪用得着检例？"从囊中掏出几幅纸片，说道："这是我以前在某官处主厨时所得的赏赐清单。"太守接过，见上面所记赏赐数目，通常都是二三百贯。

太守不愿意被别人比下来，只好破费赏了厨娘一大笔钱。过了两个月，太守找了个理由，将那厨娘送走了。私下里，太守跟朋友说，"吾辈力薄，此等厨娘不宜常用！"如此"高大上"的厨娘，若非大富大贵之家，哪里用得起。

宋朝这种顶级厨娘的手艺，我们今天是品尝不到了。不过，南宋吴中有一位吴姓厨娘，留下一本《吴氏中馈录》，里面记录了多种宋朝名菜的烹饪手法，我摘录几条，你要是有兴趣，不妨试做来吃，虽然比不上高标准的"羊头签"，但也绝不差于扬州炒饭：

【洗手蟹】用生蟹剁碎，以麻油先熬熟，冷，并草果、茴香、砂仁、花椒末，水姜、胡椒俱为末，再加葱、盐、醋，共十味入蟹内拌匀，即时可食。

【炉焙鸡】用鸡一只，水煮八分熟，剁作小块。锅内放油少许，烧热，放鸡在内略炒，以锭子或碗盖定，烧及热，醋、酒相半，入盐少许，烹之。候干，再烹。如此数次，候十分酥熟，取用。

【风干鱼】用青鱼、鲤鱼，破去肠胃，每斤用盐四五钱,腌七日,取起,洗净拭干。腮下切一刀,将川椒、茴香加炒盐擦入腮内并腹里，外以纸包裹，外用麻皮扎成一个，挂于当风之处。腹内入料多些，方妙。

宋

朝女性将自己裹得严严实实吗？

许多人都相信：大唐是一个开放的时代，所以女性的服装华丽、奔放、性感——这个印象大概来自《满城尽带黄金甲》《武媚娘传奇》之类的影视作品，而入宋之后，由于程朱理学的兴起，个人的自由受到束缚，女性的服饰风格开始变得拘谨、呆板。甚至还有人演绎说："宋朝服饰保守，穿着也较麻烦，层层叠叠，像包粽子似的把美丽的女人包裹起来。也许是宋朝人的思想太狭隘，生怕自己的老婆被别的居心不良的男人偷瞧了去，所以一改唐朝大胆前卫的作风，用服饰将女人包裹了起来。"

每当看到这样的说法，我就有点忍俊不禁。网友这么想当然也就罢了，一些研究者也持类似的看法，就很不应该了。

20 世纪 60 年代，荷兰汉学家高罗佩（对，就是那个写《大唐狄公案》的荷兰小说家）出版了一本《中国古代房内考》，里面比较了唐宋女性服饰的差异："值得注意的是，（唐朝）女子的脖子是裸露的，大部分胸部也常常裸露在外。尤其是舞女更是如此。……显然唐代的中国人并不反对袒露颈部和胸部。可是在宋代和宋以后，胸部和颈部都先是用衣衫的上缘遮盖起来，后是用内衣高而紧的领子遮盖起来。直到今天（指 20 世纪 60 年代），高领仍是中国女装的一个显著特点。"[1] 高罗佩毕竟是外国人，也许写作时未能接触到更多的宋代绘画，因而才得出宋代女性的"胸部和颈部都遮盖起来"的结论。

其实很多宋画都可以说明高罗佩之论未免有些目食耳视。

---

1 〔荷〕高罗佩：《中国古代房内考》，李零、郭晓惠、李晓晨、张进京译，上海人民出版社，1990。

"内衣外穿"在宋人中很常见

这几年我接触了一些宋代风俗画，图像史料上的宋朝女性装束，比文献记录更直观、更真切地向我们展示了宋代女子的服装审美风格。南宋刘松年的《茗园赌市图》（台北故宫博物院藏），画有一名提茶瓶市井女子，你看她的着装，内衣外穿，酥胸微露，哪里有半点裹得严严实实的样子？

有人或许要问了，做小生意的市井女子为了招徕顾客才穿得这么暴露吧？就如现在台湾的"槟榔西施"之类。那好，来看其他的宋画——南宋梁楷的《八高僧故事图卷》（上海博物馆藏）中，有一名汲水的女子，着装性感大方，可以看到她的红色内衣与半个丰满的胸脯。梁楷的另一幅作品《蚕织图卷》（黑龙江省博物馆藏），画中的普通家庭妇女，穿的也都是低胸的上装，露出贴身的内衣。

即便是宋人笔下的道姑，也不是"像包粽子似的"将自己的身体包起来。北宋何充《摹卢媚娘像》（美国弗利尔美术馆藏）上的道姑卢媚娘，身穿的是对襟低领道袍，里面的抹胸略略显露了出来。虽然卢媚娘是唐人，但宋人笔下的卢媚娘形象，透露的应该是宋代的道姑服装信息。还有，南宋张思恭《猴侍水星神图》（美国波士顿艺术博物馆藏）、北宋武宗元《朝元仙仗图卷》（美国私人藏）上的女神，分明也都是低胸装，显然在宋人的观念中，并不认为低胸装会亵渎了神仙。

而在引领女性审美潮流的宋朝上流社会，女子"内衣外穿"就更是时尚了。这一点可以从宋词中看出来。北宋诗人赵令畤有一首《蝶恋花》小词，描写了一位娇羞的贵家闺中少女："锦额重帘深几许。绣履弯弯，未省离朱户。强出娇羞都不语，绛绡频

刘松年《茗园赌市图》局部

上：梁楷《八高僧故事图卷》局部；下：梁楷《蚕织图卷》局部

左：何充《摹卢媚娘像》；右：张思恭《猴侍水星神图》

掩酥胸素，黛浅愁红妆淡伫。"请注意"绛绡频掩酥胸素"这一句，是说那位少女穿着素雅的丝质抹胸。

还有一位北宋诗人毛滂，听歌妓弹唱琵琶曲，也写了一首《蝶恋花》："闻说君家传窈窕。秀色天真，更夺丹青妙。细意端相都总好，春愁春媚生釐笑，琼玉胸前金凤小。"这句"琼玉胸前金凤小"，是说歌妓穿的抹胸绣着小小的金凤图案。

这些香艳小词描写的抹胸，就是宋朝女性的贴身内衣。宋人对抹胸极讲究，从出土的文物看，抹胸材质多为罗、绢、纱；从

武宗元《朝元仙仗图卷》局部

传世的宋代图像看，抹胸颜色多为鲜红、粉红、橙色；抹胸上面往往还绣有花朵、鸳鸯等装饰图案。北宋大理学家程颐的伯祖母有一件"珠子装抹胸，卖得十三千"[1]，值十三贯钱，相当于今天六七千元。内衣这么讲求美观，自然是为了在众人眼里显得大方得体、漂亮动人。诗人毛滂为什么能够知道弹琵琶的歌妓穿着绣了金凤图饰的内衣？无非因为，按宋朝社会的时尚，女子内衣是

---

1 程颢、程颐：《二程集·河南程氏文集》卷一二《家世旧事》。

可以露出来的。

南宋初诗人陈克也写诗描绘了一件绘有山水图画的抹胸："曹郎富天巧，发思绮纨间。规模宝月团，浅淡分眉山。丹青缀锦树，金碧罗烟鬟。炉峰香自涌，楚云杳难攀。"这件女性内衣出自当时的"服装设计师"曹中甫（诗中"曹郎"）之手，制作非常精美。值得注意的是，陈克此诗的题目《谢曹中甫惠著色山水抹胸》，以及诗的下半部分："我家老孟光，刻画非妖娴。绣凤褐颠倒，锦鲸弃榛菅。"原来，曹中甫做了一件抹胸，作为礼物送给陈克的妻子，陈克写诗致谢。可见宋人观念之豁达。

"抹胸 + 褙子"是宋人的典型装束

对宋朝女性来说，"抹胸 + 褙子"是最典型的装束。褙子，有时候也写成"背子"，为宋代最时兴的上衣款式，直领对襟，两腋开衩，衣裾短者及腰，长者过膝。宋朝女性习惯上身穿一件抹胸，外套上一件褙子，双襟自然垂下，不系带，不扣纽，任其敞开，因此，胸间内衣也略为外露。如果是胸部丰满的女性，自然会显露出诱人的"事业线"。

从宋朝风俗画所透露出来的信息来看，几乎所有社会阶层的宋朝女性都流行着"抹胸 + 褙子"的服装款式。我们看南宋萧照《中兴瑞应图》（保利艺术博物馆藏）上的宋廷嫔妃与宫女，都是上身着一件抹胸，外面套一件褙子，前襟敞开，颈部与上胸是敞露出来的。

南宋刘宗古的《瑶台步月图》（北京故宫博物院藏）、南宋末钱选的《招凉仕女图》（台北故宫博物院藏），画的都是宋朝的大家闺秀，上层社会的女性，她们的着装也是"抹胸 + 褙子"。

上：萧照《中兴瑞应图》局部；中：刘宗古《瑶台步月图》局部；下：钱选《招凉仕女图》

南宋《歌乐图卷》

　　出自南宋佚名画家之手的《歌乐图卷》（上海博物馆藏），描绘了一群宋朝宫廷乐伎正在彩排乐器演奏的情景，图中乐伎均着淡雅的抹胸，外套一件红色的褙子。还有一幅宋代无名氏的《杂剧人物图》（北京故宫博物院藏），画的是市井瓦舍中的女艺人，她们也是"抹胸＋褙子"的装束。

　　宋人佚名的《蕉荫击球图》（北京故宫博物院藏），画了一位年轻的母亲在庭院里陪孩子玩击球游戏，她身上穿的也是褙子。南宋画师李嵩绘有一幅《骷髅幻戏图》（北京故宫博物院藏），图中一位平民少妇正在哺乳，可以看出来，她的上装是一件低胸的抹胸，外面再套了一件敞开的褙子。

　　这些宋朝图像史料告诉我们，从皇家成员、宫女、大家闺秀，到宫廷乐伎、市井伶人、平民女性，几乎在所有的社会阶层中，都可以看到"抹胸＋褙子"的典型装束，"内衣外穿"的款式寻常可见。

　　即便不是"抹胸＋褙子",穿襦裙的宋朝女子也能恰到好处地展示性感。大家如果有兴趣,不妨去找找南宋李嵩的《观灯图》、《听阮图》(台北故宫博物院藏),以及宋人画《女孝经图卷》(北京故宫博物院藏),那画中的文艺女青年与宫中后妃,都穿着低领口的交领襦裙,略露胸膛,虽不及唐人奔放,却比唐人优雅。

　　文献的记载也证明了"抹胸＋褙子"在宋朝女性群体中的普及性。宋人自己是这么说的:宣和之季,京师中,"妇人便服不施衿纽,束身短制,谓之'不制衿'。始自宫掖,未几而通国皆服之"[1]。这种敞露内衣的"不制衿"款式,其实就是褙子,从北宋末至南宋,风行于天下,"通国皆服之"。

　　据《宋史·舆服志》载,乾道年间朝廷定后妃常服:"大袖

1　岳珂:《桯史》。

上：宋《杂剧人物图》；下：宋《蕉荫击球图》局部

上：李嵩《骷髅幻戏图》；下：南宋《女孝经图卷》局部

生色领，长裙，霞帔，玉坠子，背子，生色领，皆用绛色，盖与臣下无异。"《武林旧事》记录有宋朝公主出嫁时要准备的嫁妆："诣后殿西廊观看公主房奁：真珠九翟四凤冠，褕翟衣一副，真珠玉佩一副，金革带一条，玉龙冠，绶玉环，北珠冠花篦环，七宝冠花篦环，真珠大衣、背子，真珠翠领四时衣服。"这里面都有"背子"。

《东京梦华录》则载，宋朝的媒人分为数等，"上等戴盖头，着紫背子，说官亲宫院恩泽；中等戴冠子，黄包髻，背子，或只系裙，手把青凉伞儿，皆两人同行"。媒人的装束也是身穿褙子。《繁胜录》亦载，杭州的酒库请歌妓做广告，"选像生有颜色者三四十人，戴冠子花朵，着艳色衫子；稍年高者，都着红背子、特髻"。这里的"像生有颜色"是容貌漂亮的意思。为官营酒库做广告代言人的漂亮歌妓也是身着红色褙子。

褙子还是宋朝女性的礼服，南宋朱子立"家礼"，定"妇人（礼服）则假髻，大衣长裙。女在室者冠子、背子。众妾假髻、背子"[1]。换言之，一位宋朝女性穿着抹胸，套上一件微微敞开的褙子，是可以出来见客人的。在炎热的夏天，女性的褙子往往是半透明的薄纱罗，双肩、背部与小半个胸脯在朦胧的罗衫下隐约可见，更是性感迷人。

结合宋朝图像史料，我们可以发现，宋朝女子的身材不如唐人丰腴，多如当今的时装模特，以纤瘦为美；她们的服饰也不如唐人华丽夸饰，但绝对不是拘谨、呆板。以我观察宋画的感受，宋朝大家闺秀的衣着打扮，可谓素雅中透出小性感；市井女子的装束，质朴却不乏野性。按学者孟晖《中原女子服饰史稿》的考

1　朱熹：《朱子家礼》。

证，"内衣外穿，袒露颈、胸，实在是有宋一代的平常风气，虽然其裸露程度较之前代有所收敛"。显然在宋朝那个时代，人们并不觉得女子微露"事业线"是一件很羞耻的事。

余话

如此说来，所谓"宋朝服饰保守，穿着也较麻烦，层层叠叠，像包粽子似的把美丽的女人包裹起来"无疑便是无稽之谈了，也是不肯下考据功夫的想当然，是心中预设了一个"唐朝开放、宋朝保守"的立场，再推出宋人服饰风格"拘谨、呆板"的结论。

不过，若是说一个社会的开放度，可以从女子的服装体现出来，倒是有几分道理。宋朝女性服装的典雅、性感风格，恰恰便是宋代社会自由度与开放性较高的表现。

从某种意义上来说，不妨将中国历史上女性颈部至胸脯上半部的裸露程度，视为社会自由度的一个风向标。唐代宫廷女性的妆扮最为性感奔放，礼教对于宫廷女性的束缚也最为松懈，乃至皇室贵族盛行乱伦荒淫不德之风，朱熹对唐室风气便颇有微词："唐源流出于夷狄，故闺门失礼之事不以为异。"[1] 后人以"脏唐"相称，不全然是诬蔑之词。相比之下，我觉得宋朝女性的裸露程度才恰到好处，既展现出女性的性感，又不似唐人放浪。

入元之后，随着立领的兴起，女性的低领装束便开始越来越少见了。故宫南薰殿旧藏中有历朝帝后画像，我从中随机挑出宋、元、明、清皇后画像各一幅，放在一起略为比较，马上我们便可

---

1 《朱子语类》。

宋宁宗皇帝后

元仁宗皇帝后

南薰殿旧藏宋元明清皇帝后画像

太祖皇帝后

清顺治皇帝后

崔錯《李清照像》

以发现，宋朝皇后的礼服（翟衣）是低领的，元、明、清三朝的皇后礼服则为高领，将脖子包裹得严严实实。前引荷兰汉学家高罗佩的论断，如果用来形容宋代之后的女性服装风格，倒是准确的。

这大概也是宋代之后，礼教束缚与国家控制趋严、社会自由度与开放性降低的折射。风格拘谨的女性服装在清代最为常见，这个印象在我们观看清代仕女图时会觉得特别深刻。清人崔錯画有一幅《李清照像》（北京故宫博物院藏），画的虽为宋朝女性，但其服饰则是典型的清代高领对襟款式，整个人物形象看起来确实非常拘谨、呆板。但你如果以为宋朝那位"轻解罗裳，独上兰舟"的豪爽女诗人就是这样子，显然便张冠李戴了。

唐

宋人是怎么签写「离婚协议」的

女方的离婚权

《清明上河图》的诸多传世摹本中，都画有一个张择端版本未曾描绘的细节：迎亲情景。有时候，看着这热热闹闹的迎亲队伍，我却会想到一个大煞风景的问题：在宋朝，那些婚后感情不合的夫妇会怎么闹离婚呢？

一直以来，许多人都以为中国传统社会只有"七出""休妻"，而没有女方主诉的"离婚"。但实际上，古代也有离婚，叫作"和离"。从宋代的文献史料看，"和离"在宋人生活中并不是什么稀罕事，许多女性都主动提出离婚，这叫"求离""求去""求离婚"。

我印象最深刻的一宗宋朝离婚案，来自李廌《师友谈记》的记载："章元弼顷娶中表陈氏，甚端丽。元弼貌寝陋，嗜学。初，《眉山集》有雕本，元弼得之也，观忘寐。陈氏有言，遂求去，元弼出之。元弼每以此说为朋友言之，且曰，缘吾读《眉山集》而致也。"这个章元弼，是苏东坡的超级粉丝，对苏东坡的作品爱不释手，结果冷落了美丽的娇妻。本来章元弼就长得丑，已经让妻子陈氏很不满意，现在陈氏更受不了了，便提出了离婚。章元弼说起这件事，还沾沾自喜，经常跟朋友吹嘘说：你知道吗？因为我废寝忘食读苏先生的书，老婆才跟我离的婚。

宋代的法律是承认"和离"的。《宋刑统》："若夫妻不相安谐而和离者，不坐。"议曰："若夫妻不相安谐，谓彼此情不相得，两愿离者，不坐。"意思是说，夫妇若感情不和，可协议离婚，法律不予干预。

宋朝法律还对妇女主诉离婚的一部分权利明确提出保护，如规定"不逞之民娶妻，给取其财而亡，妻不能自给者，自今即许

辽宁省博物馆收藏的明代仇英版《清明上河图》上的迎亲情景

改适"¹，意即丈夫若没有能力赡养妻子，妻子有权利离婚。

又如，"在法：已成婚而移乡编管，其妻愿离者听"²，丈夫犯罪被强制遣送他乡，妻子也有权提出离婚。

"夫出外三年不归，听妻改嫁"³，丈夫离家三年未归，妻子也有权利离婚。

"诸令妻及子孙妇若女使为娼，并媒合与人奸者，虽未成，并离之"⁴，丈夫强迫妻子为娼，即使未成，妻子也有权离婚。

"被夫同居亲强奸，虽未成，而妻愿离者，亦听"⁵，妻子被夫

1　《续资治通鉴长编》卷八二。
2　《名公书判清明集》卷九。
3　《名公书判清明集》卷九。
4　《庆元条法事类》卷八〇。
5　《庆元条法事类》卷八〇。

家亲属性侵犯，有权利提出离婚。

实际上，一些宋朝女性还会因为丈夫"包二奶"、丈夫贫病而提起离婚诉讼，并得到法官的支持。如洪迈《夷坚志》讲述的这个故事：唐州有一个叫王八郎的富商，在外面包了个二奶，嫌弃结发妻子。妻子"执夫袂，走诣县，县听其离而中分其赀产。王欲取幼女，妻诉曰：'夫无状，弃妇嬖倡，此女若随之，必流落矣。'县宰义之，遂得女而出居于别村"。这位妻子拉着丈夫到公堂闹离婚，法官准离，并判妻子可分得一半家产，获得女儿的抚养权。

由于主动"求去"（其实就是"休夫"）的宋代女性很多，以致有宋人感慨说："今尔百姓婚姻之际，多不详审。闺闱之间，恩义甚薄。男夫之家，视娶妻如买鸡豚；为妇人者，视夫家如过传舍。偶然而合，忽尔而离，淫奔诱略之风，久而愈炽，诚可哀也！"[1]

但宋朝夫妇的离婚细节，文献并无详述。幸亏，我们有敦煌文书。自 1900 年以来，敦煌藏经洞发现了超过四万件的文献资料，其中最具史料价值的便是榜文、判辞、公验、告身、籍帐、契券、书牍、社司转帖等官私文书（以中唐至宋初为主），那可是研究唐宋时期土地制度、赋税、军政、社会契约、民间结社、家庭生活的第一手材料。

敦煌的"放妻书"

在出土的敦煌官私文书中，有十几件唐宋时期的"放妻书"，

1　应俊：《琴堂谕俗编》。

亦即俗话所说的"休书"，换成现在的说法，就是"离婚协议书"
了。今天阅读这些"放妻书"，你会感觉到一对对唐宋夫妻从纸
上活了过来，就在你眼前商议如何好聚好散。

第一道"放妻书"：

　　某专甲谨立放妻手书
　　　　盖说夫妇之缘，恩深义重，论谈共被之因，结誓
　　幽远。凡为夫妇之因，前世三年结缘，始配今生夫妇；
　　若结缘不合，比是怨家，故来相对。妻则一言十口，
　　夫则反木（目）生嫌，似猫鼠相憎，如狼犬一处。既
　　以二心不同，难归一意，快会及诸亲，各还本道。愿
　　妻娘子相离之后，重梳蝉鬓，美扫娥眉，巧逞窈窕之
　　姿，选聘高官之主。解怨释结，更莫相憎。一别两宽，
　　各生欢喜。于时年月日谨立除书。

这对夫妇结婚之后，才发现彼此不相安谐，妻子成天唠叨（"一
言十口"），丈夫则渐生嫌弃之心，"似猫鼠相憎，如狼犬一处"，
于是请来双方亲友，协商离婚事宜。

第二道"放妻书"：

　　夫妻相别书一道
　　　　盖闻人生一世，夫妻语让为先。世代修因，见存
　　眷属。夫取妻意，妻取夫言。孝敬二亲，事奉郎姑叔伯，
　　新妇便得孝名，日日即见快欢。今则夫妇无良，便作
　　五（忤）逆之意，不敬翁嫁（家），不敬夫主，不事六
　　亲眷属，污辱泉门，连累兄弟父母，前世修因不全，

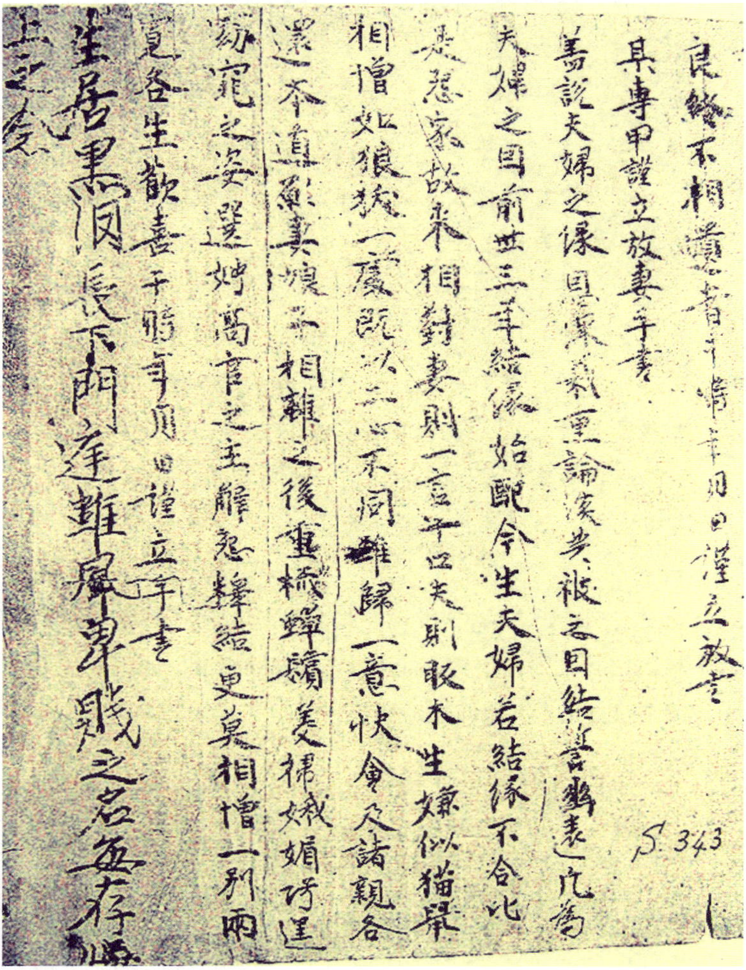

某专甲谨立放妻手书

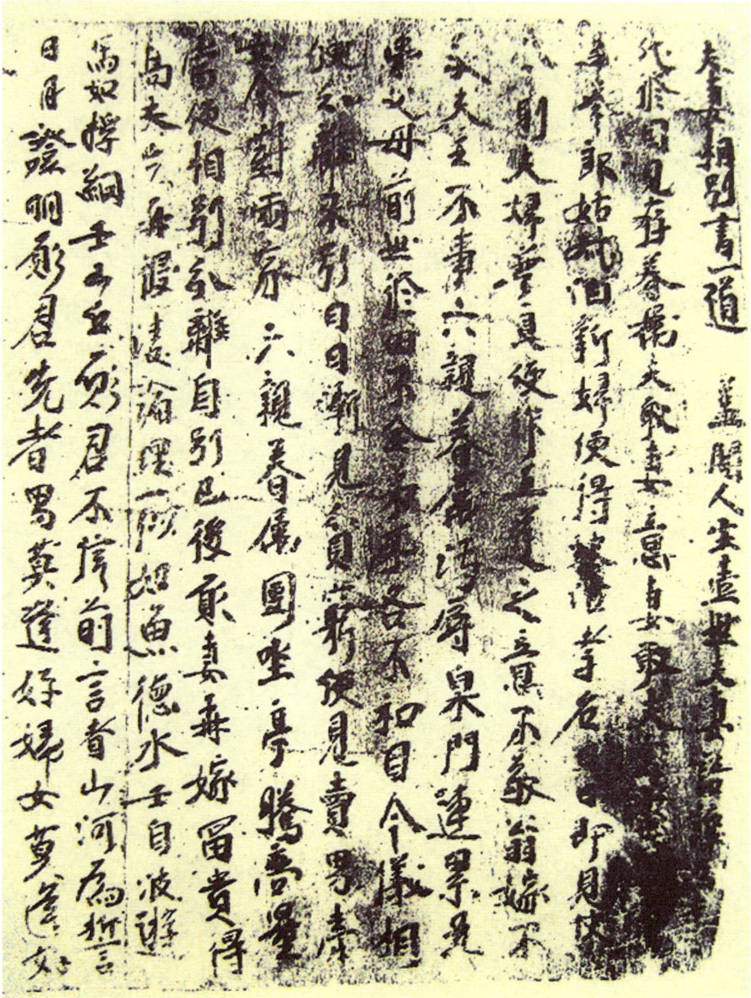

夫妻相別書一道　　蓋說人生一世……

……既見夫妻養媳夫歌婦……意自……

……則夫婦聚郭姑叔酒新婦便得……耳……

……夫主不事六親眷屬……辱碎門連累……

……夫主前世三生結緣……各……和目今……相……

……前世不結良緣……見責罵……

……大劉酒家六親眷屬團坐亭騰……

……自使相別……後貪妻賣婦……得……

……自別目目漸見……如魚德水……波遊……

……島夫□□□□……

……為姑捍掤壬□……君不憶前言者山河為誓言

……日日證明……君先者罵詈遵好婦女當……

弟互各不和目（睦）。今仪（议）相便分离。不别日日渐见贫穷，便见卖男牵女。今对两家六亲眷属，团坐亭藤商量，当便相别分离。自别已后，愿妻再嫁，富贵得高，夫主不再侵凌论理，一似如鱼得水，任自波游；马如捋纲壬（任）山丘。愿君不信前言者，山河为誓，日月证明。愿君先者，男莫逢好妇，女莫逢好夫。

这一对夫妻之所以离婚，似乎是因为妻子不怎么贤惠，"不敬翁家，不敬夫主"。不过"放妻书"的措词相当委婉，称是"夫妇无良"，表示双方都有责任。但夫妻分手之意显然已非常决绝，虽然丈夫做出了"愿妻再嫁，富贵得高，夫主不再侵凌论理"的祝福，文书最后却又写下咒誓：谁违背了承诺，谁就找不到好归宿，"男莫逢好妇，女莫逢好夫"。

第三道"放妻书"：

盖闻夫妇之礼，是宿世之因。累劫共修，今得缘会。一从结契，要尽百年。如水如鱼，同欢终日。生男满十，并受公卿。生女柔容温和，内外六亲欢美，远近似父子之恩，九族邕怡，四时如不曾更改。奉上有谦恭之道，恤下无当无偏。家饶不尽之财，妯里（娌）称长延之喜。何乃结为夫妇，不悦数年，六亲聚而咸怨，邻里见而含恨。酥乳之合，尚恐异流，猫鼠同窠，安能得久。二人意隔，大小不安。更若连流，家业破散，颠铛损却，致见宿活不残。擎螯筑瓮，便招困弊之苦。男饥耕种，衣结百穿。女寒绩麻，怨心在内。夫若举口，妇便生嗔。妇欲发言，夫则拾棒。相憎终日，甚时得见。饭饱衣全，意隔累年，五亲何得团会。干沙握合，永无此期。羊虎同群，安能见久，两个同心，一向陈话美词。心不和合，当头取办。夫觅上封，千世同欢。妇娉毫宋，鸳鸯为伴。所要活业，任意分将。奴婢驱驰，几□不勒。两供取稳，各自分离。更无□期，一言致定。今诸两家父母、六亲眷属，故勒手书，千万永别。忽悠不照验约，倚巷曲街，点眼弄眉，思寻旧事，便招解脱之罪。为留后凭，谨立。（□指缺字。下同）

这份"放妻书"值得留意的地方，是提到了夫妻财产分割："所要活业，任意分将。奴婢驱驰，几□不勒。两供取稳，各自分离。"看来唐宋时夫妻协议离婚，女方是有权利分割夫妻共同财产的。男方的表现也显得比较慷慨，"任意分将"，想要哪部分财产，您尽管带走。

第四道"放妻书"：

盖况伉俪情深，夫妇语义重，幽怀合卺之欢，念同牢之乐。夫妻相对，恰似鸳鸯，双飞并膝，花颜共坐，两德之美，恩爱极重，二体一心。生同床枕于寝间，死同棺椁于坟下，三载结缘，则夫妇相和。三年有怨，则来仇隙。今已不和，想是前世怨家。贩目生怨，作为后代增嫉，缘业不遂，见此分离。聚会二亲，以求一别，所有物色书之。相隔之后，更选重官双职之夫，弄影庭前，美逞琴瑟合韵之态。械（解）恐（怨）舍结，更莫相谈，千万永辞，布施欢喜。三年衣粮，便献柔仪。伏愿娘子千秋万岁。

×乡百姓×甲放妻书

时×年×月×日×乡百姓×甲放妻书一道

这小夫妻婚后三年，因感情不和、性格不合，遂友好分手。请注意他们的离婚协议书提到丈夫对妻子的经济补偿："三年衣粮，便献柔仪"，即离婚后，丈夫一次性向妻子支付三年赡养费。

第五道"放妻书"：

（前缺）从结契，要尽百年，如水如鱼，同欢□□。生男满十，并受公卿，生女柔容温和，内外六亲环美，远近似父子之情，九族邕怡，四时而不曾更改。奉上有谦恭之道，恤下无党无□。家饶不尽之财，妯妇称延长之庆。何乃结为夫妻，六亲聚而成怨，九族见而含恨。酥乳之合，上（尚）恐异流，猫鼠同窠，安能见久。今对六亲，各自取意，更不许言夫说妇。今妇一别，更选重官双职之夫，随情窈窕（窕），美奂（齐）音乐，琴瑟合韵。伏愿郎娘子千秋万岁，布施欢喜。三年衣粮，便献柔仪。

宰　报云
于时开宝十年丁丑岁放妻

这是手抄于北宋"开宝十年"（即 977 年。时太宗登基，已经改元"太平兴国"。但敦煌与开封相隔遥远，改元的消息应该尚未传来，所以还沿用"开宝"年号）的一份"放妻书"。措词跟前引文书大同小异，想来唐宋时期流行的"放妻书"应该是一种"格式合同"，有多个版本，供协议离婚的人挑出合适版本，手抄下来，署名盖印，作为解除婚姻的法律凭证。

第六道"放妻书"：

放妻书一道

盖闻夫天妇地，结因于三世之中。男阴（阳）女阳（阴），纳婚于六礼之下。理贵恩义深极，贪爱因性浓。生前相守抱白头，死后要同于黄土。何期二情称怨，互角憎多，无秦晋之同欢，有参辰之别恨。偿了赤索，非系树荫，莫同宿世怨家，今相遇会，只是二要互敌，不肯聚遂。家资须却少多，家活渐渐存活不得。今亲姻村老等，与妻阿孟对众平论，判分离，别遣夫主富盈讫，自后夫则任娶贤失，同牢延不死之龙；妻则再嫁良媒，合卺契长生之奉。虑却后忘有搅扰，贤圣证之，但于万劫千生，常处□□之趣。恐后无信，勒此文凭。略述尔由，用为验约。

这是一位叫作"阿孟"的妻子与丈夫"富盈"的离婚协议书。细心的学者已经注意到，这份"放妻书"实际上是"放夫书"，从"今亲姻村巷等，与妻阿孟对众平论，判分离，别遣夫主富盈讫"的陈述便可以看出，是妻子阿孟邀请了姻亲、邻居前来主持公道，见证夫妻离婚，将丈夫富盈"扫地出门"。

时代文明的体现

相信你已经看出来，这些唐宋时代的"放妻书"尽管内容各异、版本不尽相同，但在语言与格式上却具有鲜明的共同特点：文词都非常优雅、含蓄，有一种"文青"的味道，虽然抄写的人常常写了错别字，或因漏字、误抄而显得文辞不通。

就文书格式而言，所有"放妻书"的开头，都会以"我们听说"（盖闻）的语气，深情款款地讲述离婚人对于婚姻的理解："夫妇之缘，恩深义重""世代修因，见存眷属""夫妇义重，如手足似乎难分""一从结契，要尽百年""恩爱极重，二体一心"，云云，感人至深。

随后笔锋一转，开始"吐槽"实际生活中夫妻之不相得："然则夫妇相对，今则两自不和""似猫鼠相憎，如狼犬一处""何乃结为夫妇，不悦数年，六亲聚而咸怨，邻里见而含恨"。

但是，唐宋人似乎不会指责这是对方单方面的过错，而是归因于夫妻缘份已尽："若结缘不合，比是怨家，故来相对。"丈夫、妻子都没有错，错的是这段婚姻本身。因此，他们协议结束这段错误的婚姻："聚会二亲，以求一别""一别两宽，各生欢喜"。

最后，就如"君子交绝，不出恶声"，夫妻诀别，也互道珍重，互赠祝福。前夫祝愿"娘子相离之后，重梳蝉鬓，美扫娥眉，巧逞窈窕之姿，选聘高官之主"；前妻则祝愿丈夫"任娶贤失，同牢延不死之龙"，希望双方今后都找到合适的另一半。从这个细节也可想见，唐宋女性离异、再嫁，并不受任何歧视。

看这些"放妻书"，我们可以确知：唐宋时代，一对夫妻不管在实际生活中多么难以相处，但他们达成离婚共识之后，在书写离婚协议的时候，却都表现出谦谦君子与窈窕淑女所应有的礼节、教养。我觉得这便是文明的体现。只有一个文明的时代，男女离婚才会表现得如此文质彬彬、彬彬有礼。

其实，宋人聘亲的婚书也是写得非常优雅、优美，元代《翰墨全书》收录的一份宋朝婚书男家定帖是这么写的："亲家某人，许以第几院小娘与某男议亲，言念蠲豆笾之荐，聿修宗事之严，躬井臼之劳，尚赖素风之旧。既令龟而叶吉，将奠雁以告虔。敬致微诚，愿闻嘉命。伏惟台慈，特赐鉴察。"

女家定帖则这么回复："亲家某人，以第几令郎与某女缔亲，言念立冰既兆，适谐凤吉之占；种玉未成，先拜鱼笺之宠，虽若太简，不替初心。自愧家贫，莫办帐幄之具；敢祈终惠，少加筐篚之资。谅惟台慈，特赐鉴察。"结亲双方都措辞谦逊，用字典雅。

南宋人陈元靓的《事林广记》也收录有宋代婚书格式。只是宋刻版本已佚失，我们现在看到的《事林广记》，是元明刻本。

元朝人的婚书，开始摒弃文绉绉的修辞。《元典章》要求，"凡婚书不能用彝语虚文，须要明写聘财礼物。婚主并媒人各各画字，女家回书亦写受到聘数目，嫁主并媒人亦画字。仍将两下婚书背面大书合同字样，分付各家手执。如有词语朦胧，别无各各画字、合同字样，争告到官，即同假伪"。大概元人认为，婚书不需要虚文，关键是要写明聘财数目，结亲双方、保亲、媒人分别签字，以免日后发生悔婚及财产分割的纠纷。

我们看元人的婚书，也确实写得很实在。来看《新编事文类要启札青钱》收录的元代纳聘书格式："某州某县某处姓某，今凭某人为媒，某人保亲，以某长男名某，见年几岁，与某处某人第几令爱，名某姐，见年几岁，缔亲，备到纳聘财礼若干。自聘定后，择日成亲，所愿夫妻偕老，琴瑟和谐，今立婚书为用者。"

女方的回聘书式则是："具乡贯姓某，今凭某人为媒，某人保亲，以某第几女名某姐，见年几岁，与某处某人长男名某，见年几岁，结亲，领讫财礼若干。自受聘后，一任择日成亲，所愿夫妻保守□续繁昌，今立婚书为用者。"

从某个角度来说，元人的婚书更具"现代性"，体现了将婚

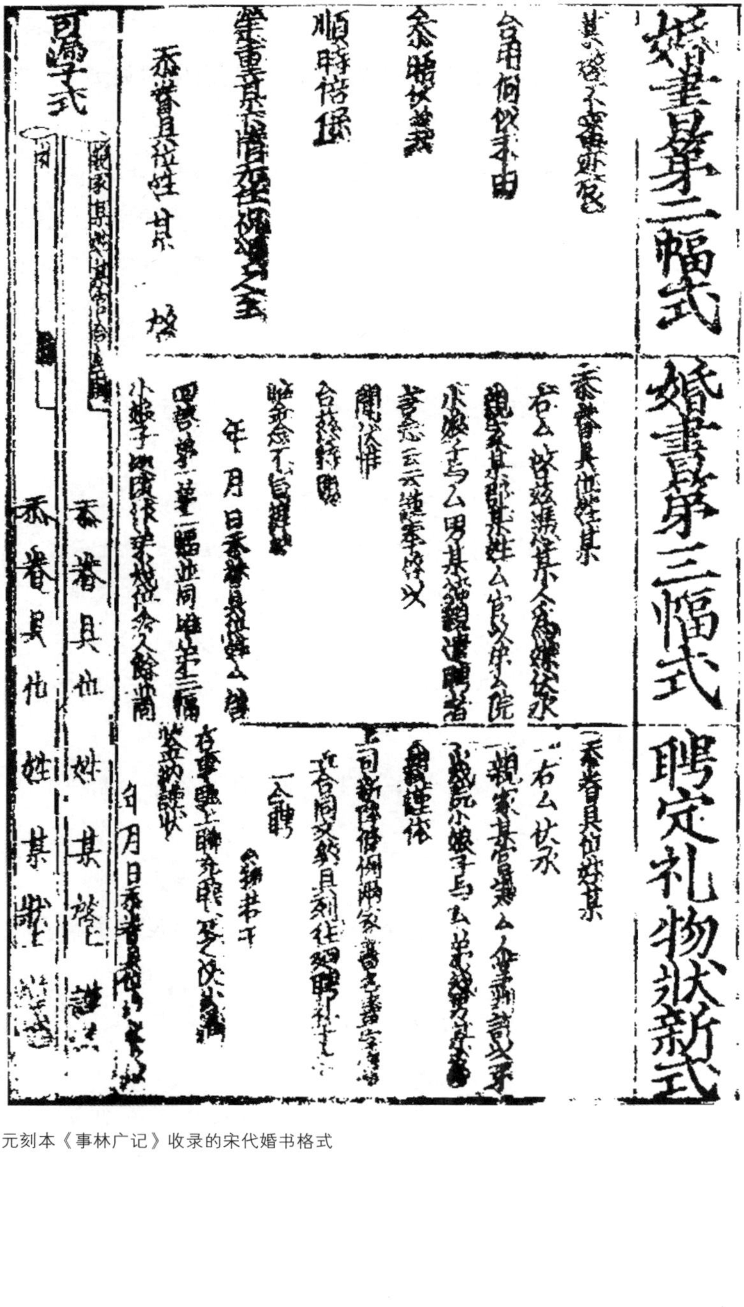

婚書第二幅式

婚書第三幅式

聘定礼物狀新式

元刻本《事林广记》收录的宋代婚书格式

书当成民事合同的趋势。然而，换一个角度来看，这何尝不是粗鄙化的表现。

说回"放妻书"。如果我们将敦煌出土的唐宋"放妻书"与后世的"休书"放在一起做对比，也会真切感受到：时代不同了，文明失落了，离婚文书的风格也发生了巨大的嬗变。

台湾学者编辑的《台湾私法人事编》收录有多份清代台湾社会的离婚协议书，我选摘了其中一份"离缘字"；辽宁省档案馆也收藏有一件民国时期的休书，我也抄录下来，供诸位看官跟唐宋"放妻书"略做比较：

辽宁省档案馆藏休书：

> 立永绝休书。李海山，有妻姜氏，年二十五岁。因不孝翁姑，不睦宗族，败坏门风。夫妻反目，惩戒不悛。屡经劝导，毫无度日之心。故夫妻情乖。同亲族议定，决意休黜，永远离决。自休之后，任嫁张李，与李海山毫不相干。自此离婚后，永断葛藤。倘有悔心或亲族狡辗，有离婚书为凭。
>
> 　　　　叔父：李风歧（手指印：左手食指斗）
> 　　　　　　　　　　舅父：赵延禄
> 　　　　　　　　　　遇字人：东　山
> 壬子年三月初六日　立休书李海山（手指印：左全手其）

《台湾私法人事编》收录的"离缘字"：

> 立离缘字人陈九五，前年曾娶过李四之女为妻，名唤阿叶，今年二十三岁。当日凭媒面议，聘金贰百

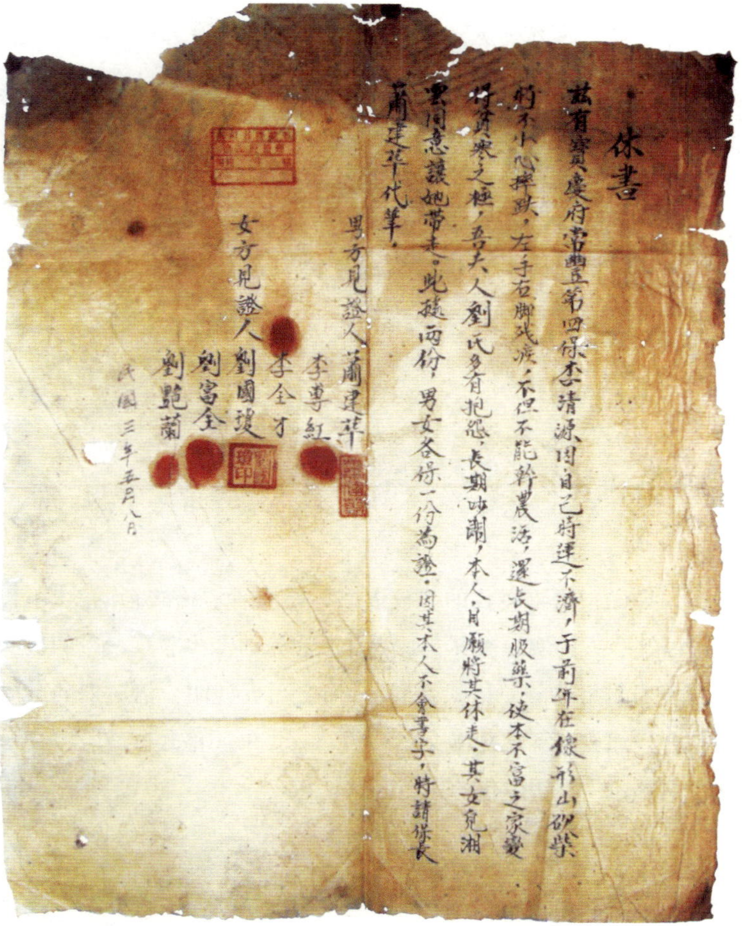

休書

茲有寧夏、慶府宣鮑五第四保李靖源，同自己將運不濟，于前年在銀邗山砍柴失手石腳或疾，不但不能幹農活，還長期服藥，使本不富之家愈失貧窮之極，吾夫人劉氏多有抱怨，長期吵鬧，本人肖願將其休走，其女竟湘黑間意讓地帶走。此據兩份，男女各得一份為憑。因其夫人不會寫字，特請保長蕭建華代筆。

男方見證人　蕭建華
女方見證人　劉國琪
　　　　　　李尊紅
　　　　　　李全才
　　　　　　劉富全
　　　　　　劉艷蘭

民國三年五月八日

民国初期的一份休书

大元正，交收足讫。兹因违逆翁姑，时闻交谪之声，更复不能安贫，常出怨尤之念，律以妇人四德，实有可出之条，虽欲忍以安之，奈生成若性，留亦无益。故不得已再托冰人，向外家李四重议废亲，聘金愿折其半，妆奁则听其取去，凡吾家所有之物，虽丝毫毋得干犯。此系父母之命，抑亦与吾缘绝，即日收回聘金，彼妇听媒率去，任凭别嫁，一出千休，情根永断。口恐无凭，即立离缘字壹纸，付执为照。

即日，九五同媒亲收过字内聘金银壹百大元正足讫，照。

道光二十三年十一月　日　代书人　张金生

为媒人　黄水池

知见人　陈火木

立离缘字人　陈九五

如果说，唐宋时代的"放妻书"是一种"格式合同"，不代表离婚签字人的实际教养，那为什么唐宋时至少敦煌一带的民间能够普遍采用这一"格式合同"，而之后元、明、清时期的政府与社会，却放弃了这种温文尔雅的"放妻书"格式？我觉得还是社会粗鄙化、文明退化的原因。

宋

人爱谈十二星座

十二星座入中国

我身边有许多年轻的朋友、同事，平日坐下来聊天时，特喜欢聊十二星座，用十二星座给你分析性格、预测运程。几乎没有一个年轻人会谈十二生肖，尽管在传统的相书中十二生肖也是算课之一。仿佛谈十二生肖太 low，而谈十二星座则显得很时髦、洋气、现代。但其实，十二星座的话题并不洋气，也不现代。为什么？因为 1000 年前的宋朝人，已经跟你一样在谈论十二星座的运程了。只不过那时候不叫十二星座，叫"十二星宫"。

十二星座最早来自古巴比伦的天文记录。古巴比伦的天文学家将黄道十二等分，分割成十二个星宫，并记录在一部叫作《当天神和恩利勒神》的泥板书上。随后"黄道十二宫"传入古希腊，再从古希腊传到天竺（印度），被天竺僧人吸纳进佛经中。大约在隋朝时候，"黄道十二宫"随着佛经传入了中国。

将十二星宫带到中国的天竺僧人叫那连提耶舍。隋朝开皇初年，他从印度带来一批梵文佛经，并着手翻译成中文，其中有一部叫《天乘大方等日藏经》，里面便提到十二星宫："是九月时，射神主当；十月时，磨竭之神主当其月；十一月，水器之神主当其月；十二月，天鱼之神主当其月；正月时，特羊之神主当其月；二月时，特牛之神主当其月；是三月时，双鸟之神主当其月；四月时，蟹神主当其月；此五月时，狮子之神主当其月；此六月时，天女之神主当其月；是七月时，秤量之神主当其月，八月时蝎神主当其月。"

可以看出来，隋朝时候十二星宫的排序跟现在的十二星座是一样的，名字也大同小异，如双鱼座写成"天鱼"，白羊座写成"特羊"，金牛座写成"特牛"，双子座写成"双鸟"，处女座写成"天女",摩羯座则写成了"磨竭",这应该是因为当时译名尚未统一,所以有时候又写成"磨蝎""磨碣"。

佛经中的十二星宫学说很快又被中国本土的道教吸收,《道藏》中也有黄道十二宫的记载,并跟中国传统历法中的"地支"与"十二次"对应起来:"子名玄枵,又曰宝瓶(水瓶);亥名娵訾,又曰双鱼;戌名降娄,又曰白羊;酉名大梁,又曰金牛;申名实沉,又曰阴阳(双子);未名鹑首,又曰巨蟹;午名鹑火,又曰狮子;巳名鹑尾,又曰双女(处女);辰名寿星,又曰天秤;卯名大火,又曰天蝎;寅名析木,又曰人马(射手);丑名星纪,又曰磨蝎(摩羯)。"

到宋代时,十二星宫的说法已经广为流布,图像史料、文献记载与出土文物都可以证明宋朝的民间社会已广泛知道十二星宫。

有一部刊刻于北宋开宝五年(972)的《炽盛光佛顶大威德销灾吉祥陀罗尼经》(现藏于日本奈良寺院),卷首图就是一幅环状的十二星座,如果从正下方的宝瓶座算起,按逆时针方向,依次为双鱼、白羊、金牛、双子、巨蟹、处女、天蝎、天秤、射手、摩羯。可能因为刻经的工匠粗心大意,漏掉了狮子座,天蝎座与天秤座的顺序也出现错位。

日本京都教王护国寺收藏有一幅佛教占星图像《火罗图》,绘于天皇永和二年,即南宋乾道二年(1166),是一张根据中国佛经原版仿制的摹本,图上也绘出了十二星宫图案,以十二星宫代表十二个月份:一月鱼宫(双鱼),二月羊宫(白羊),三月牛宫(金牛),四月夫妻宫(双子),五月蟹宫(巨蟹),六月狮子宫,七月双女宫(处女),八月平宫(天秤),九月蝎宫(天蝎),十月弓宫(射手),十一月摩羯宫,十二月宝瓶宫(水瓶)。

人们还在苏州的宋代瑞光寺遗址发现了一份北宋景德二年

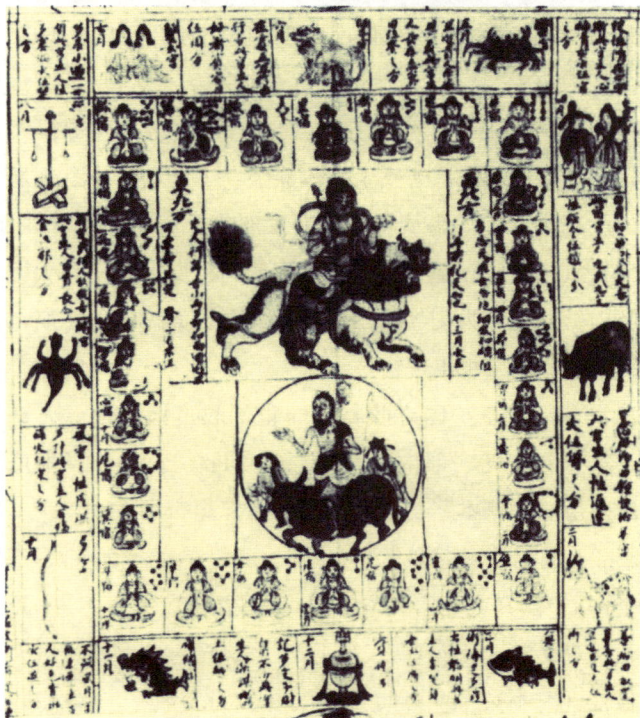

上：《炽盛光佛顶大威德销灾吉祥陀罗尼经》卷首图；下：日本京都教王护国寺所藏《火罗图》

（1005）刊刻的《大隋求陀罗尼经》（苏州博物馆藏），上面也画了一幅环状的十二星宫图，图案非常清楚，跟我们今天看到的十二星座形象几乎没有差异，天秤宫的图案还是西式的天平，而不是中国传统的杆秤。唯摩羯宫画成龙首鱼身的有翅怪物，与今天常见的羊首鱼身图有别。

出土的宣化辽墓（墓主张世卿卒于辽国天庆六年，即1116年）壁画也有一幅十二星宫图，按顺时针方向，依次为白羊宫、金牛宫、双子宫、巨蟹宫、狮子宫、处女宫、天秤宫、天蝎宫、射手宫、摩羯宫、宝瓶宫、双鱼宫。除了金牛宫图案被盗洞破坏，其余十一宫的图案都保留完整。

敦煌莫高窟第61窟的甬道南北壁上，也分别绘有大约是西夏时期留下来的炽盛光佛图，图中炽盛光佛坐于车上，周围簇拥九曜星神、二十八宿与黄道十二星宫。只是因为年代久远，有些星宫图已风化剥落，但天蝎、巨蟹、金牛、摩羯、双鱼、天秤等星宫图还清晰可辨。

在河北邢台的开元古寺，今天还可以看到一座铸于金代的大铁钟，铁钟上也铭刻有十二星宫。其中天秤宫的图案变成了中国传统的杆秤；双子宫被刻成日月图案，这是因为中国人又将双子宫写成"阴阳宫"，一些工匠便用日月图案来表示阴阳；摩羯宫则被当时的工匠刻成石碑图形，大概因为"摩羯"又写成"磨碣"，金代的工匠便将"磨碣"想象成了碑碣。

在宋人的著作中，十二星宫的说法也不鲜见。如北宋人傅肱写了一本《蟹谱》，收集了一堆跟螃蟹有关的典故，其中说到，"十二星宫有巨蟹焉"。又如南宋人陈元靓写了一部家居日用百科全书《事林广记》，在天文类中提到一张《十二宫分野所属图》，将十二星宫与中国十二州相搭配：宝瓶配青州，摩羯配扬州，射

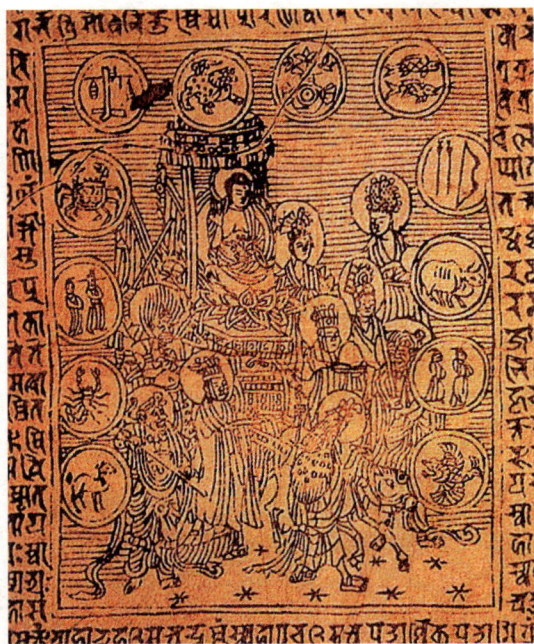

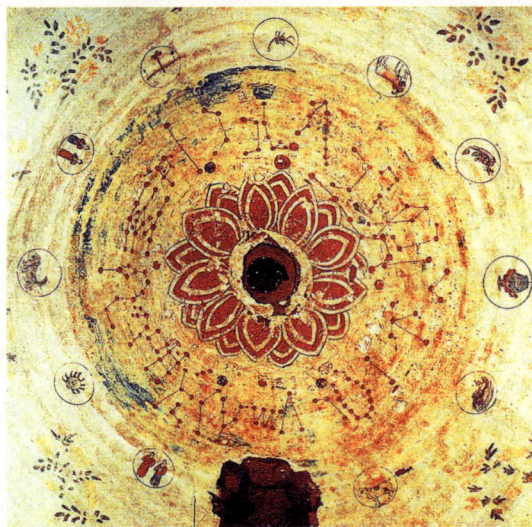

上：《大隋求陀罗尼经》十二星宫图；下：宣化辽墓壁画中的十二星宫图

上：敦煌莫高窟第 61 窟的炽盛光佛图；中：莫高窟第 61 窟炽盛光佛图中的星宫图
下：开元古寺金代铁钟上的十二星宫图。图片来自马伯庸先生的微博

手配幽州，天蝎配豫州，天秤配兖州，处女配荆州，狮子配洛州，巨蟹配雍州，双子配益州，金牛配冀州，白羊配徐州，双鱼配并州。文人就爱玩这种文字游戏，南宋末诗人陈恕可填过一首咏螃蟹的《桂枝香》小词，中有"秦星夜映，楚霜秋足"之句，这里的秦即为秦地雍州，借指螃蟹。

可以想象，宋朝文人在聊天时肯定会谈论十二星座，以显摆自己的学问。你要是没点十二星宫的知识，穿越到宋朝，碰上宋人雅集，持蟹把酒，大谈"秦地""雍州"，你还真会感到莫名其妙、不知所云。

可怜的摩羯座

当然，跟今天的小资一样，当宋朝人说起十二星座时，更多时候是用十二星座来推算命格与运程。成书于北宋庆历年间的军事著作《武经总要》就运用十二星宫"推步占验，行之军中"，如撰写者相信，"夏至，五月中，后六日入巨蟹宫，其神小吉"。

宋人朱翌在他的《猗觉寮杂记》记载说："星辰家以十二宫看人命，不知所本，然其来久矣。"宋代流行一种相术，叫作"占五星"，即应用到十二星宫的知识。成书于南宋的《灵宝领教济度金书》称："欲课五星者，宜先识十二宫分名及所属。寅为人马宫，亥为双鱼，属木；子为宝瓶，丑为磨羯，属土；卯为天蝎，戌为白羊，属火；辰为天秤，酉为金牛，属金；巳为双女，酉为阴阳，属水；午为狮子，属日；未为巨蟹，属月。"

苏东坡苏大学士学问庞杂，对十二星座也是颇有研究。他曾不止一次发感慨：我与唐朝的韩愈都是摩羯座，同病相怜，命格不好，注定一生多谤誉。（苏轼《东坡志林·命分》："退之[即韩愈]

诗云：我生之辰，月宿直斗。乃知退之磨蝎为身宫，而仆乃以磨蝎为命，平生多得谤誉，殆是同病也！"）

原来韩愈写过一首《三星行》诗："我生之辰，月宿南斗。牛奋其角，箕张其口。牛不见服箱，斗不挹酒浆。箕独有神灵，无时停簸扬。"意思是说，我出生之时，恰值月在斗宿，牵牛星耸动其角，箕星大张其口。不见牵牛星拉豪车，不见斗宿装美酒，唯有箕宿独显神灵，致使自己颠簸一生。按唐宋时的占星学，二十八宿的斗宿正好对应黄道十二宫的摩羯宫，月亮所在的星宫为"身宫"（相当于月亮星座），可知韩愈的身宫正是摩羯。苏轼读了韩氏《三星行》诗后，念及自己的生辰年月与半生命运，不禁心有戚戚焉。

苏轼出生于北宋景祐三年十二月十九日，用万年历回溯，可知他的阳历生日为 1037 年 1 月 8 日，太阳恰好在摩羯宫，此时出生的人"命宫"（相当于太阳星座）即为摩羯。我们今天所说的某人星座属摩羯座，意指出生当天的太阳位置就在摩羯座上——苏大学士确实是摩羯座无疑，而韩愈则是"月亮摩羯"。

这里插播一句：摩羯座的"摩羯"，其实有两种形象，一种是我们今天所看到的"羊身鱼尾"怪物（Capricornus），相传是古希腊神话中牧神潘恩的化身；另一种是印度神话中的河神，传说是长着长鼻、利齿、鱼身的动物（Makara）。"摩羯"随着佛教进入中国的时间，比十二星宫的传入还要早得多。南北朝的《洛阳伽蓝记》已有关于"摩羯"的记载："河西岸有如来作摩竭大鱼，从河而出，十二年中以肉济人处，起塔为记，石上犹有鱼鳞纹。"之后十二星宫才传入中国，中国人描绘的摩羯宫图案，来自印度的 Makara，是一只"龙首鱼身"的怪物，跟西方的"羊身鱼尾"摩羯座图案有很大差异。

据说东晋顾恺之的《洛神赋图卷》便绘有摩羯的形象。不过
《洛神赋图卷》原作已失传，传世的《洛神赋图卷》多为宋人摹本。
从辽宁省博物馆藏的宋摹本《洛神赋图卷》来看，摩羯的长相是
比较狰狞的。

到了唐宋时期，摩羯造型已经完全中国化，跟中国传统吉祥
动物鱼、龙的形象相融合，常常被描绘成很萌的龙鱼状，并且作
为装饰性图纹广泛画到瓷器、铜器、漆器上，许多瓷器、玉器、
金银饰品还制成摩羯的形状。这当然是因为摩羯已被唐宋人赋予
了吉祥的涵义。以摩羯为造型或图纹的唐宋文物，在博物馆中比
较常见：辽宁省博物馆收藏有宋代耀州窑青瓷摩羯形水盂，四川
博物院也收藏了一件南宋铜摩羯笔架，陕西历史博物馆藏有一件
唐代的摩羯戏珠纹金花银盘。

有意思的是，尽管摩羯已经成了吉祥物，但"摩羯座"在宋
朝却是最不受待见的星宫——宋人很爱"黑"摩羯座，正如今人
特别爱黑处女座（弄得我这个处女座非常不爽）。话说苏轼的朋
友马梦得也是摩羯座，苏大学士便故意嘲弄他（同时也是自嘲）：
"马梦得与仆同岁月生，少仆八日，是岁生者，无富贵人，而仆
与梦得为穷之冠；即吾二人而观之，当推梦得为首。"[1] 取笑马梦
得的命理比他还要倒霉。

许多摩羯座的宋朝人还写诗或在致友人书中自嘲星宫不如
意，如南宋人方大琮写信给朋友说："惟磨蝎所莅之宫，有子卯
相刑之说，昌黎值之而掇谤，坡老遇此以招谗。而况晚生，敢攀

1　苏轼：《东坡志林》。

宋摹本《洛神赋图卷》中的龙首鱼身怪物即为"摩羯"

前哲？"[1]生活于南宋理宗朝的牟巘也在致友人的书信上自黑："生磨蝎之宫，人皆怜于奇分。"[2]差不多同时代的于石亦写诗自我解嘲："顾予命亦坐磨蝎，碌碌浪随二公后。"（二公指韩愈与苏轼）

　　当过宰相的南宋人周必大也在一首赠友人的诗中说："亦知磨蝎直身宫，懒访星官与历翁。"周必大一直以为自己的身宫是摩羯，但研究星座的学者却考据出，周必大生于靖康元年七月十五日巳时，阳历为1126年8月5日，其时月亮落在宝瓶座，差几天才是摩羯座，所以周必大的身宫其实是宝瓶，并不是摩

1　方大琮：《与王正字书》。转引自韦兵《黄道十二宫与星命术：文人和他们的摩羯宫》，《文史知识》2015年第3期。
2　牟巘：《回安抚洪尚书启》。

上：宋代耀州窑青瓷摩羯形水盂；下：南宋铜摩羯笔架

唐代摩羯戏珠纹金花银盘

羯。[1]但宋朝人"黑"(和自黑)摩羯座已成了习惯,感叹命运多舛的周必大也就坚持认为自己的月亮星座是摩羯座了。

宋代之后,还有不少诗人写诗"黑"摩羯座,如元诗人尹廷高的《挽尹晓山》:"清苦一生磨蝎命,凄凉千古耒阳坟。"元末人赵汸的《次陈先生韵》:"谩灼膏肓驱二竖,懒从磨蝎问三星。"明代学者张萱的《白鹤峰谒苏文忠》:"磨蝎谁怜留瘴海,痴仙只合在人间。"诗人认为自己与苏轼同病相怜。清代大学者赵翼的《子才书来,惊闻心余之讣,诗以哭之》:"书生不过稻粱谋,磨蝎身

1　参见韦兵《黄道十二宫与星命术:文人和他们的摩羯宫》,《文史知识》2015年第3期。

偏愿莫酬。"诗题中的"子才"是袁枚,"心余"是蒋士铨,这首诗让我们得知蒋士铨原来也是摩羯座。清末人黄钧也有一首《新年感事》诗:"渐知世运多磨蝎,颇觉胸怀贮古春。"

看,摩羯座简直已经被"黑"成了"磨难座"。

总而言之,十二星座并不是一个多么现代而洋气的话题,只不过是前人的唾余而已。

城市

为什么说宋朝发生了一场『城市革命』？

我们现在习以为常的城市景观与城市制度，比如临街开设的商铺、繁华喧闹的街市、彻夜不打烊的酒家、丰富的城市夜生活、供公众游乐的城市公园、服务于市民的城市"夜总会"，并非自古皆然，对生活在宋朝之前的人们来说，这些几乎都是不可想象的。经过"唐宋变革"之后，才形成了这一富有近代色彩的城市形态。因此，一些海外的汉学家（比如美国学者施坚雅先生）相信，宋代发生了一场"城市革命"。

"革命"意味着一种非常深刻的历史性变迁。要理解海外汉学家为什么使用"城市革命"这样郑重其事的概念，我们需要先来了解宋代之前的城市形态。

唐代的坊市与夜禁

我们以唐代城市为例。大唐盛世的城市是什么样子的呢？

北宋学者吕大防在"知永兴军府事"时，曾绘制过一幅《长安图》（宋之永兴军，即唐之长安），并勒刻于石碑。可惜《长安图》及碑刻后来在宋元战火中毁佚，只留下一些残缺的拓片。日本学者平冈武夫利用传世的拓片，做了《长安图》复原。虽然未能尽复《长安图》全貌，但从中我们还是可以大略窥见唐时长安城的城市格局。

20 世纪 80 年代，台湾曾出版了一套由程光裕与徐圣谟先生主编的《中国历史地图》，书中收录有一幅《唐代长安图》，更是清晰地展示了大唐长安城的城市面貌。

可以清清楚楚地看出来，整个长安城非常方正、规整，街道笔直如削，以直角交错，将城廓分割成格子一样的"坊"（居民区）与"市"（商业区）。以皇城外的朱雀大街为中轴线，所有的

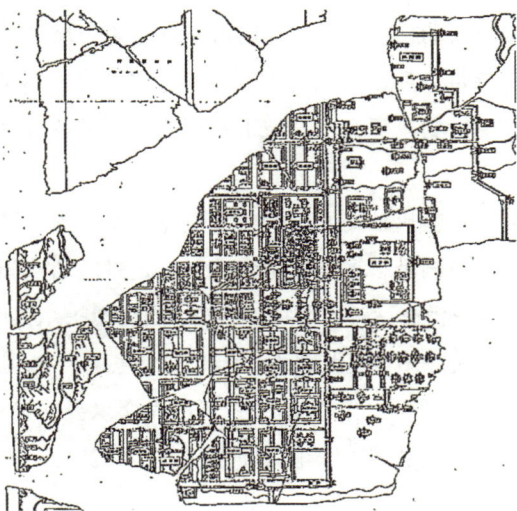

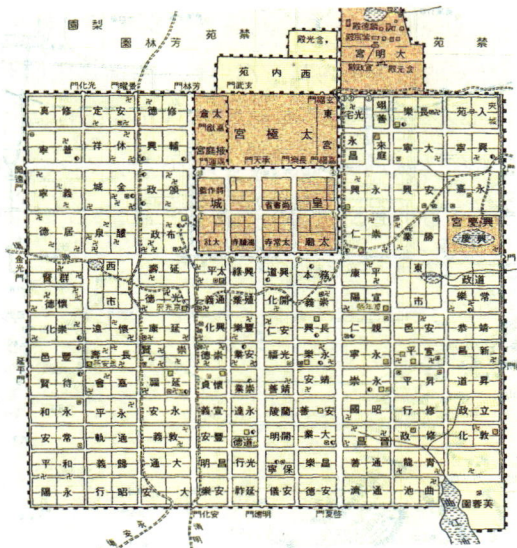

上：平冈武夫复原之吕大防《长安图》。转引自王宁《宋吕大防〈长安图〉及后世复原图研究》；
下：唐代长安图。转引自程光裕、徐圣谟主编《中国历史地图（下册）》，中国文化大学出版
部，1984

坊、市、道路、街巷、城墙均呈左右对称。整个城市格局看起来就像是一个巨大的棋盘，白居易的诗歌形容长安城"百千家似围棋局，十二街如种菜畦"[1]，确实很传神。显然，若不是政府保持着有效的严格管制，那么一个城市不可能一直维持着这么整齐划一的格局。

事实上，在唐代长安城这个"大棋盘"中，确实隐藏着一套中世纪式的城市制度：坊与市相分离，坊是封闭的空间，外面有坊墙包围，坊内没有商铺、市场、酒楼，居民想买东西必须到东、西二市。市也是一个封闭空间，也有高墙包围，并实行严格的开闭市制度："凡市，以日午击鼓三百声而众以会。日入前七刻，击钲三百声而众以散。"[2]散市后即关闭市门。甚至市中百货的价格，也由政府委任的市令决定。这一套城市制度，便是"坊市制"。

在坊市制下，居民的购物无疑是非常不便的，因此到了中晚唐时候，长安的许多坊内其实都出现了商铺，比如大历十四年（780），有不少官员（可以将他们理解为具有特权的居民）干脆在"坊市之内置邸铺贩鬻，与人争利"。但这种冲击坊市制的做法，显然不受唐政府的欢迎，朝廷诏令"并宜禁断，仍委御史台及京兆尹纠察"[3]。

与"坊市制"相配套的还有另一项城市制度："夜禁制"。按唐代立法，唐政府在城内各主干道设置街鼓，入夜敲鼓，宣告夜禁开始："昼漏尽，顺天门击鼓四百槌讫，闭门。后更击六百槌，

---

1 白居易：《登观音台望城》。
2 《唐六典》卷二〇。
3 《册府元龟》卷一六〇。

坊门皆闭，禁人行。"次日早晨，"五更三筹，顺天门击鼓，听人行"。负责按时启闭坊门的坊正、市令，如果"非时开闭坊、市门"，要受"徒二年"的处罚。[1]

居民在夜禁时间内上街溜达，即为"犯夜"，如果被巡夜的卫士逮住，要打屁股："诸犯夜者，笞二十。"（当然，如果遇上公私急事，比如患了急病，还是允许申请打开坊门出外求医的）[2]于是，入夜的长安城，如同唐朝一首"鬼诗"所描述："六街鼓歇行人绝，九衢茫茫空有月。"唯元宵节三天不禁夜，《西都杂记》载："西都禁城街衢，有执金吾晓暝传呼，以禁夜行，惟正月十五夜敕许弛禁前后各一日，谓之放夜。"

进而言之，在唐代城市中，政府不但对城市的建筑功能做出严格的规划，还将居民的生活日程表纳入政府管控之内，居民活动的物理空间与时间均受到限制。我觉得，一个现代人如果穿越到大唐盛世，恐怕是适应不了那时的生活的。

入宋，坊墙倒塌

但是呢，如果你穿越到宋代的城市，就会发现，宋人的城市生活其实跟现代人差不多。让我们先鸟瞰一下宋都开封，看看与唐时长安相比，宋代的城市形态发生了什么明显的变化。

北宋开封城显然已不如唐代长安城工整，不但城墙修得有些歪曲（这是宋政府修建城墙时迁就民居的结果）；城内的街道亦

---

1 《唐律疏议·宫卫令》;《唐律疏议·卫禁》。

2 《唐律疏议·杂律》。

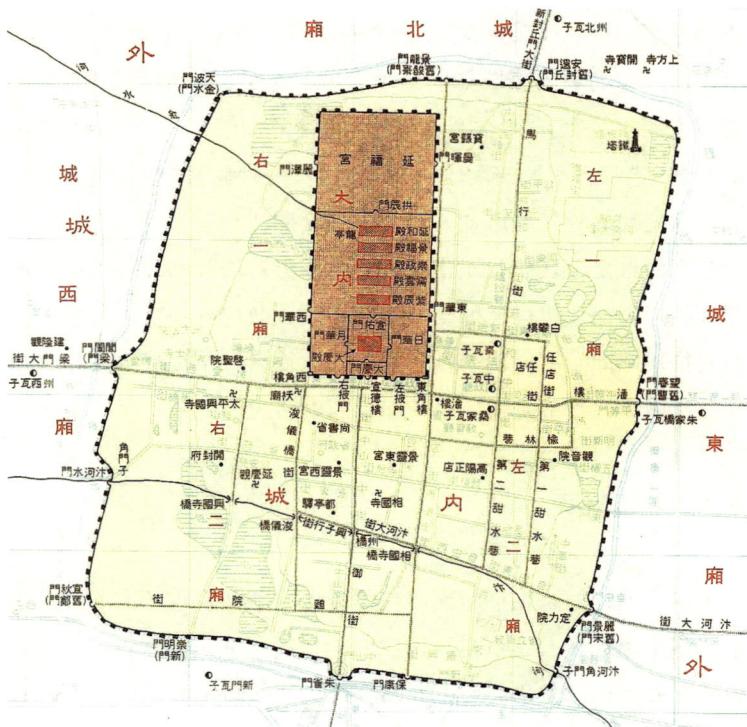

北宋开封府图。转引自程光裕、徐圣谟主编《中国历史地图（下册）》，中国文化大学出版部，
1984

不再一味追求又平又直，斜街、斜巷可见，沿着穿城而过的汴河，自发形成了一条斜斜的临河大街；一格一格封闭起来的坊市也不见了，取而代之的是四通八达的开放性街道。

如果我们将镜头拉近——感谢张择端的《清明上河图》，让我们在时光流逝了一千年之后仍有机会近距离观察到北宋开封的街市——还会发现，宋代的城市街道已经跟现代城市没什么两样：从前的坊墙全然不见踪影；临街的建筑物均墙体敞开，成为开门迎客的商店、酒店、饭店、客店；商家挂出的广告招牌琳琅满目；街边还摆满各种做小生意的流动摊位；民居住宅则密集地分布在商铺建筑的后面。恰如《清明上河图》所描绘的城内十字街口：左上方是一个卖小吃的流动摊位、一间招牌为"刘家上色沉檀楝香"的香药铺；右上方是一个说书摊位、一间羊肉铺、一个小吃摊、一个鲜花摊、一家豪华大酒店"孙羊正店"；右下方是一家叫作"久住王员外家"的旅店、一个销售"香饮子"（饮料）的小摊；左下方是一家"解库"（类似于当铺）。这样的城市景象，实际上就是我们今天熟悉的"街市"形态。

也就是说，在张择端绘制《清明上河图》的那个时代，坊市制已经完全瓦解了。只要你在街边有一间房子，便可以拆掉墙体，自由开店，销售任何政府管制品之外的合法商品。政府只向你收取商税，不会干涉你的经商自由。

那么唐朝留下来的坊市制到底是什么时候被突破的呢？我们很难找到一个确定的时间点，但可以肯定，市民自发的"侵街"行为构成了对坊市制的冲击与挑战，并且这种挑战在中晚唐的城市已经零零星星地出现，只不过，很快就被唐政府制止，如唐代宗大历二年（767），朝廷下诏："诸坊市街曲，有侵街打墙、接

张择端《清明上河图》局部，东京城内一处繁华的十字街口

檐造舍等，先处分一切不许，并令毁拆。"[1] 唐德宗贞元四年（788），
又有诏令："京城内庄宅使界诸街坊墙，有破坏，宜令取两税钱
和雇工匠修筑。"[2] 大唐政府不会允许坊墙有缺损，坊市制受破坏。
但在唐末－五代的战乱中，政府丧失了对社会的控制力，相信
许多城市的坊墙都被推倒了。

　　入宋之后，开封城内可能不复有坊墙，至少很多街段的坊墙
已经倒塌，不再修复。失去了坊墙的阻挡，居民自行扩修建筑物，
侵街现象非常严重。我想，开封的城市当局应该很希望恢复长安
旧制吧，毕竟比起井然有序的坊市结构，喧闹的街市显得太杂乱

1　《唐会要》卷八六。

2　《唐会要》卷八六。

无章了。所以，我们可以理解宋太宗至道元年（995），宋廷"诏参知政事张洎，改撰京城内外坊名八十余。由是分定布列，始有雍洛之制"[1]。这个"雍洛之制"便是指唐代洛阳城的坊市制。宋真宗咸平五年（1002），朝廷又任命谢德权拆除汴京的侵街建筑物，谢德权以霹雳手段拆迁后，上书建议置立"禁鼓昏晓，皆复长安旧制"[2]。这个"禁鼓昏晓"乃是唐代坊市制的配套制度，入夜街鼓击响，便是向市民发出警告：坊门马上就要关闭，请速速回家。

然而，在坊市制趋于解体的历史进程中，这种梦想"皆复长安旧制"的"复古"终究要被喷发出来的市民与商业力量所抛弃。成书于宋神宗熙宁七年（1074）前后的宋敏求《春明退朝录》称："二纪以来，不闻街鼓之声，金吾之职废矣。""二纪"为二十四年，由此可推算出，至迟在1050年左右，即宋仁宗皇祐年间，开封的街鼓制度已被官方彻底废除。既然坊墙已经倒塌，坊市制已然瓦解，"禁鼓昏晓"也就变得毫无意义。张择端《清明上河图》的城楼内，竖着一面皮鼓，大概便是街鼓吧，但旁边并无一人守鼓。这个画面，我们不妨看作是宋代街鼓名存实亡的象征。

到了陆游生活的时代（12世纪后期），宋朝的年轻人已完全不知道唐代的街鼓制度到底是怎么一回事了："京都街鼓今尚废，后生读唐诗文及街鼓者，往往茫然不能知。"[3]就如今天的年轻人，恐怕也多不明白"生产队""挣工分"是怎么回事吧。

1　《续资治通鉴长编》卷三八。
2　《续资治通鉴长编》卷五一。
3　陆游：《老学庵笔记》。

张择端《清明上河图》局部，城楼内有疑似街鼓的设备

夜禁制度的松懈

那么，与坊市制密切相关的夜禁制度在入宋后是不是也随之消失了呢？

一些研究者认为，宋代已完全取消了夜禁，如李国文先生说，"实施禁夜令最坚决的莫过于唐朝，取消禁夜令最彻底的莫过于宋朝"，"宋朝的首都开封和杭州，是不夜之城，由于坊市合一，没有营业时间和营业地点的限制，夜市未了，早市开场，间有鬼市，甚至还有跳蚤市场"[1]。日本汉学家加藤繁也根据北宋中期街鼓废弛的情况，推断至迟在宋仁宗朝，宵禁已经取消。

---

1 李国文 :《宋朝的夜市——这才开始了全日制的中国》,《同舟共进》2011 年第 1 期。

不过，另一些研究者却相信，北宋的开封还保留着夜禁之制。如研究宋代城市史的刘涤宇与李合群先生均提出，至迟在宋神宗朝，北宋开封的夜禁还未取消，例证是《东轩笔录》记载的一则故事，一位叫作许将的官员二更后租马回家，"驭者惧逼夜禁，急鞭马跃"，导致许将坠马摔伤。[1] 日本的汉学家久保田和男甚至认为，"即使到北宋末期，……此时尚存在夜禁，不管有无街鼓，夜禁照常进行"[2]。

但有一点是可以确证的，宋朝初年，宋政府发布了政令申明缩短夜禁时间：宋太祖乾德三年（965），诏"令京城夜漏，未及三鼓不得禁止行人"[3]。我们知道，唐朝的夜禁时间是从"昼漏尽"，击鼓六百下之后开始（即一入夜就开始禁行人），至次日"五更三筹"结束，换算成现在的时间单位，大约从晚上7点至第二天早晨4点为夜禁时段。宋初将夜禁的起始点推后到"三鼓"，约夜晚11点。那宋初的夜禁时间又结束于何时呢？从天禧元年（1017）东京的官营卖炭场"以五鼓开场"可推知，开封的夜禁结束于五更，即凌晨3点左右。换言之，唐代的夜禁时间为9个小时，北宋初的夜禁时间只有4个小时。

实际上，自北宋后期至南宋时期，即使夜禁制度仍然保留，也已经松弛下来，甚至可能名存实亡。我们看孟元老《东京梦华录》与吴自牧《梦粱录》的记述，开封的"夜市直至三更尽，才五更又复开张，要闹去处，通宵不绝"；杭州的夜市，"最是大街一两

1　刘涤宇：《历代〈清明上河图〉：城市与建筑》，同济大学出版社，2014；李合群：《论中国古代里坊制的崩溃——以唐长安与宋东京为例》，《社会科学》2007年第12期。

2　[日]久保田和男：《宋代开封研究》，上海古籍出版社，2010。

3　《续资治通鉴长编》卷六。

处面食店及市西坊西食面店，通宵买卖，交晓不绝。缘金吾不禁，公私营干，夜食于此故也"。"通宵不绝""通宵买卖，交晓不绝""金吾不禁"的信息均显示，在孟元老与吴自牧生活的时代，城市夜禁的古老制度已被突破了。

夜禁制的松弛，或者说废弃，促使宋代的城市出现繁华的夜市，城市居民开始获得丰富的夜生活。其实晚唐时已有星火一般的夜市，但夜市无法跟夜禁制度兼容，所以唐文宗开成五年（840），朝廷颁下敕令："京夜市，宜令禁断。"[1] 而在宋初，宋太祖则"诏开封府，令京城夜市至三鼓以来，不得禁止"[2]。所以宋代开封的夜晚，灯火通明，人声鼎沸。瓦舍勾栏，酒楼茶坊，笙歌不停，通宵达旦。"冬月虽大风雪阴雨，亦有夜市"[3]。东京马行街的夜市尤其繁华："天下苦蚊蚋，都城独马行街无蚊蚋。马行街者，京师夜市酒楼极繁盛处也。蚊蚋恶油，而马行人物嘈杂，灯火照天，每至四更鼓罢，故永绝蚊蚋。"[4] 彻夜燃烧的烛油，熏得整条街巷连蚊子都不见一只。

市井间喧哗、热闹的夜生活，甚至将豪华的皇宫衬托得冷冷清清。某日深夜，宋仁宗"在宫中闻丝竹歌笑之声，问曰：'此何处作乐？'宫人曰：'此民间酒楼作乐处。'宫人因曰：'官家且听，外间如此快活，都不似我宫中如此冷冷落落也。'仁宗曰：'汝知否？因我如此冷落，故得渠如此快活。我若为渠，渠便冷

1 《唐会要》卷八六。
2 《宋会要辑稿·食货》。
3 孟元老：《东京梦华录》。
4 蔡绦：《铁围山丛谈》。

落矣。'"[1]

　　基于市民夜生活的需求，宋代的城市开始出现了街灯、桥灯、路灯等公共照明，以方便夜行之人走路。我们检索宋诗宋词，便可以找到不少描述街灯与桥灯的诗句，如杨万里诗《迓使客夜归》："去时岸树日犹明，归到州桥月已升。水与天争一轮玉，市声人语两街灯。"释仲殊词《忆江南》："南北岸，花市管弦声。邀客上楼双榼酒，舣舟清夜两街灯，直上月亭亭。"晁补之诗《喜文潜自淮南归招饮西冈呈坐客》："保康桥头灯照夜，我马鸣嘶向君马。"刘子翚诗《汴堤》："转尽柳堤三百曲，夜桥灯火看扬州。"苏轼诗《赠孙莘老》："夜桥灯火照溪明，欲放扁舟取次行。"陆游诗《宿武连县驿》："野店风霜俶装早，县桥灯火下程迟。"文天祥诗《夜归》："市桥灯火未阑珊，一簇人家树影间。"

　　宋代的画家当然也会将他们观察到的夜生活描绘于笔端，如北宋燕文贵的《七夕夜市图》，画的就是东京城内"自安业界北头向东，至潘楼竹木市尽存，状其浩穰之所，至为精备"[2]。可惜此图已经佚失。不过有一幅传世的宋人佚名《乞巧图》（美国大都会艺术博物馆藏），描绘七夕女子乞巧的情景，显示了宋人七夕不眠之夜的热闹气氛。

　　我曾在拙著《宋：现代的拂晓时辰》（广西师范大学出版社，2015）中说："如果比较古代与近代生活的区别，有一个细节值得注意，那就是对黑夜的开发。寻常市民在夜晚不再待在家里睡觉，而是开始丰富的夜生活，这是近代社会的一个特征。"从这

1　施德操：《北窗炙輠录》。

2　刘道醇：《圣朝名画评》。

宋佚名《乞巧图》

个角度来看，发生在宋代的坊市制解体与夜禁制松弛，确实堪称一场"城市革命"。

最后，如果我们略加考察后面元明清时期的城市制度演变，相信还会觉得宋朝政府对于城市近代化趋势的顺应实在难能可贵——这是一个不企图严厉控制市民生活的政府才会表现出来的治理智慧，恰如宋仁宗所言："汝知否？因我如此冷落，故得渠如此快活。我若为渠，渠便冷落矣。"而在元明清时期，城市当局对于不加控制的市民生活已显得很不放心，不但恢复了夜禁制度，而且变相建立了坊墙，那就是安装在城市街巷口的"栅栏"。

（具体评述，参见本书《〈清明上河图〉告诉你：宋朝城市比明清城市更开放》一文。）

《清明上河图》告诉你：宋朝城市比明清城市更开放

自北宋张择端的《清明上河图》问世后，后世画家多有临摹、模仿之作，形成了一个独特的"清明上河"题材，因此传世的《清明上河图》少说也有数十个版本。其中最著名的版本有三个：张择端本，即 2015 年北京故宫"石渠宝笈特展"展出的版本；明代仇英本，现为辽宁省博物馆收藏；清代陈枚、孙祜、金昆、戴洪、程志道五名宫廷画师绘制的清院本，现藏于台北故宫博物院。

尽管张择端、仇英与清宫画师画的都叫作《清明上河图》，但由于生活的时空完全不同，他们所参照的城市是不一样的，张择端以北宋东京为蓝本，仇英笔下的城市实际上是明后期的苏州，而清宫画师显然会参照清时的北京城制作《清明上河图》。他们描绘出来的城市形态当然也有着微妙的差异。找出这些差异，我们便可以发现：宋代与明清这两个历史时段的城市治理存在着一些重要的差别。

城防

许多细心的人应该都会看出，张择端《清明上河图》中的城门是不设防的，没有一名士兵把守，城墙上也没有任何防御工事，有一段城墙坍塌了，也不见整修好。进入城门之后，也不见任何城防机构驻扎，宋政府只在靠近城门的城内大街边设一个商税所，向进城的货商收税。一名闲汉模样的人还登上城楼，探身看着大街上的人来人往。

而在仇英本《清明上河图》中，城墙高耸，上面修建有箭垛；城门外设了一道大栅栏，过了大栅栏，进入城门，里面又有一个瓮城；陆路城门旁边，另有一个水道城门，门外有官兵把守，门内同样建有瓮城。穿过瓮城，才算进入了城内。城内第一个建筑

上：张择端《清明上河图》上的城门；下：仇英本《清明上河图》上的城门

物，便是城防机关，不但驻有重兵，还陈列出各种武器，以示威慑，又安放着三个警示牌，上写"固守城池""盘诘奸细""左进右出"。可谓戒备森严。

明代政府还实行"路引制"，与城门关卡相配合，防范更加严密。法律规定："凡军民人等往来，但出百里者，即验文引。凡军民无文引，及内官、内使来历不明、有藏匿寺庙者，必须擒拿送官。仍许诸人告首，得实者赏，纵容者同罪。"[1]换言之，生活在明朝的居民，若要出一趟远门，必须先向户籍所在地的官府申办一份"文引"，类似于"介绍信"。商人外出经商，也需要先申请"文引"，回籍之日，再到发引的机关核销，"付本府长史司验引发落"[2]。洪武年间，曾有一名居民，因祖母病重，急着远出求医，来不及申请"文引"就匆匆上路，结果给巡查的官兵抓住，"送法司论罪"[3]。又有一名被朝廷征集到南京开胭脂河的工役，因"工满将辞归，偶失去路引"，竟然"分该死，莫为谋"[4]，后幸亏有督工百户向朱元璋求情，才免一死。

清院本《清明上河图》的城防，也很严密，不但城墙看起来更为雄伟、坚固，城门外设了大栅栏，城门内有瓮城，还有士兵把守的城防机关，同样挂出"固守城池""盘诘奸细"的警示牌。

有些研究《清明上河图》的学者，比如故宫博物院的余辉先生认为，三幅《清明上河图》的不同城防形态，"真实地反映了

1 《大明会典》卷一一三。
2 陆楫：《蒹葭堂杂著》。
3 《明太祖实录》卷八三。
4 祝允：《明前闻记》。

清院本《清明上河图》上的城门

宋徽宗朝初期已日渐衰败的军事实力和日趋淡漠的防范意识"[1]。不过，如果换一个角度来看，我倒觉得相比之明清时期，宋代的城市可能更加自由、开放，更倾向于民生。我举个例子：元祐年间，范祖禹上书哲宗皇帝，反对扩修汴梁新城城壕，因为开修城壕，势必劳民伤财，范祖禹坚持认为，"太祖因之建都于此，百三十年无山川之险可恃，所恃者，在修德，在用人，在得民心"[2]。

宋政府在城门处设商税机构，明清政府在城门处设城防武装机构，商税机构与武装机构，是两个完全不同的城市治理符号，这也显示出宋代与明清的城市当局对于城市治理的不同关注点与着力点。如果说，明清的城市当局更注意对城市治安的管控，宋

---

1 参见余辉《隐忧与曲谏：〈清明上河图〉解码录》，北京大学出版社，2015。
2 《历代名臣奏议》卷三一六。

代的城市显然更具商业性格，城市当局对于城市的治理，重点放在主动发展工商业上，以期征收到更多的商业税。

宋代之前，商税在国家财政构成中一直处于极为次要的地位，官方似乎也没有全国性商税的统计；宋朝甫一立国，宋太祖即"诏榜商税则例于务门，无得擅改更增损及创收"[1]。宋政府对工商税的重视，使得宋王朝的财税结构发生了历史性的改变，农业税变得几乎微不足道，北宋熙宁年间，农业税的比重降至30%，南宋淳熙－绍熙年间，来自工商税与征榷的财政收入接近85%。这是历代王朝从未有过的事情。

宋代之后，要等到晚清洋务运动时期，工商税才重新成为国家税收的大头。清光绪十一年（1885），田赋的比重为48%，关税收入为22%，盐课为11%，新设的厘金则贡献了19%的岁入。国家财税结构这才有点宋朝的模样，晚清政府也才有点财力来发展近代化事业。

栅栏

宋代城市的自由与开放性，还可以从《清明上河图》另外的一些细节看出来。另一位研究《清明上河图》的学者、同济大学博士后刘涤宇先生通过比较各个版本的《清明上河图》，发现不管是明代摹本，还是清代摹本，画面中的城市街巷口几乎都多了一道设置——栅栏。[2] 这些栅栏，是明清时期城市常见的设施，

1　《文献通考·征榷考》。

2　参见刘涤宇《历代〈清明上河图〉：城市与建筑》，同济大学出版社，2014。

上：仇英本《清明上河图》上的栅栏；下：清院本《清明上河图》上的栅栏

否则画家不会凭空将它们画入图画中。

　　一般认为，北京城的栅栏是在明代弘治年间设立的，到了明末，意大利传教士利玛窦发现，中国各个城市的"街道上都有铁栅，并且上锁"[1]。清王朝延续这一做法，康熙九年（1670），清廷下令，北京"城外各巷口，照城内设立栅栏。定更后，官员军民等不许行走。犯者照例惩治"[2]，并将巷口修建栅栏作为一项城市制度确立下来。据说光绪年间，北京内外城仍有栅栏1700余座。今天的北京胡同还保留着"大栅栏""双栅栏""横栅栏"之类的地名，那便是从明清时期流传下来的名字。

　　正如盛唐之时，坊市制与夜禁制是相配套的制度，栅栏也是为配合夜禁而诞生的城市设置。《大明律》与《大清律》均规定："凡京城夜禁，一更三点，钟声已静之后，五更三点，钟声未动之前，犯者笞三十。二更、三更、四更，犯者笞五十。外郡城镇各减一等。其公务急速、疾病、生产、死丧不在禁限。其暮钟未静，晓钟已动，巡夜人等故将行人拘留，诬执犯夜者，抵罪。若犯夜拒捕及打夺者，杖一百；因而殴人至折伤以上者绞，死者斩。"

　　也就是说，从"一更三点"（大约是晚上 8：10）开始，街市上禁止出现行人，违者即为"犯夜"，是会被抓起来打板子的。栅栏的作用就类似于唐代的坊门，每晚夜禁开始，栅栏即关闭、上锁，将街巷变成封闭线段，所有居民"概禁行走"。可以说，明清时期的城市是控制型的，至少在夜间，城市是受到严密控制的。

　　成书于清代的《笑林广记》中有一则笑话说："一人善踆，

1　〔意〕利玛窦、〔比〕金尼阁：《利玛窦中国札记》，中华书局，2010。

2　《康熙朝实录》卷三三，中华书局，2010。

行步甚迟。日将晡矣，巡夜者于城外见之，问以何往，曰：'欲至府前。'巡夜者即指犯夜，擒捉送官。其人辩曰：'天色甚早，何为犯夜？'曰：'你如此踱法，踱至府前，极早也是二更了。'"这种颇具黑色幽默的笑话，只会发生在严厉的夜禁制度下。

而在张择端笔下的《清明上河图》中，我们寻遍城市的每一个角度，都找不到一处这样的栅栏。记录东京与临安城市生活的《东京梦华录》《武林旧事》《梦粱录》也无一字提到"栅栏"或类似设施。这表明，宋代城市的街巷日夜都向市民开放。事实上，古老的夜禁制度在宋朝已经松懈，并趋于瓦解（参见本书《为什么说宋朝发生了一场"城市革命"？》一文）。

从张择端的《清明上河图》中，我们也能够间接看出宋代夜禁制度的松弛。虽然《清明上河图》表现的应该是白天的东京市井景象，但图像的细节还是透露出夜市的信息。请注意看图中的"孙羊正店"（豪华大酒店），其大门左右两边的屋檐下，各悬挂着两盏灯笼，这叫"红纱栀子灯"，依宋时风俗，酒店门口例挂栀子灯；店门前的地面，还立有三块立体招牌，分别写着"孙羊""正店""香醪"，这是宋代的"灯箱广告"，入夜后灯箱里会点燃蜡烛。这样的广告灯箱，在城外的"脚店"（小酒店）也可以找到一块，上书"十千脚店"四字。

为什么宋代的酒店需要挂灯笼、放灯箱广告？因为夜间要营业，夜色下，"灯箱广告"闪烁着灯光，显得非常抢眼。这跟现代都市到处可见的霓虹灯广告是一样的道理。《清明上河图》的这一图像信息与《东京梦华录》的记述也相符：凡京师酒楼，"向晚灯烛荧煌，上下相照，浓妆妓女数百，聚于主廊槏面上，以待酒客呼唤，望之宛若神仙"。"大抵诸酒肆瓦市，不以风雨寒暑，白昼通夜，骈阗如此"。

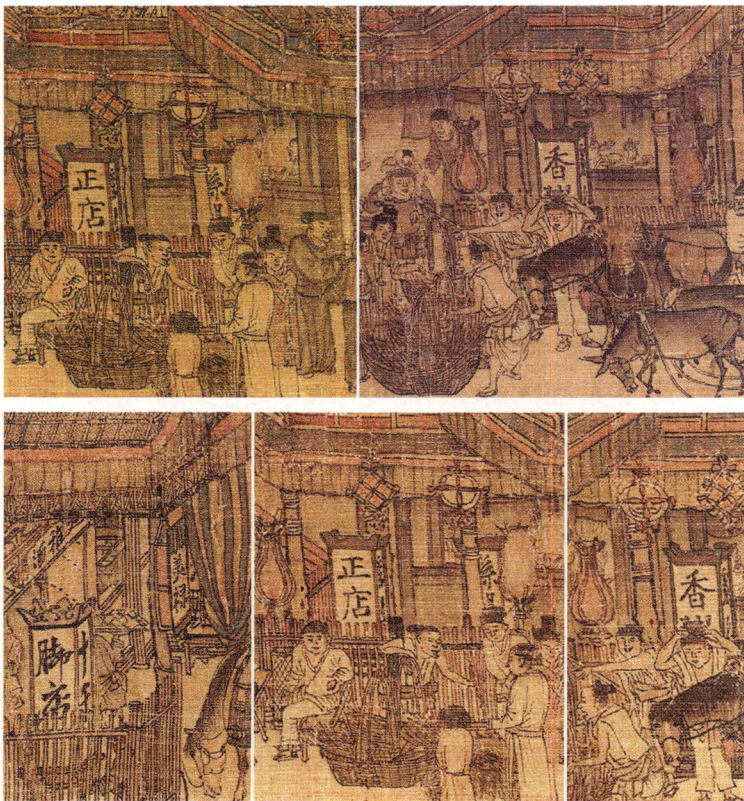

上：张择端《清明上河图》上的栀子灯；下：张择端《清明上河图》上的灯箱广告

可惜入元之后，元廷又在城市实施严厉的夜禁，《元典章》规定："一更三点，钟声绝，禁人行。五更三点，钟声动，听人行。"13世纪后期来到中国的意大利商人马可·波罗，在他的游记中记述了元大都的夜禁制度："城之中央有一极大宫殿，中悬大钟一口，夜间若鸣钟三下，则禁止人行。鸣钟以后，除产妇或病人之需要外，无人敢通行道中。纵许行者，亦须携灯火而出。""巡逻之人，三四十人为一队，终夜巡逻街市，视钟鸣三下以后，道上有无行人。

如见行者，立即捕而投之狱，翌日黎明，由官吏定其罪名，视其罪之轻重，杖责之数不等，间有罪至死者。"[1] 简直就是大唐夜禁制的翻版。

随后明朝又延续了元制，清朝则延续了明制，中世纪式的城市夜禁制度就这么复活过来了。因此，我们看仇英本《清明上河图》，或者清院本《清明上河图》，都找不到一处"灯箱广告"，可以想见，入夜之后，这样的城市该多么寂静、昏暗、冷清。

乞丐

张择端《清明上河图》也画出了不怎么体面的社会现象，比如流浪于城市的乞丐。图卷中，城门外的板桥上，可以找到一名乞丐，看样子是个老妇人，正伸手向凭栏观鱼的市民讨钱。宋代商品经济发达，贫富分化明显，人口流动急剧，而且宋政府对人口流动几乎不设限制，城市里出现大量流浪乞丐，是不必意外的事情。

而明代仇英本《清明上河图》画有数不尽的市井人物，从挑夫、脚夫、江湖艺人、妓女，到小商贩、小市民、富商、官员，却不见一个乞丐。这当然不能证明明朝的城市就没有流浪乞丐，但似乎可以说明在明代画家的观念中，一幅表现清明盛世的画卷不应该出现大煞风景的乞丐。在这一图像细节中，值得讨论的问题并不是宋明城市有没有流浪乞丐，而是当时的政府如何处理流浪乞丐这一社会现象。

---

1 《马可波罗行纪》，冯承钧译，上海古籍出版社，2014。

张择端《清明上河图》上的乞丐

　　宋朝与明朝的政府都设有福利机构来救助流浪乞丐。宋朝政府对流浪乞丐的救济主要由两个系统组成，一是宋神宗熙宁十年（1077）颁发的"惠养乞丐法"；一是宋哲宗元符元年（1098）颁行的"居养法"。

　　根据"惠养乞丐法"，每年十月入冬之后，天下各州县必须"差官检视内外老病贫乏不能自存者"，将他们一一登记在册，每人一日"给米豆一升，小儿半之"，每三天发放一次，从本年十一月初一开始发放，至来年三月的最后一天停止[1]。宋室南渡之后，也继续采用"惠养乞丐法"。

　　根据"居养法"，各州设立居养院，"鳏寡孤独贫乏不能自存者，以官屋居之，月给米豆，疾病者仍给医药"[2]。南宋时又广设养济院，绍兴三年（1133）正月，高宗下诏要求临安府的养济院"将街市

1　《续资治通鉴长编》卷一〇。
2　《宋会要辑稿·食货》。

冻馁乞丐之人尽行依法收养"[1]。可见养济院的功能跟居养院类似，也收留流浪乞丐。

简单地说，"惠养乞丐法"是政府给贫民（包括流浪乞丐）发放米钱；"居养法"则是国家福利机构收留无处栖身的贫民（包括流浪乞丐）。两种救济都是季节性、制度化的，通常从农历十一月初开始赈济或收养，至次年二月底遣散，或三月底结束赈济。《清明上河图》画的是清明时节的东京市井风情，这时天气已转暖，政府应该结束了对流浪乞丐的收容救济，所以画家在城市街头捕捉到了乞丐的身影。如果时间再往前推三四个月，寒冬季节，大雪漫漫，按照宋朝法律，国家设立的福利救济机构有义务收养、赈济流浪乞丐，以免他们饥寒交迫，横死街头。

研究中国慈善组织史的日本汉学家夫马进指出，宋代政府设立的救济流浪乞丐的福利机构都集中在城市，包括大一点的市镇，因为城市正是大量流民涌集的地方，宋政府对流浪乞丐的救助也未采用原籍地原则，而是流浪乞丐流入哪个地方，就由哪个地方的机构负责救济，并不过问被救济者的原籍。这是宋朝政府对人口频繁流动现状的承认。[2]

明王朝立国，朱元璋也大举兴建养济院，但救助重点放在农村。《明律·户律》规定，"凡鳏寡孤独及笃疾之人，贫穷无亲属依倚，不能自存，所在官司收养而不收养者，杖六十"。"所在官司"就是指流浪乞丐户籍所在地政府设置的养济院。同时，朱元璋又批示说："城市乡村，若有残疾老幼少壮男子妇人，一时不得已

---

1 《宋会要辑稿·食货》。

2 参见［日］夫马进《中国善会善堂史研究》第一章，商务印书馆，2005。

而乞觅者，本里里长，及同里上中人户，助以资给。……敢有见乞觅之人，不行资给者，同里上中人户验其家所有粮食，除存留足用外，余没入官以济贫乏。"[1] 总而言之，对乞丐的救济，被救济者户籍所在地的官府、基层组织、富户，都负有不可推卸的责任。而一旦发现本地有外来的流浪乞丐流入，里甲必须及时扭送官府，再由官府将他们遣送回原籍："各里甲下，或有他郡流移者，实时送县，官给行粮，押赴原籍州县复业。"[2]

朱元璋的设想，无非是试图通过原籍地救助原则，杜绝或减少乞丐流入他乡，将流浪乞丐控制在萌芽状态。夫马进比较了宋明两朝的政府救济模式，认为宋政府对流浪乞丐的救济是"追认现实型的政策"，明政府对乞丐的救济是"否认现实型的政策"[3]。

除了养济院与居养院，宋代各地还大量建造了专门救助贫病流动人口的安养院、安养社、安乐庐、仁寿庐；而类似的机构在明代很难找到，这也显示了明政府对于人口的自由流动极不欢迎。明朝"路引制"的出台，也旨在限制人口流动。大概正是受这样的时代观念的影响，仇英本《清明上河图》才没有画出一个流浪乞丐吧。

有意思的是，清院本《清明上河图》却画有乞丐，在城内一处丁字路口，三名乞丐正跪在路边乞讨。"为何拥有强大权势并自夸盛世的乾隆皇帝，可以容许这样的绘画内容呢？"一位日本学者认为，这是因为，"清院本与清朝盛世无关，绘画内容是虚

1　吕毖：《明朝小史》卷二。
2　《大明会典》卷一九。
3　参见［日］夫马进《中国善会善堂史研究》第一章，商务印书馆，2005。

清院本《清明上河图》上的乞丐

构的，或者说是描绘过去的世界，在一个虚构的土地上发生的事情。因此不会伤害到清朝皇帝的威严。画家们也是基于这样的认识完成了清院本"[1]。

从官方对流浪乞丐的救济模式来看，乾隆时代也跟朱元璋体制有了不同。清初还是延续朱元璋体制，"如有外来流丐，察其声音，讯其住址，即移送各本籍收养"；但在乾隆初年，原籍地收养的原则出现了变通，"川省外来流丐，饬令地方官稽查，果系疲癃残疾无告穷民，准其一律收入养济院，动支地丁钱粮给

---

1 ［日］野岛刚：《谜一样的清明上河图》，社会科学文献出版社，2014。

养"[1]。如果用夫马进的概念来说，大概可以算是从明朝式的"否认现实型的政策"向宋朝式的"追认现实型的政策"转化。

金明池

张择端《清明上河图》与仇英本、清院本还有一个最明显的差异：张择端本画到城市最繁华处，便戛然而止；而仇英本与清院本都画出了北宋的皇家林苑金明池。

一些学者认为，今天我们看到的张择端《清明上河图》很可能是一个残本，在流传的过程中丢失了一部分画面，完整的《清明上河图》应该还绘有大相国寺、州桥、金明池等东京最繁华的图景。[2] 也因此，后世众多摹本都画到了金明池。只不过，由于张择端版本的金明池部分已佚失，明清摹本上出现的"金明池"，不可能是北宋皇家林苑的写照，只能是明清皇宫的映射。

不管是仇英本，还是清院本，画中的金明池都是危墙高耸，跟外面的市井世界完全隔开，林苑占地面积极大，亭台楼阁非常华丽，尽显皇家气派。池上正在举行龙舟比赛，划船的与观赏的尽为宫廷中人，稀稀落落，看起来很是冷清。也许画家想描绘的就是北宋的三月三金明池龙舟争标吧。但宋朝的金明池龙舟争标是这样子的吗？完全不是。

我们看《东京梦华录》对金明池龙舟争标的一句描述："每遇大龙船出，及御马上池，则游人增倍矣。"也就是说，在皇家

1　《清会典事例》卷二六九。

2　郑振铎：《"清明上河图"的研究》。

上：仇英本《清明上河图》上的金明池；下：清院本《清明上河图》上的金明池

林苑金明池举行的龙舟争标赛，是有无数游人观赏的。原来，宋朝时，一部分皇家园林是定期对市民开放的，每年的三月一日至四月八日，金明池都会准时"开池"，任士庶游玩。

开池之期，宋政府还会在金明池举办盛大的水戏表演，包括精彩的龙舟争标，吸引无数市民慕名而至，一时间，游客如蚁，观者如堵，"虽风雨亦有游人，略无虚日矣"。金明池边的宝津楼，是皇帝观赏水戏与赐宴君臣的所在，"寻常亦禁人出入，有官监之"，但在开放期间，天子与民同乐，门口也是"皆高设彩棚，许士庶观赏，呈引百戏"。每有御驾亲临，游人亦不须回避，争相观睹[1]。（关于宋代皇家园林开放性的详细介绍，请参见本书《为什么说宋朝皇家园林是开放的？》一文。）

仇英本与清院本却将金明池画成一个巨大的封闭空间，宫墙高耸，将皇家林苑跟外间市井完全隔开，园内除了宫女、太监，却无半个游玩的平民，想来明清时，人们的观念中已经没有了"平民百姓可以游览皇家园林"的观念。事实上，明清的皇家林苑确实也是封闭的，再无宋时的开放性。

这一番比较下来，我还是觉得宋代的城市更有魅力。你觉得呢？

1　孟元老：《东京梦华录》。

从

《西湖清趣图》看宋朝城市的公共设施

对于中国传统社会，今人有两种看起来严重对立的评价：一种认为，古代政府是全能政府，什么事情都管，权力没有边界；另一种则提出，古代政府是小政府，政府职能非常简单，除了收税与司法，几乎不提供任何公共服务。

以常理常情，便可判断这两种说法都有失偏颇。如果说中国古代政府什么都管，那管得过来吗？像后世的罗马尼亚那样设立"月经警察"了吗？或者像中世纪教会那样规定了"传教士体位"吗？显然没有嘛。反过来，如果说古代政府不提供任何公共服务，那居民又如何组织公共生活？特别是城市里，消防、供水、环卫、交通、治安秩序、福利救济等公共服务，该由谁来提供？

在清末上海，通浚河道、修筑公路、清洁街道、修建路灯等市政工程由一个叫作"上海城厢内外总工程局"的民间自治机构负责。但这是晚清绅商势力崛起、清代政府公共职能退化的缘故。当我们将目光聚焦到宋代，却会发现，宋政府的公共职能是相当健全的，至少跟当时的社会需求是匹配的。

从《武林旧事》《梦粱录》等南宋笔记，便可找到政府为满足临安市民生活之需而提供的各种公共服务：从城市的集中供水到发达的消防系统，从建设公共游乐设施到为贫困市民提供福利救济。只不过，文字的记载显得零散，而且未免有些枯燥。好在两年前，有一幅收藏于美国弗利尔美术馆的《西湖清趣图》（又称《西湖全景图》）在国内公布了全图，让我们有机会一睹南宋杭州一部分市政设施的形象。

《西湖清趣图》的主图长达 16 米，从钱塘门绘起，逆时针绕西湖一圈，再回到钱塘门，环 360 度描绘了南宋西湖全景。有学者认为这是一幅堪比《清明上河图》的宋画，另一些学者则质疑此图为清人的伪作。[1] 我看过双方争论的文章，觉得质疑者的证据并不能说服我，《西湖清趣图》即使不是宋人所绘，也必有宋朝粉本供临摹，因为后世的画家如果单凭想象，是不可能将南宋西湖景观描绘得如此造车合辙的。

从美术鉴赏的角度来看，《西湖清趣图》的笔法可谓拙劣，难及《清明上河图》之万一。但作为图像史料，《西湖清趣图》蕴藏着文献未记录的丰富信息，是不可多得的了解宋代杭州城市建筑与公共设施的历史图像。

消防设施：望火楼

让我们展开这幅《西湖清趣图》吧。在钱塘门外左边的高处，画家绘出一座高耸的塔状建筑物。钱湖门与清波门之间、清波门与涌金门之间的城内山坡上，也各有一座类似的建筑。这是杭州城的望火楼，城市消防设施之一。

南宋时，临安的街道每隔二百余步，即设一个消防站，叫"军巡铺"，每铺布置巡逻兵三至五人，"遇夜巡警地方盗贼烟火"。同时，宋政府又将杭州城内外划分成二十三个消防区，叫作"隅"，各隅分别配备消防官兵一百至数百员，叫"潜火兵"；每隅又建望火楼一座，日夜派人瞭望，一旦发现烟火立即拉响警报，驻守该隅的潜火兵马上出动灭火，不劳百姓动手。[2] 宋代的其他城市

1　参见何兆泉、郑嘉励先生《图像与文本——读〈西湖清趣图〉》、陈珲女士《〈西湖清趣图〉为南宋院画考》、罗以民先生《杭州"发现"的"南宋西湖全景图"是清代伪作》等文章。
2　吴自牧：《梦粱录》。

《西湖清趣图》上的望火楼

也配备有消防队，如建康、会稽、泉州、静江等州府，均有潜火队。《西湖清趣图》所绘出的，当是"钱塘隅"、钱湖门"城西隅"等处的望火楼。

按宋朝的国家工程建设标准《营造法式》，望火楼由砖石结构的台基、四根巨木柱与顶端的望亭三部分组成，台基高十尺，木柱高三十尺，望亭高约八尺，整座望火楼高约四十八尺，接近16米（按一宋尺约等于0.32米计算）。不过《西湖清趣图》中的钱塘隅望火楼，看起来并非由四根巨木构成，而是更牢固的砖砌结构。

一些研究中国近代史的人似乎并不知道宋代已经出现了专职、专业的消防队，而将1866年上海租界当局建立的"义勇救火队"视为中国第一支城市消防队。那么我们不妨来比较这相隔

600 年的两个消防机构，看看哪一个更为先进。

就硬件设施而言，13 世纪的消防设备无疑不能跟 19 世纪的比。宋朝潜火队的常用设备是"大小桶、洒子、麻搭、斧锯、梯子、火叉、大索、铁猫儿"，而上海租界的救火队则从国外购入了先进的蒸汽机移动水泵。另外，救火队的瞭望台高 30 多米，也远远高于宋代的望火楼（宋时尚无太高的高层建筑，望火楼自然不需要特别高）。

但从消防制度的角度来看，高下之分可能要倒过来。义勇救火队，从其名字便可看出，这是一个业余性质的灭火组织，说白了，消防队员是不专业的乌合之众，直至 1917 年，上海租界消防队的业余救火员还是多于专业消防员；而宋朝的潜火队乃是由专职、专业的消防官兵组成，潜火兵平日必须接受严格的训练。

上海租界救火队采用鸣钟的方式拉响火警，并用钟鸣次数来表示起火的地段。租界当局将辖区划成若干个防火警报区，当火警响起时，如果每隔 10 秒钟鸣一声，即表示第一区发生火灾；如果每隔 10 秒钟鸣两声，表示第二区发生火灾；如果每隔 10 秒钟鸣三声，表示第三区发生火灾。这个警报机制看起来很开脑洞。

但，且慢，来看看宋人的做法。南宋杭州的望火楼以敲锣为火警警报，同时以旗为号（夜晚改以灯为号），指明失火方位。宋政府先将杭州城内外划成几个防火警报区，并进行编码，比如，朝天门内的区域代码是三，朝天门外的区域代码是二，城外的区域代码是一，消防警报拉响后，潜火兵根据望火楼打出的旗帜（或灯笼）数目与方向，便可立即判断出失火的方位，争取第一时间出动救火。

嘿，我真有点儿怀疑，上海租界的消防队是不是从宋朝的消防制度得到的灵感。

城市河渠护栏

俗语说,"水火无情"。火灾是威胁城市居民生命财产安全的大患,水运网络在给城市提供活力的同时,也埋伏下安全隐患。北宋东京,汴河穿城而过,是京师的生命线,供应京师的物资全赖汴河运输,但"汴水湍急,失足者随流而下,不可复活"。汴河岸"旧有短垣,以限往来,久而倾圮",因此才时常发生失足坠河事故,这就要求城市政府将修建沿河护栏纳入市政工程。元祐年间,一位叫作方达源的御史"建言乞重修短垣,护其堤岸"。

方达源的奏疏,不但建议朝廷"重修短垣",还阐发了政府应当保护每一名国民之生命安全的执政理念,值得我们不厌其烦引述出来:

> 臣闻为治先务,在于求民疾苦,与之防患去害。至于一夫不获,若已推而纳于沟中。昔者子产用车以济涉,未若大禹思溺者之由已溺之心如此,故能有仁民之实,形于政令,而下被上施,欣戴无斁。今汴堤修筑坚全,且无车牛泞淖,故途人乐行于其上。然而汴流迅急,坠者不救。顷年并流筑短墙为之限隔,以防行人足跌、乘马惊逸之患,每数丈辄开小缺,以通舟人维缆之便,然后无殒溺之虞。比来短墙多隳,而依岸民庐,皆盖浮棚,月侵岁展,岸路益狭,固已疑防患之具不周矣。近军巡院禁囚有驰马逼坠河者,果于短墙隳圮之处也。又闻城内续有殒溺者,盖由短墙

但系河清兵士依例修筑,而未有著令,故官司不常举行。欲望降指挥,京城沿汴汴南北两岸,下至泗州,应系人马所行汴岸,令河清兵士并流修墙,以防人跌马惊之患,每数丈听小留缺,不得过二尺。或有圮毁,即时循补。其因装卸官物权暂拆动者,候毕即日完筑。或有浮棚侵路,亦令彻去。委都水监及提举河岸官司常切检察,令天下皆知朝廷惜一民之命,若保赤子,圣时之仁术也。[1]

方达源的建议获得批准,"疏入报可,遂免湹溺之患"。由此可知,北宋东京的汴河岸不但修有堤坝,堤边还建有矮墙作为护栏,其日常维护则由"提举汴河堤岸司"与"都水监"两个部门负责。

杭州的水网更为发达,元代时来过杭州的意大利人马可·波罗描述说:杭城"街渠宽广,车船甚易往来,运载市民必需之食粮。人谓城中有大小桥梁一万二千座,然建于大渠而正对大道之桥拱甚高,船舶航行其下,可以不必下桅,而车马仍可经行桥上,盖其坡度适宜也"[2]。然而,河渠若不设护栏,必有隐患,"宋时城中沿河,旧无门阑,惟居民门首,自为拦障,不相联属。河之转曲,两岸灯火相直,醉者夜行经过,如履平地,往往溺死,岁数十人"[3]。

---

1 王明清:《挥麈录》。

2 《马可波罗行纪》,冯承钧译,上海古籍出版社,2014。

3 田汝成:《西湖游览志余》。

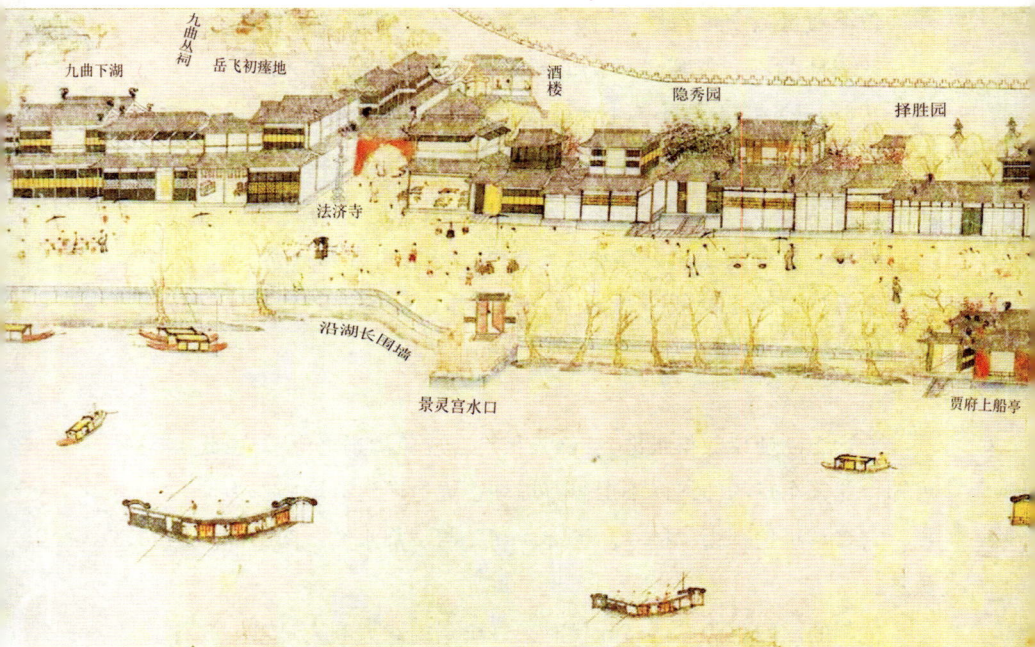

《西湖清趣图》上的矮墙护栏。图中文字为研究《西湖清趣图》的学者陈珲所标注

图中文字标注：九曲丛祠、九曲下湖、岳飞初瘗地、酒楼、隐秀园、择胜园、法济寺、沿湖长围墙、景灵宫水口、贾府上船亭

元祐五年（1090），苏轼知杭州，曾大规模整修市政工程。针对城内河渠未设护栏、河岸为居民占用的情况，苏轼放弃了全部拆迁违章建筑的计划，而是退一步，只要求占据河岸的民居腾出丈尺空间，"各作木岸，以护河堤"，同时"据所侵占地量出赁钱，官为桩管，准备修补木岸，乞免拆除屋舍"[1]，即沿岸居民按照其占用的建筑面积缴纳租金，作为维修"木岸"的基金，政府则承认他们的物业，不再按违章建筑拆迁。苏轼主持修建的"木

1　苏轼：《申三省起请开湖六条状》。

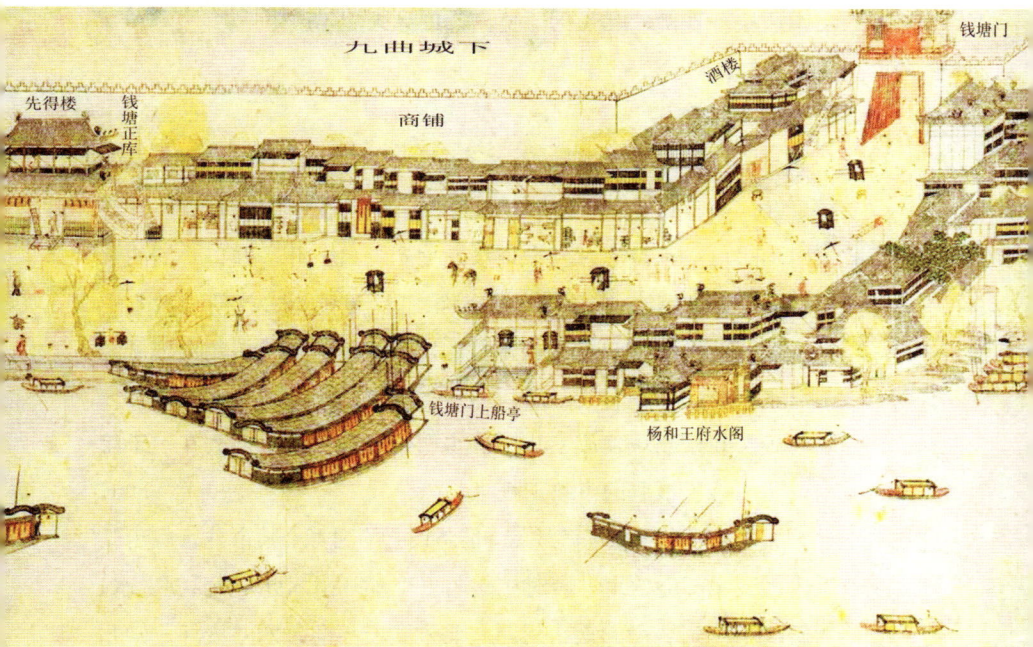

岸",实际上就是沿着河岸设置护栏,"沿河连置大木阑,每船埠留一门,民始便之"[1]。南宋时,一部分木制护栏又改建为更牢固的石砌围墙。

从《西湖清趣图》中,我们可以找到这样的矮墙护栏:出钱塘门,沿着城墙,西湖岸边形成了一条繁华的商业街,街道一边是林立的酒店商铺,另一边就是石砌的矮墙,矮墙每隔一段距离,便开有一门,设置"上船亭",以便居民出行登船或船舶靠岸。

---

1 田汝成:《西湖游览志余》。

沿岸还植有垂柳，既美化环境，又可巩固堤岸。

集中供水系统

2015 年 11 月，杭州市文物考古研究所在西湖边发现一处南宋时的居民用水设施，考古现场发掘到一口方井，井口一侧的水渠横卧一根木管。考古所的专家称，"这是杭州古代的一种集中供水系统"[1]。如果以一根输水管的出土就断言古代杭州出现了集中供水系统，未免有些轻率。不过，查文献记载，宋朝时候，宋政府确实在杭州城建成了集中供水网络。集中供水，放在一千年前，是相当了不起的市政工程了。

原来，杭州"本江海故地，惟附山乃有甘泉，其余井皆咸苦"，城内地下水不能饮用。唐时杭州刺史李泌开凿六井，引西湖之水，才解决了杭州居民的饮水问题。北宋熙宁年间，六井废坏，知州陈襄又招募了四名工程师，重修供水工程：在西湖疏浚六个水口，城内整修六口井池，"以竹为管"，引西湖水储于城内六井，供市民汲取饮用。但竹管极易堵塞，元祐年间，知杭州的苏轼又改用"瓦筒盛以石槽，底盖坚厚"，将竹管更换为瓦筒管道。[2]

南宋时，杭州成为事实上的国都（名为"行在"），"辇毂所驻，四方辐凑，百司庶府，千乘万骑，资于水者十倍昔时"[3]；且"生齿日繁，百万之众，仰给此水，其所关系尤重"[4]。因此，对六

---

1 2015 年 11 月 22 日《钱江晚报》新闻报道。

2 苏轼：《乞子圭师号状》。

3 潜说友：《咸淳临安志》卷三三。

4 施谔：《淳祐临安志》卷一〇。

井供水系统的维修便成了历任府尹的重点市政工程。淳祐七年（1247），由于西湖六个水口一带多被居民占为荷荡，于是淤泥堆积，水质浑浊，严重影响供水。临安政府用三万贯会子赎回被占用的荷荡，"锄掘菱荷"，"开掘深广，潴蓄湖中之水，以资京城日用之常"。又"用石砌结，疏作石窗，立为界限，澄滤湖水。舟船不得入，滓秽不得侵，使井口常洁，咸享甘泉"[1]。

到咸淳六年（1270），新任临安府尹潜说友再次大规模整修供水工程：（1）疏浚西湖水口，"以澄其源"；（2）扩建供水管道，"更作石筒，袤（纵长）二千七百尺（接近900米），深广倍旧"；（3）增修排水沟，"又别为沟，疏恶水，行于路之北"，供水管道与排水管道是分开的；（4）修建井亭，"极宏敞，旁为神祠，置守者使无敢污慢"[2]。

可以说，西湖六个水口对于南宋杭州的供水系统是极为重要的，所以政府要将水口围起来，立石窗过滤湖水，又禁止往水口扔杂物垃圾，禁止舟船驶入附近水域。这六个水口是什么样子的呢？《西湖清趣图》将它们都绘出来了，依次为涌金池水口、镊子井水口、相国井水口、杨家府水口、激赏库水口、小方井水口。

为净化西湖水源，宋政府还在湖边建设水闸，用于截留山洪，澄清泥沙。杭州的暴雨季节，凤凰山的山洪挟泥沙而下，致使"泥滓侵浊西湖"，因此，临安府"特置堤岸于湖侧，引水直至澄水闸"，待泥沙沉淀下来之后，清水再排入西湖；"又有南闸者，亦分方

1　施谔：《淳祐临安志》卷一〇。

2　潜说友：《咸淳临安志》卷三二。

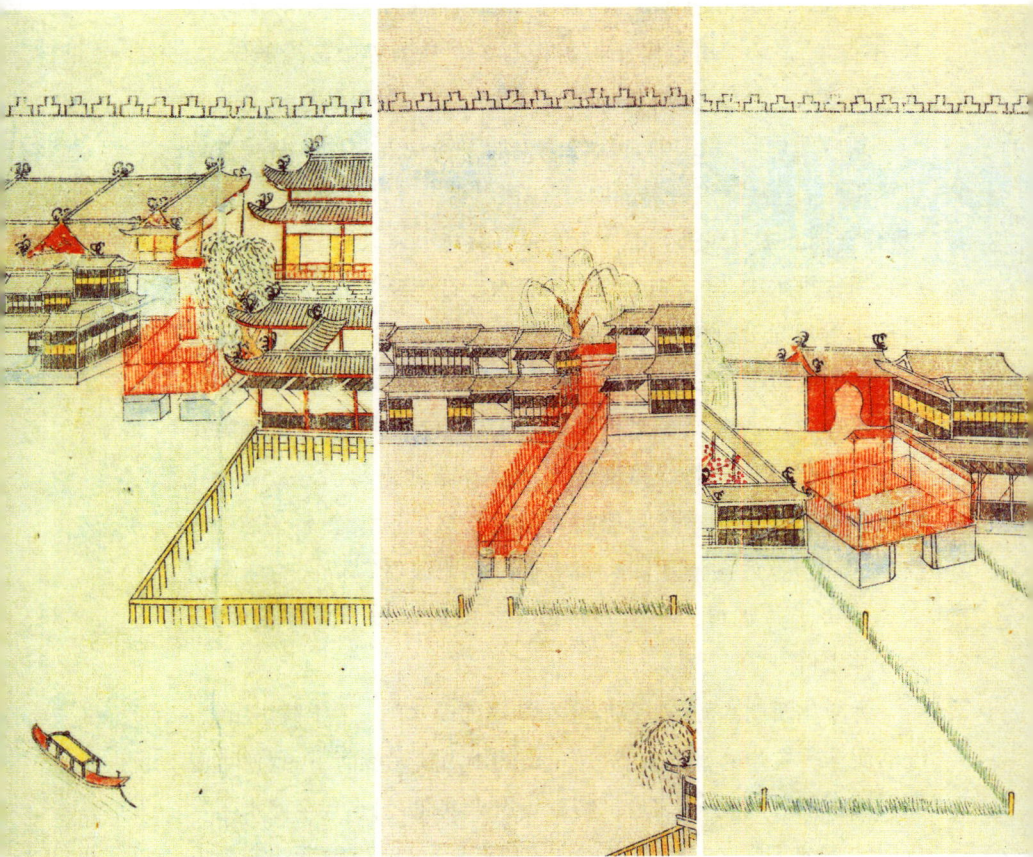

《西湖清趣图》上的西湖六水口

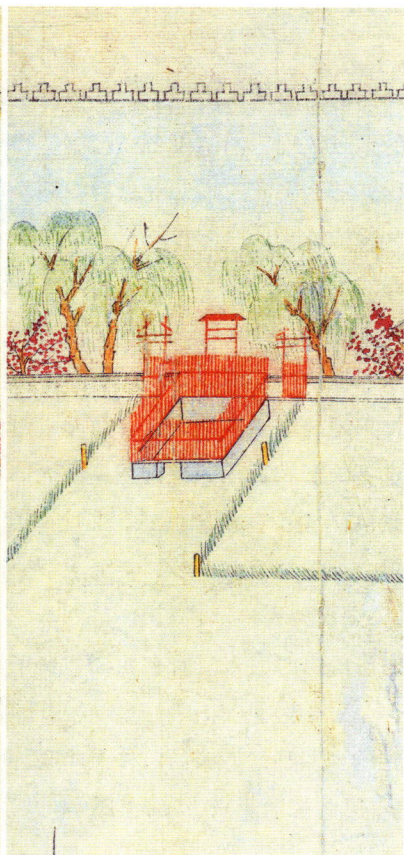

家峪之水，故置闸焉"[1]。这个"澄水闸"，也可以在《西湖清趣图》中找到。

公共游乐设施

如果套用马斯洛需求层次的理论，城市供水系统显然是满足市民生理需求的市政工程，消防设备与河渠护栏是满足市民安全需求的市政工程。那么宋政府还会提供旨在满足市民更高层次的精神需求的公共设施吗？

答案是，有的。

宋时杭州人喜游乐，而西湖又是游玩的好去处。《梦粱录》载，西湖边尽是皇家园林、寺院园林，"钱塘玉壶、丰豫渔庄、清波聚景、长桥庆乐、大佛、雷峰塔下小湖斋宫、甘园、南山、南屏，皆台榭亭阁，花木奇石，影映湖山，兼之贵宅宦舍，列亭馆于木堤；梵刹琳宫，布殿阁于湖山，周围胜景，言之难尽"。这些园林都对游客开放，跟今天的公园差不多。实际上整个西湖便是一个巨型的公共园林，"湖山游人，至暮不绝"。

为方便杭州市民出游，宋政府在西湖建造了堤坝、桥梁、码头、亭台等一系列公共设施。宋人称码头为"上船亭"，《梦粱录》《武林旧事》提到的上船亭便有钱塘门外上船亭、涌金门外上船亭、杨郡王府上船亭、惠明院上船亭、贾府上船亭，等等。《西湖清趣图》也画了很多处上船亭。

宋时西湖最著名的长堤，当为"苏公堤"（也作"苏堤"），

1　施谔：《淳祐临安志》卷一〇。

上：《西湖清趣图》上的澄水闸；下：《西湖清趣图》上的钱塘门外上船亭

《西湖清趣图》上的西湖苏堤

为元祐年间苏轼任杭州太守时所筑。长堤"横截湖面，绵亘数里，夹道杂植花柳，置六桥，建九亭，以为游人玩赏驻足之地"；咸淳年间，南宋朝廷又"给钱，命守臣增筑堤路，沿堤亭榭再一新，补植花木"；淳祐年间，临安政府又筑小新堤，"接灵隐三竺梵宫，游玩往来，两岸夹植花柳，至半堤，建四面堂，益以三亭于道左，为游人憩息之所，水绿山青，最堪观玩"[1]。

我们展开《西湖清趣图》，便可以看到六桥相接、九亭星布的苏堤，以及接通苏堤与灵隐山的小新堤。苏堤上不但种了芙蓉、杨柳，还建有上船亭、凉亭。显然，凉亭是修建来供游人憩息的，南宋《嘉泰吴兴志》载，"郡必有苑囿，以与民同乐。囿为亭观，又欲使燕者款、行者憩也故"。宋代每个州郡通常都建有公园，公园内一般都修了亭观，以便游客歇息。如果你看得够仔细，还

1　吴自牧：《梦粱录》。

会发现苏堤的芙蓉树下与杨柳树下，都围着一圈栏杆，这是为了防止游客攀折树木吧？

看图像的魅力就在于，只要你观察细致，总是会有一些意想不到的发现。在《西湖清趣图》的孤山路尽头，我也找到了一处极不起眼的公共设施：宋政府在路边安置了几张长凳、长桌。有游客正在长凳上休息。从这个文献似乎未有记录的图像细节，我觉得可以体会到宋代杭州市政建设的贴心：你如果游玩累了，可以找个凳子坐下来，歇一口气，吃些小点心，再随意看看身边的湖光山色，多惬意啊，不知不觉便忘掉了疲惫。

文化娱乐设施

"瓦舍勾栏"也是满足市民更高层次之精神需求的宋代城市设施。宋时的瓦舍，又叫"瓦市""瓦子""瓦肆"，是城市的市民娱乐中心，瓦舍内设有酒肆、茶坊、食店、摊铺、勾栏，勾栏

上：《西湖清趣图》上西湖苏堤的上船亭、凉亭、栏杆；下：西湖岸边的长凳、长桌

是商业演出场所，每天表演杂剧、滑稽戏、讲史、歌舞、傀儡戏、皮影戏、魔术、杂技、蹴鞠、相扑等娱乐节目，"不以风雨寒暑，诸棚看人，日日如是"，"终日居此，不觉抵暮"[1]，当然也会有夜场。

据《东京梦华录》记录，北宋东京有瓦舍近十座，规模最大的瓦舍内设"大小勾栏五十余座"，而最大的勾栏"象棚"居然"可容数千人"。南宋杭州的瓦舍，数目远远超过了东京，《梦粱录》说"其杭之瓦舍，城内外合计有十七处"；《武林旧事》记载的杭州瓦舍有二十三个；西湖老人《繁胜录》则收录了二十五个瓦子的名字，"惟北瓦大，有勾栏一十三座"。

《繁胜录》还详尽介绍了杭城瓦舍勾栏日夜表演的各类文娱节目与知名艺人：

说史书：乔万卷、许贡士、张解元；

背做蓬花棚：赵泰、王荟喜；

作场相扑：王侥大、撞倒山、刘子路、铁板踏、宋金刚、倒提山、赛板踏、金重旺、曹铁凛；

说经：长啸和尚、彭道安、陆妙慧、陆妙净；

小说（说书）：蔡和、李公佐、女流史惠英、小张四郎；

勾栏合生（艺人应观众要求现场"指物题咏"）：双秀才；

覆射（一种猜物游戏）：女郎中；

杖头傀儡（杖头木偶）：陈中喜；

悬丝傀儡（提线木偶戏）：炉金线；

使棒作场：朱来儿；

---

1 孟元老：《东京梦华录》。

教飞禽：赵十七郎；

舞番乐：张遇喜；

水傀儡（水上木偶戏）：刘小仆射；

影戏：尚保仪、贾雄；

唱赚：濮三郎、扇李二郎、郭四郎；

乔相扑（滑稽相扑表演）：鼋鱼头、鹤儿头、鸳鸯头、一条黑、斗门桥、白条儿；

踢弄（杂技）：吴全脚、耍大头；

谈诨话：蛮张四郎；

散耍（杂耍）：杨宝兴、陆行、小关西……（名单我尚未抄录完整）

　　不过宋代的瓦舍勾栏到底是何模样，少有图像传世。现在一些研究者相信，《西湖清趣图》绘出了杭州的一处瓦舍——钱湖门瓦子，从画面看，当年的钱湖门瓦子是一个方型建筑群，楼屋（勾栏）层层围绕，表演场所极多，外围商铺林立。[1]

　　需要指出的是，南宋杭州的一部分瓦舍是政府出资兴建的，纳入城市公共设施进行管理。潜说友《咸淳临安志》载，"故老云：绍兴和议后，杨和王为殿前都指挥使，以军士多西北人，故于诸军寨左右营创瓦舍，召集伎乐，以为暇日娱戏之地。其后，修内司又于城中建五瓦，以处游艺。今其屋在城外者，多隶殿前司，城中者隶修内司"。

1　参见应守岩《〈西湖清趣图〉之我见》，《杭州文博》2014 年第 1 期。

《西湖清趣图》上的钱湖门瓦子。图中文字为研究《西湖清趣图》的学者陈珲所标注

　　一般来说，位于杭州城外的瓦舍隶属于"殿前司"（军事机构），修建的初衷是给驻城士兵提供"召集伎乐"的娱乐场所。当然，宋人所说的"召集伎乐"，可不是我们理解的"召妓"，而是指歌妓歌舞弹唱。这些瓦舍也并非供士兵独享，市民显然也可以到那里玩耍、游乐。

　　位于城内的瓦舍则隶属于"修内司"（城建机构），建造的目的是供士庶"以处游艺"，可以说是杭城市政工程的组成部分。南宋杭州市民嬉游之风极盛，以致后来，"贵家子弟郎君因此荡游（瓦舍勾栏），破坏（民风）尤甚于汴都也"[1]。

　　元代时，宋人修建的瓦舍勾栏犹存，但入明之后，瓦舍勾栏

1　吴自牧：《梦粱录》。

作为一种城市建制，已经销声匿迹，城市中不再有瓦舍勾栏。在明人的语境中，"勾栏"也从商演场所变成了妓院的别称。中晚明城市娱乐业恢复繁华，但瓦舍勾栏的城市建制却未能复活，我们也未曾听说明清政府将市民娱乐设施当成市政工程来建设。

余话

宋朝城市的公共设施，当然不是只有《西湖清趣图》所表现的几种，还有其他维系城市正常运转的公共工程。比如地下排水系统，到过杭州的马可·波罗曾记录说，"通行全城之大道，两旁铺有砖石，各宽十步，中道则铺细沙，下有阴沟宣泄雨水，流于诸渠中，所以中道永远干燥。在此大道之上，常见长车往来，车有棚垫，足容六人。游城之男女日租此车以供游乐之用，是以时时见车无数，载诸城民行于中道，驰向园囿"[1]。可知杭州城建有发达的地下排水系统。再据《梦粱录》，宋政府还会定期派人疏通这些地下暗沟："遇新春，街道巷陌，官府差雇淘渠人沿门通渠；道路污泥，差雇船只搬载乡落空闲处。"

又如福利机构，《梦粱录》载，杭州戒子桥西设有"施药局"，对前来诊视的患者，以低于市价三分之一的价钱"给药医治"；施药局旁边有"慈幼局"，"如陋巷贫穷之家，或男女幼而失母，或无力抚养，抛弃于街坊，官收归局养之，月给钱米绢布，使其饱暖，养育成人，听其自便生理，官无所拘"；又有"养济院"，凡"老疾孤寡，或贫乏不能自存及丐者等人"，政府"籍家姓名，

---

1 《马可波罗行纪》，冯承钧译，上海古籍出版社，2014。

每名官给钱米赡之"。

再如公共照明，宋代城市的桥梁、水边、街巷、寺庙门口开始出现了公益性的夜灯，可以说是后世城市路灯的雏形。有些寺院还向过往路人施舍灯笼，如建造在西湖苏堤上的圆通接待庵，"施往来者茶汤仍笼灯，以惠夜行之人"[1]。

还有公共教育机构，据耐得翁《都城纪胜》记载，"都城内外，自有文武两学，宗学、京学、县学之外，其余乡校、家塾、舍馆、书会，每一里巷须一二所，弦诵之声，往往相闻。遇大比之岁，间有登第补中舍选者"。

这些见于南宋杭州城的公共设施，《西湖清趣图》似乎都没有描绘出来。当然也有可能是，作者其实已绘于画面，却因为没有文字标注，我们未能将它们从一大堆寻常的建筑物中找寻出来。甚是遗憾。

美国评论家沃尔特·李普曼说过："最好的政府是管制最少的政府，这完全正确；但同样正确的是，最好的政府也是提供服务最多的政府。"[2] 在中国历史上，这个"最好的政府"，恐怕只能存在于想象中。宋朝政府当然谈不上是"最好的政府"，不过，跟其他王朝相比，宋政府大概可以称得上是"提供服务最多的政府"吧。

1　潜说友：《咸淳临安志》卷八二。
2　转引自秦晖《帝制时代的政府权力与责任：关于"大小政府"的中西传统比较问题》。

宋

朝城市已有『自来水』

"竹龙驱水"

陆游有一首小诗写道："地炉枯叶夜煨芋，竹笕寒泉晨灌蔬。"[1]
这里诗人提到了宋朝社会常见的两种生活设施：

一是"地炉"，即供暖设备，诗人还用地炉的余烬煨熟芋头，
在深夜饱餐一顿。那宋朝人的地炉是什么样子的呢？欧阳修写过
一首《新营小斋凿地炉辄成》，其中几句说："堇户畏初寒，开炉
代温律。规模不盈丈，广狭足容膝。"看起来有点接近"地暖"。

一是"竹笕"，是供水设施，用竹筒连接起来的输水管道，
可将户外的泉水引入宅内，用于浇灌、洗漱与饮用，有点像后世
的"自来水"。

这种用于引水的竹笕（形似"竹龙"）曾被不少宋朝诗人
写入诗歌中，如陆游的另一首诗说："竹笕分泉自遍村。"[2]周焘
的《游天竺观激水》云："竹龙驱水转山鸣。"朱翌有诗曰："竹
龙衔尾转山房，饮足寒清滴夜长。"[3]舒亶也有诗曰："竹龙行雨
出千山。"[4]黄庭坚亦有一首诗，题目就叫作《从陈季张求竹竿引
水入厨》。可见宋代时，诸多山寺、民居、官舍都使用了竹笕的
引水设施。

元代王桢的《农书》介绍了竹笕引水的装置："连筒，以竹
通水也。凡所居相离水泉颇远，不便汲用，乃取大竹，内通其节，
令本末相续，连延不断，搁之平地，或架越涧谷，引水而至。又

---

1 陆游：《闭户》。
2 陆游：《出县》。
3 朱翌：《南华卓锡泉复出》。
4 舒亶：《题云湖庆安院》。

清刻本王桢《农书》的"连筒"插图

能激而高起数尺，注之池沼及庖湢之间（庖湢，即厨房与浴室）。如药畦蔬圃，亦可供用。"

　　《农书》所说的"连筒"，便是竹笕。这一技术当然不是元代才产生的，早在宋代时，人们已经广泛运用竹笕建造引水工程了。如明州慈溪县的庆安寺，"寺后有泉出于深谷，僧以巨竹连筒引行数里，支分于松下石池，溢入于溪"。南宋孝宗皇帝为高宗居住的皇家园林"凿大池，续竹筒数里，引西湖水注之。其上叠石为山，象飞来峰，宛然天成"[1]。

1　周必大：《淳熙玉堂杂记》。

集中供水工程

不过，宋人用竹管输水，尚不足以说明"宋朝已有自来水"，因为自来水的特征与其说是使用了输水管道，毋宁说是实现了集中供水。而前引宋诗描述的"竹笕分泉"也好，"竹龙驱水"也好，都是乡野人家（或山寺）一门一户的孤立行为。

集中供水的需求首先只能出现在大城市中。我们知道，宋代中国出现了一轮城市化，不但大量商业性市镇涌现出来，大城市也急剧扩张，50万人口的城市寻常可见（同时代的欧洲城市，比如伦敦、巴黎、威尼斯，人口最多不外10万），开封与杭州更是人口超过100万的超大型城市。这么大的城市，如果没有集中供水设施，是不可想象的。你让每户家庭都自己挖口井？这在农村与小城市倒行得通，但在大城市显然不可行。

因此，宋朝的城市政府需要将建设集中供水系统纳入市政工程。我们从文献上也看到，北宋大中祥符初年，宋政府"决金水河为渠，自天波门并皇城至乾元门，历天街，东转缭太庙，皆砌以甃甓，树之芳木，车马所度，又累石为梁。间作方井，宫寺民舍皆得汲用。复东引，由城下水窦入于濠。京师便之"[1]。这是汴京的集中供水工程。

杭州的居民生活用水，则主要取自西湖，虽是近水楼台，但也需要政府建立一个集中供水系统。苏轼治理杭州时，曾主持浚治西湖，并铺设管道引湖水入城，"湖水所过，皆阛阓曲折之间，

---

1 《续资治通鉴长编》卷七二。

颇作石柜贮水，使民得汲用、浣濯，且以备火灾，其利甚博"[1]。南宋时，杭州成为都城，居民繁多，商业繁华，对用水的需求量无疑更大，更是要求政府必须建造、维护好城市的集中供水工程。

2004 年，长沙的坡子街发掘出一处大型木结构建筑遗址，是一排自高而低、从城外通往城内的"屋脊"型木槽。整条木槽密封严实，里面还有多道闸门，可随意控制水的流量。考古学家相信，这是南宋时期潭州城的地下供水工程，木槽尽头应该是湘江，那里可能还会有复杂的提水设备，从湘江汲取上来的水通过木槽输入城内，供居民饮用。这是宋代潭州的集中供水系统。

苏轼设计的"自来水系统"

现在的问题是，宋代城市的集中供水工程到底在多大程度上接近于近代的自来水设备呢？对于宋人来说，建成自来水供水管道网络并不存在技术上的困难。宋时，蜀中一带的井盐手工业已经采用竹笕运输卤水，清人《自流井风物名实说》一文介绍了这一竹笕引流的技术："以大班竹或楠竹打通竹节，用公母笋接逗，外用细麻油灰缠缚，明暗高低相地势为之。或此山与对山若高数尺，即将笕埋土内，由此山达彼山，谓之'冒水笕'，不藉人工马力亦可冒六七里许；如无对山，不能冒水，则相地之高下，修造马车数座，翻山越岭，由河底穿过。"这样，各地打井汲取的卤水，可以通过管道运输到灶场集中煮盐。

如果将输送盐卤的竹笕网络置换成运输饮用水，用于给城市

1　苏轼：《申三省起请开湖六条状》。

居民集中供水，不就成自来水系统了吗？北宋时候，广州就出现了这样的城市自来水设施。而这一工程的设计师，就是苏轼苏大学士。我们应该还记得，苏轼知杭州时，也曾主持维修了杭城的供水工程。

北宋绍圣年间，苏轼被贬至岭南惠州，听当地人说起，邻近的广州城，"一城人好饮咸苦水，春夏疾疫时，所损多矣。惟官员及有力者得饮刘王山井水，贫下何由得"。当时的广州太守叫王敏仲，是苏轼的朋友。因此，苏轼便给他写了一封信："惟蒲涧山有滴水岩，水所从来高，可引入城，盖二十里以下耳。若于岩下作大石槽，以五管大竹续处，以麻绳、漆涂之，随地高下，直入城中。又为一大石槽以受之。又以五管分引、散流，城中为小石槽，以便汲者。不过用大竹万余竿，及二十里间，用葵茅苫盖，大约不过费数百千可成。"

苏轼建议，在广州城外二十里处的蒲涧山滴水岩下开凿一个大石槽，以盛山泉；再用巨竹打通关节，首尾衔接，接口处用麻绳与漆密封，制成五口长长的管道，从大石槽引水入城内；又在城内也设置一个大石槽，以储引入的泉水；再用五口竹管将泉水分引至城中各处小石槽，以便居民汲取。这个竹管制成的供水网络，有点像今天的自来水管道了。苏轼还做了一个预算：建成这个供水网，政府大约只需投入数百贯钱。

在这封致王敏仲太守的信上，苏轼还提议："须于循州置少良田，今岁可得租课五七千者，令岁买大筋竹万竿，作筏下广州，以备不住抽换。又须于广州城中置少房钱，可以日掠二百，以备抽换之费；专差兵匠数人，巡觑修葺。则一城贫富同饮甘凉，其利便不在言也。"苏轼的意思是,在珠江上游的循州购置良田放租，租金所得，用作购置竹管、更换管道的经费；再在广州城中建一

宋代广州自来水装置模型

批公屋放租，作为日常养护自来水工程的基金。

王敏仲听从苏轼提议，真的将这个供水系统给建起来了。苏轼很高兴，又给王敏仲写了一信："闻遂作管引蒲涧水甚善。每竿上，须钻一小眼，如绿豆大，以小竹针窒之，以验通塞。道远，日久，无不塞之理。若无以验之，则一竿之塞，辄累百竿矣。仍愿公擘画少钱，令岁入五十余竿竹，不住抽换，永不废。僭言，必不讶也。"[1]为什么要在每根竹管上钻一个小孔，然后又塞住？是为了方便日后检查哪一根竹管堵塞。当发现水管堵塞，只需拔掉各节小孔的小竹针，看哪处小孔不出水，便可马上判断是哪一节竹管堵住，更换那根竹管就行了，不会累及整个供水网络。

看看，苏轼的自来水工程方案，设计多么周全，也极具操作性。

今天广州博物馆还有苏轼设计的自来水装置模型展出。也有

1　苏轼设计的广州城"自来水"方案，详见苏轼尺牍《与王敏仲》。

人提出，广州是中国历史上最早拥有自来水设施的城市。虽然杜甫的一首《引水》诗称："白帝城西万竹蟠，接筒引水喉不干。"似乎唐代的白帝城已出现了城市自来水网络，但结合文献记述，"夔俗无井，以竹引山泉而饮，蟠窟山腹间，有至数百丈者"，可知杜诗中的"万竹蟠"，并非白帝城内的集中供水系统，而是城外山民分散的竹笕引水设施。有史可证的第一个拥有自来水设施的城市，还是北宋广州。

宋画中的自来水装置

宋代的城市自来水装置究竟会是什么样子的呢？宋诗的描述太过于简单，难以拼成完整的画面；王桢《农书》的插图也只是绘出一小段用于灌溉农田的竹笕，跟城市自来水设施相去甚远；博物馆展出的自来水装置模型也比较粗糙。不过我们还是从一幅宋画中捕捉到了宋朝城市自来水的图像信息。

这幅宋画为《浣月图》，绘画者已佚名，现藏于台北故宫博物院。以前一直将这幅《浣月图》当成五代时期的作品，但现在已有研究者指出，从画风看，此画当为宋人所绘。从图中我们看到，在一家大户人家的庭院里，大概正是中秋月朗之夜，秋花开放，明月当空，倒映在庭院的斗型水缸中。一位盛装仕女为月影所惑，探手欲掬水中之月。这也是《浣月图》题签的由来。仕女旁边还有三名侍女，或临案焚香，或捧物，或抱琴。整个画面，透出一股城市富贵家庭的雅致生活气息。

但我们应该将目光聚焦到庭院中那个假山。请看那假山，盘踞着一条龙形雕塑，从龙口源源不断流出清水——这就是宋朝人家安装的"水龙头"了。龙身实际上就是一段陶制的输水管，龙

宋代《浣月图》

尾处被假山遮掩的地方，也必有一根长长的竹制水管，连接户外的水源。从龙口流出的清水，又注入下面一个蓄水缸。[1] 可以看出来，这个"自来水"装置，既是美化庭院的装饰性景观，又可为日常起居供应用水。

类似的"水龙头"在传世宋画中很难找到。不过，正所谓"踏破铁鞋无觅处，得来全不费工夫"，这篇小文完稿后，偶然看到北宋李公麟的《丹霞访庞居士图》（美国私人藏），发现图中庭院左侧，花木遮掩之下，也有一个"自来水"装置，流水正从一根竹管中流出，注入一个大瓮，水瓮旁边还放置了水盆、小水桶。显然，这个"自来水"装置可给一家人提供日常饮食与洗漱之用。《丹霞访庞居士图》画的虽然是唐人庞蕴的故事，但李公麟笔下的人物起居环境，只能是宋人生活的反映。

有意思的是，这样的"家用自来水"装置，苏轼也建造过。苏轼任定州太守时，曾得到一块"雪浪石"，他用此石制成园林假山："予于中山后圃得黑石白脉，如蜀孙位、孙知微所画石间奔流，尽水之变。又得白石曲阳，为大盆以盛之，激水其上。名其室曰'雪浪斋'。"其铭曰："尽水之变蜀两孙，与不传者归九原。异哉驳石雪浪翻，石中乃有此理存。玉井芙蓉丈八盆，伏流飞空漱其根。东坡作铭岂多言，四月辛酉绍圣元。"[2] 能够"激水其上"、"伏流飞空"，应该就是用竹笕引水，在假山上设置水龙头，利用水压落差制造出一个小小的人工瀑布。这苏大学士果然有工程师之才。

1　参见孟晖《〈浣月图〉：矫龙引得活水来》对《浣月图》的解读。

2　苏轼：《雪浪斋铭》（并引）。

李公麟《丹霞访庞居士图》

　　最后我们再来设想一下：假如《浣月图》或《丹霞访庞居士图》画的是宋代广州的富贵人家，画中"水龙头"后面的输水管与苏轼设计的集中供水网络相接，换言之，如果宋代的广州居民从家中铺设管道，接通政府修建的供水系统，那么，这个建于11世纪末的城市供水设施，跟19世纪中叶近代城市出现的自来水系统就没什么区别了。

　　人们都相信，中国近代意义上的自来水设备学习自西洋，最早出现于晚清上海租界。但许多人恐怕尚不知道，宋代的城市已经在尝试建设"自来水"网络了。宋朝，那确实是一个令我们惊叹的时代。

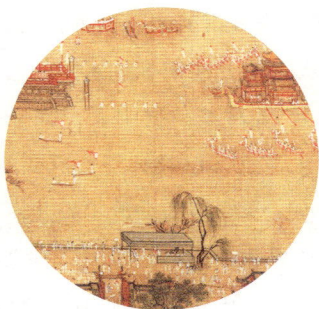

为

什么说宋朝皇家园林是开放的？

一座皇家园林

"金明池"位于北宋开封府顺天门外，与皇家园林"琼林苑"隔街相望，原是宋太宗时开凿来训练水师的一个军事基地，叶梦得《石林燕语》载："琼林苑乾德中置，太平兴国中复凿金明池于苑北，导金水河水注之，以教神卫、虎翼水军习舟楫。"但随着国家进入承平之期，金明池的功能也发生了转化，军事色彩渐渐淡化，宋政府在这里修建了亭台楼阁，种上垂柳花木。到太平兴国末年，这个军训基地已被改造成供宴游的皇家园林，当时一位谏官的上皇帝书可作证明："陛下又新西苑，复广御池。池若汉之昆明，苑若周之灵圃，足以为陛下宴游之所。"[1] 谏官所说的"御池"，当指金明池；"西苑"则是指琼林苑。

孟元老《东京梦华录》对金明池记述甚详。此外，还有一幅《金明池争标图》传世（天津市博物馆藏），图中有张择端题签，不过，画风却与张择端《清明上河图》完全不同，因此，我们相信这幅《金明池争标图》应该是南宋人临摹张择端的仿作。根据《金明池争标图》与《东京梦华录》，我们可以复原出金明池这座皇家园林的布局。

现在先来看看《金明池争标图》。为方便说明，我在图像上标注了文字。

从图上可以看出，从金明池东门进去，左手边是池南岸，"西去百余步，有面北临水殿，车驾临幸观争标，锡宴于此"。临水殿是大宋皇帝驾临金明池观赏水戏、赐宴大臣之所，原来只是"旋

1　田锡：《上太宗条奏事宜》。

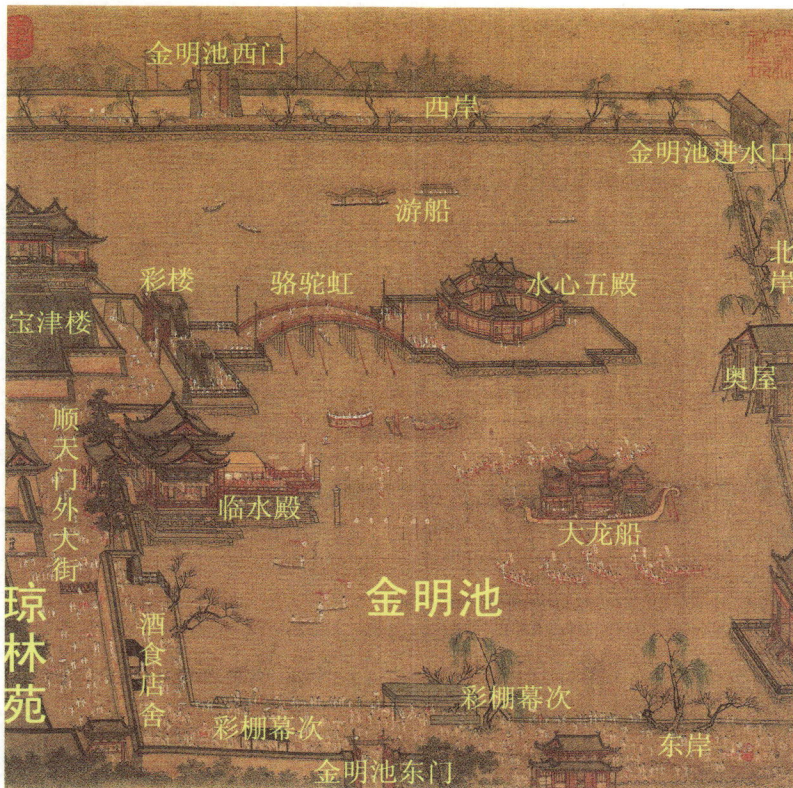

传张择端《金明池争标图》标注图

以彩幄"的简单建筑，宋徽宗政和年间才建成土木结构的临水楼阁。

从临水殿再往西行数百步，可以看到一座虹桥，"乃仙桥，南北约数百步，桥面三虹，朱漆阑楯，下排雁柱，中央隆起，谓之'骆驼虹'，若飞虹之状"。仙桥尽头，"五殿正在池之中心，四岸石甃向背，大殿中坐，各设御幄，朱漆明金龙床，河间云水戏龙屏风"，这是"水心五殿"。

仙桥的南端，建有一个"棂星门"，"门里对立彩楼。每争标作乐，列妓女于其上"。每当金明池举办龙舟争标赛事时，彩楼上就有歌妓弹唱助兴。

棂星门对街，就是琼林苑了。苑南正对着仙桥的方位，"有砖石甃砌高台，上有楼观，广百丈许，曰'宝津楼'。前至池门，阔百余丈，下瞰仙桥、水殿，车驾临幸观骑射、百戏于此"。这座宝津楼是皇帝驾临琼林苑、登高观看金明池骑射、百戏的楼台。

金明池的繁胜基本上都集中在东岸与南岸，西岸与北岸则比较僻静。北岸正对水心五殿的地方，"起大屋，盛大龙船，谓之'奥屋'"。奥屋是安置皇家大龙舟的建筑，相当于现在的船坞。每年春季金明池举行龙舟争标赛时，大龙舟才会驶出来表演二十日，平日一般都藏于奥屋。池西岸则"无屋宇，但垂杨蘸水，烟草铺堤"[1]。

整个金明池，"周围约九里三十步，池西直径七里许"。据2005年开封市文物部门对金明池地下遗址的勘探，发现池之东西长约1240米，南北宽约1230米。由此可知金明池面积约有1.5平方公里，占地超过2200亩，相当于两个北海公园那么大。

一个水上乐园

由于金明池的功能发生了转化，从操练水师的军训基地转为供宴游玩乐的皇家园林，原来的军事训练项目也演变成娱乐性质的水戏表演，包括水战、百戏、竞渡、水傀儡、水秋千、龙舟争

1　孟元老：《东京梦华录》。

标赛，等等。金明池水戏一年一届，定期举行，时间为每年的春季，宋人称为"开池"。

"水战"可以视为金明池军事功能的遗存。大中祥符六年（1013），宋真宗"于金明池按试战棹"，以示"不忘武功"之意。[1]不过此时的"水战"类似于水上军事表演，具有很高的观赏性，生活于北宋末、南宋初的士人袁褧回忆说："余少从家大夫观金明池水战，见船舫回旋，戈甲照耀，为之目动心骇。"[2]

"百戏"则是水师士兵表演的娱乐节目，"如大旗、狮豹、掉刀、蛮牌、神鬼、杂剧之类"，《东京梦华录》列举的这些名堂，都是流行于宋代的杂技、魔术、烟花、舞蹈节目，纯粹供观赏。

"竞渡"相当于游泳比赛，至迟在太宗时代，金明池水戏已出现了"竞渡"的项目：淳化三年（992）三月，"（太宗）幸金明池，命为竞渡之戏，掷银瓯于波间，令人泅波取之。因御船奏教坊乐，岸上都人纵观者万计"[3]，第一个夺得银瓯者，可得到奖励。

"水傀儡"是水上木偶戏。宋代的木偶戏技术非常高明，艺人可以控制木偶在池上划船、钓鱼、踢球、舞蹈。看《东京梦华录》的描述吧："有一小船，上结小彩楼，下有三小门，如傀儡棚，正对水中乐船……彩棚中门开，出小木偶人，小船子上，有一白衣人垂钓，后有小童举棹划船，缭绕数回，作语乐作，钓出活小鱼一枚，又作乐，小船入棚。继有木偶筑球、舞旋之类，亦各念致语唱和乐作而已……"

1　《宋史·兵志》。

2　袁褧：《枫窗小牍》。

3　《宋史·礼志》。

"水秋千"有点像今天的花样跳水,《东京梦华录》这么描述:"又有两画船,上立秋千,船尾百戏人上竿,左右军院虞候监教,鼓笛相和。又一人上蹴秋千,将平架,筋斗掷身入水"。元代王振鹏的《龙池竞渡图》即绘有北宋金明池的"水秋千"与"水傀儡"表演。

最精彩的还是龙舟争标。由小龙船二十只、虎头船十只、飞鱼船二只、鳅鱼船二只展开花色表演与夺标竞赛:"小龙船列于水殿前,东西相向;虎头、飞鱼等船,布在其后,如两阵之势。须臾,水殿前水棚上一军校以红旗招之,龙船各鸣锣鼓出阵,划棹旋转,共为圆阵,谓之'旋罗'。水殿前又以旗招之,其船分而为二,各圆阵,谓之'海眼'。又以旗招之,两队船相交互,谓之'交头'。又以旗招之,则诸船皆列五殿之东面,对水殿排成行列,则有小舟一军校执一竿,上挂以锦彩银碗类,谓之'标竿',插在近殿水中。又见旗招之,则两行舟鸣鼓并进,捷者得标,则山呼拜舞。并虎头船之类,各三次争标而止。"可见宋代的龙舟争标,比后来的划龙舟比赛更讲究花样,更具观赏性。

供皇帝乘坐、观赏争标赛的大龙舟,特别豪华,"约长三四十丈,阔三四丈,头尾鳞鬣,皆雕镂金饰",上有亭台楼阁,"中设御座、龙水屏风","龙头上人舞旗,左右水棚,排列六桨,宛若飞腾"。为使大龙舟保持平衡,舱底"密排铁铸大银样,如桌面大者,压重,庶不欹侧也"[1]。南宋李嵩《天中戏水图》(台北故宫博物院藏)画的就是这种大龙舟。

因为有了这么丰富、精彩的水戏表演,开池期间的金明池,

---

1 孟元老 :《东京梦华录》。

上：王振鹏《龙池竞渡图》上的水秋千；下：王振鹏《龙池竞渡图》上的水傀儡

李嵩《天中戏水图》

完全可以说是一个狂欢的水上乐园。

一个城市公园

现在的问题是，金明池的精彩水戏是供皇帝孤家寡人独享的，还是让所有市民共同观赏的？换言之，这一座皇家园林、水上乐园，在开池的季节，寻常市民可以入内赏玩吗？

答案是，可以的。

据宋人笔记《清波别志》，"岁自元宵后，都人即办上池。邀游之盛，唯恐负于春色。当二月末，宜秋门揭黄榜云：三月一日，三省同奉圣旨，开金明池，许士庶游行，御史台不得弹奏"。每年的三月一日至四月八日，金明池准时"开池"，任士庶游玩。

又据另一本宋朝笔记《岁时杂记》，宋政府刚开始开放金明池时，开封市民多不知情，以致"月初游人甚少"，为此，御史台"预出榜申明：祖宗故事，许士庶游金明池一月"，提前贴出公告，欢迎大家自三月一日起，前往游园。

到后来，春季游金明池成了开封府的一大民俗，元宵节一过，市民已准备好了游园："都人只到收灯夜，已向樽前约上池。"开池之期，连乡下的村姑也纷纷赶往开封府，"每开一池，日许士庶扑博其中，自后游人益盛，旧俗相传，里谚云：'三月十八，村里老婆风发。'盖是日村姑无老幼，皆入城也"[1]。

宣和年间，金明池甚至在夜间也对外开放："宣和……乙巳之春，开金明池，有旨令从官于清明日恣意游宴。是夜，不扃郭门。贵人竞携妓女，朱轮宝马，骈阗西城之外"[2]。

所以，每年从三月一日到四月八日，金明池内，游客如蚁，观者如堵，按《东京梦华录》的记述，"虽风雨亦有游人，略无虚日矣"。王安石用一首诗形容金明池的热闹："临津艳艳花千树，夹径斜斜柳数行。却忆金明池上路，红裙争看绿衣郎。"（谁说宋朝人保守？）

金明池东岸尤其喧闹，"两边皆彩棚幕次，临水假赁，观看争标。街东皆酒食店舍、博易场户、艺人勾肆质库"。"彩棚幕次"是商家临时搭建的棚子、帐篷，用来租赁给游客观看水戏；"酒食店舍"是饮食店；"博易场户"是摆卖商品的摊位；"艺人勾肆"是表演文娱节目的场所；"质库"类似于银行，供抵押贷款，宋

1　金盈之：《醉翁谈录》。

2　曾慥：《高斋漫录》。

人有"贷款旅游"的习惯，质库便提供这类服务。[1]

池中央的水心五殿，虽是皇家殿堂，却"不禁游人"，"殿上下回廊，皆关扑钱物、饮食、伎艺人作场，勾肆罗列左右。桥上两边，用瓦盆内掷头钱，关扑钱物、衣服、动使（日用品）游人还往，荷盖相望"。宋人所说的"关扑"，就是赌博。也就是说，水心五殿与仙桥，都允许商民摆摊、赌博、表演节目。对于游客来说，最高兴的事，莫过于带着赢来的物品回家了——"游人往往以竹竿挑挂终日关扑所得之物而归"。

池南岸的宝津楼，因为皇帝、嫔妃在此，守卫森严，"寻常亦禁人出入，有官监之"。但楼下也不禁游人，"皆高设彩棚，许士庶观赏。呈引百戏，御马上池，则张黄盖击鞭如仪。每遇大龙船出，及御马上池，则游人增倍矣"。

池西岸因为较为荒凉，"游人稀少"。但聪明的商家自有做生意的妙招，推出"有偿钓鱼"的经营项目："垂钓之士，必于池苑所买牌子，方许捕鱼。游人得鱼，倍其价买之，临水砟脍，以荐芳樽，乃一时佳味也。"游客钓到鱼后，可以花高价将鱼买下来，让商家"临水砟脍"，做成很美味的"刺身"。

在水戏停演的时间段，金明池上还有游船，供游客租赁游湖："贵家以双缆黑漆平船、紫帷帐，设列家乐游池。宣政间，亦有假赁大小船子，许士庶游赏，其价有差。"

《东京梦华录》的这些描述，可以跟《金明池争标图》的图像细节互证。我们展开《金明池争标图》，池之东岸、南岸，密密麻麻都是游人，画家也简约地勾勒出几处"酒食店舍""彩棚

---

1 《梦粱录》载，杭州市民"至如贫者，亦解质借兑，带妻挟子，竟日嬉游，不醉不归"。

上：《金明池争标图》上的金明池南岸与东岸；
中：《金明池争标图》上的仙桥与水心五殿；
下：《金明池争标图》上金明池西边的游船

幕次"。仙桥与水心五殿也都有游客的身影。西岸附近的水面上，还有几条正载客游玩的游船。

许多人都以为中国古代没有开放、公共的城市园林，只有封闭的皇家园林与私家园林；公园的建制是晚清时从西方传入的。但我们现在发现，北宋的金明池分明就是一个城市公园。事实上，宋代的开封府并非只有金明池一处公园，琼林苑、芳林园、玉津园、奉灵园、同乐园等皇家园林，都对公众开放，"皆宋时都人游赏之所"[1]。

"千重翠木开珍圃，百尺朱楼压宝津"[2]的皇家林苑，"灵囿无禁止，都人任游适"[3]的开放性，园林内"女齿笑瑳瑳"[4]的喧闹，还有"红裙争看绿衣郎"[5]的淡淡暧昧，使得金明池成了文人想象中最容易发生点故事——特别是爱情故事的空间，不少笔记小说与宋话本的情节展开都以北宋金明池为背景。来看几则：

洪迈《夷坚志·西池游》：

> 宣和中，京师西池（即金明池）春游。内酒库吏周钦倚仙桥栏槛，投饼饵以饲鱼。鱼去来游泳，观者杂沓，良久皆散。唯一妇人留，引周裾与言，视之，盖旧邻卖药骆生妻也。自徙居后，声迹不相闻。见之喜甚。（后面略去若干字。下同）

1　李濂：《汴京遗迹志》。

2　韩维：《城西二首》。

3　苏颂：《和胡俛学士游西池书事》。

4　梅尧臣：《金明池游》。

5　王安石：《临津》。

《夷坚志·吴小员外》：

> 赵应之，南京宗室也，偕弟茂之在京师。与富人吴家小员外日日纵游。春时至金明池上，行小径，得酒肆，花竹扶疏，器用罗陈，极潇洒可爱。寂无人声，当垆女年甚艾。三人驻留买酒……

宋话本《闹樊楼多情周胜仙》：

> 从来天子建都之处，人杰地灵，自然名山胜水，凑着赏心乐事，如唐朝便有个曲江池，宋朝便有个金明池，都有四时美景，倾城士女王孙，佳人才子，往来游玩。天子也不时驾临，与民同乐。如今且说那大宋徽宗朝年，东京金明池边，有座酒楼，唤作樊楼（这里作者显然搞错了，宋时樊楼并非设于金明池畔）。这酒楼有个开酒肆的范大郎，兄弟范二郎，未曾有妻室。时值春末夏初，金明池游人赏玩作乐。那范二郎因去游赏，见佳人才子如蚁，行到了茶坊里来，看见一个女孩儿，方年二九，生得花容月貌……

宋话本《金明池吴清逢爱爱》：开封府市民吴清与朋友赵应之、赵茂之，相约游金明池。

> 三人绕池游玩，但见：桃红似锦，柳绿如烟。花间粉蝶双双，枝上黄鹂两两。踏青士女纷纷至，赏玩游人队队来。三人就空处饮了一回酒。吴小员外道："今

日天气甚佳，只可惜少个侑酒的人儿。"二赵道："酒已足矣，不如闲步消遣，观看士女游人，强似呆坐。"三人挽手同行。刚动脚不多步，忽闻得一阵香风，绝似麝兰香，又带些脂粉气。吴小员外迎这阵香风上去。忽见一簇妇女，如百花斗彩，万卉争妍。内中一位小娘子，刚则十五六岁模样，身穿杏黄衫子……

若要评选出北宋城市的"爱情地标"，金明池可列榜首，樊楼次之，大相国寺又次之。

世间再无金明池

可惜这么一处极富人情味的皇家园林、水上乐园与城市公园，在北宋灭亡之后便迅速荒废了。南宋初年，郑刚中率军北征，进入中原，发现昨日繁华的金明池，如今已成"断栋颓壁，望之萧然"[1]。南渡的宋人只能写诗凭吊西池旧事："却忆金明三月天，春风引出大龙船。二十余年成一梦，梦中犹记水秋千。"[2]

跟随金明池消失的还有宋朝的公园建制。尽管南宋杭州西湖的皇家园林也不禁游人，但之后的元明清三朝，均未闻有开放皇家园林纵民游赏之制度。我们现在在看元代画家王振鹏的《龙舟夺标图》（北京故宫博物院藏）、《宝津竞渡图》、《龙池竞渡图》（均为台北故宫博物院藏）、《金明池龙舟图》（美国大都会艺术博物

---

1 郑刚中：《北山集》卷一三。

2 朱翌：《端午观竞渡曲江》。

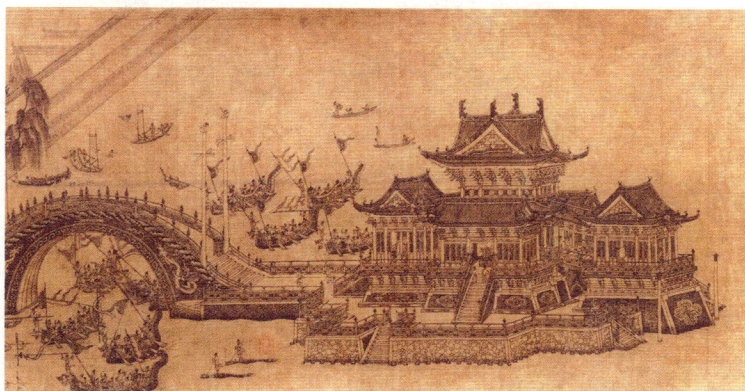

上：王振鹏《龙舟夺标图》局部；

中：王振鹏《龙池竞渡图》局部；

下：美国大都会艺术博物馆藏《清明上河图》中的金明池

上：台北故宫博物院藏仇英本《清明上河图》中的金明池；
下：台北故宫博物院藏沈源本《清明上河图》中的金明池

馆藏），画的都是北宋三月金明池开池的盛大场面，但画面上的金明池畔，再无一个寻常游客，观看龙舟竞渡的只有皇帝与高官。

　　绘于明清时期的《清明上河图》各个临摹版本，不管是美国大都会艺术博物馆藏的版本，还是台北故宫博物院、辽宁省博物馆分别收藏的两幅仇英摹本，不管是名气不大的沈源本，还是著名的清院本（台北故宫博物院藏），都比宋代的张择端本多了一个场景：卷末以"金明池竞渡"收笔。我们看明清画家笔下的所谓"金明池"，波澜壮阔，宫殿华丽，尽显皇家气派，但在池里划船的，在岸上观赏的，尽为宫女太监与若干官员，稀稀落落，被奢华的皇家建筑一映衬，显得特别冷清。

　　想来，生活在元明清三朝的人们，恐怕已经完全不相信（或不知道）曾经有过"开放皇家园林任人游玩"这一回事了，以致画家在描绘宋朝金明池的龙舟表演时，都不敢画出一个平民游客，只能根据他们的生活体验与合理想象，将金明池画成一个气派而又沉闷的封闭空间。清末时，清政府曾派五大臣出洋考察，应邀参观奥地利皇室离宫的清廷官员惊奇地发现，这一处"列树屏蔽、蔚然深绿、景色绝佳"的离宫，居然对市民开放，"工人士女来游者甚众"[1]，觉得有些不可思议。他们却不知道，开放宫苑、园林，纵民游览，其实是宋时已施行 300 年的一项制度安排。

1　转引自金满楼《晚清原来是这样》，现代出版社，2012。

为
什么说宋朝已有城市公园？

　　研究中国近代史的学者，几乎都认为中国在晚清近代化之前，是没有城市公园的，公园属于西洋文明传进来的近代城市装置。如雷颐先生说："举世皆知，中国园林可谓历史悠久美不胜收，但不是官家园林就是私家花园，从无'公园'，现在我们生活中习以为常的'公园'，是百年前在近代西学东渐影响下才出现在我们的生活中的。公园首先于 1868 年出现在上海的租界，由租界当局用中外商人税款创办，中国人译名为'公家花园'，几十年后留日学生增多，才从日本引进、最后确定名为'公园'。"[1]

　　张鸣先生也说："中国古代，没有公园，但私家园林却不少。最大的私家花园，一般都属于皇家。权贵和富豪，也有自己的园子，有的还相当精致。建一所公园，对公众开放，在上海，自 1868 年英租界的黄浦公园始。"[2]

　　张鸣先生所说的"黄浦公园"，即雷颐先生说的上海"公家花园"，其实就是后来闹出"华人与狗不得入内"传言的外滩公园。查该园 1885 年的游览规则，确实有"脚踏车及犬不准入内"、"除西人之佣仆外，华人一概不准入内"的条款，可见"华人与狗不得入内"的流言也非全然空穴来风。

　　且不论将这个限制华人游园的"公家花园"界定为中国的首家公园是否合适，不妨来讨论一个问题：在洋人建造上海公家花园之前，传统中国社会真的不存在公园建制吗？

　　为了避免无谓的争议，我们还是需要先对"公园"下一个明晰的定义。我们认为，公园是指"由政府规划、出资建造并管理，

1　雷颐：《公园古今事》。
2　张鸣：《黄浦公园那块纠结的牌子》。

有一定的游憩设施，供公众游览、休憩、娱乐的城市公共区域"。如果对这个定义没有异议，那么接下来，我们便按照这一界定来验证传统中国到底有没有公园。

让我们跳过晚清时段，将目光聚集到宋代中国。我们有足够多的图文史料与研究成果可以证实：宋代已出现了成熟的城市公园建制。宋人将这类城市公园称为"郡圃""州园"，有时候也叫作"公园"。北宋诗人吕陶写过一组诗，题目叫作《寄题洋川与可学士公园十七首》，这里的"公园"，指洋川郡圃。"公园"的概念说不定就是从日本"出口转内销"的。

郡圃，当然由州郡政府规划、出资建造并管理，一般修建在州郡衙署附近，所以一些学者也称其为"衙署园林"（不过这个命名有误导性，让人以为郡圃是地方官员私享的禁地）。如果你去翻看宋代留下来的地方志，不难检索到许多关于郡圃的记录，通常与官廨、学校、仓库场务等城市公共设施放在同一卷。

有的方志还绘有郡圃的插图，如《景定建康志》中就附有南宋建康府（南京）郡圃"青溪园"的木刻版画，研究者根据图像与文献史料，可以将这处郡圃的建筑、构造复原出来。明代的《闽都记》收录了一幅宋代福州城池图，上面也绘有福州郡圃——"春台馆"与"瓯冶池"（剑池），图像显示，春台馆、瓯冶池位于福州衙署左右，是从湖池发展起来的园林。

从青溪园、春台馆、瓯冶池的图像资料，我们也可以看出，郡圃都建有亭台楼阁、小桥流水等必要的游憩设施，是景色宜人的游览胜地。现在的问题是，这样的游览胜地对公众、市民开放吗？地方官府建造这么一个园林，目的的为何？是为了私享山水美景，还是供百姓游览、休憩、娱乐？

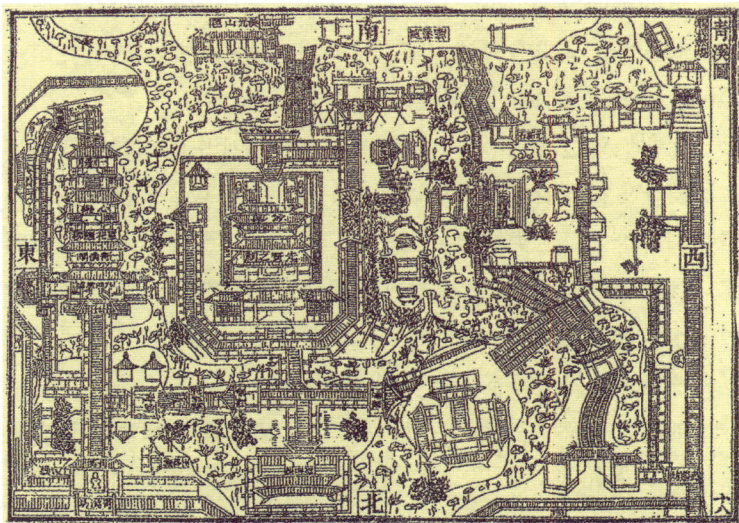

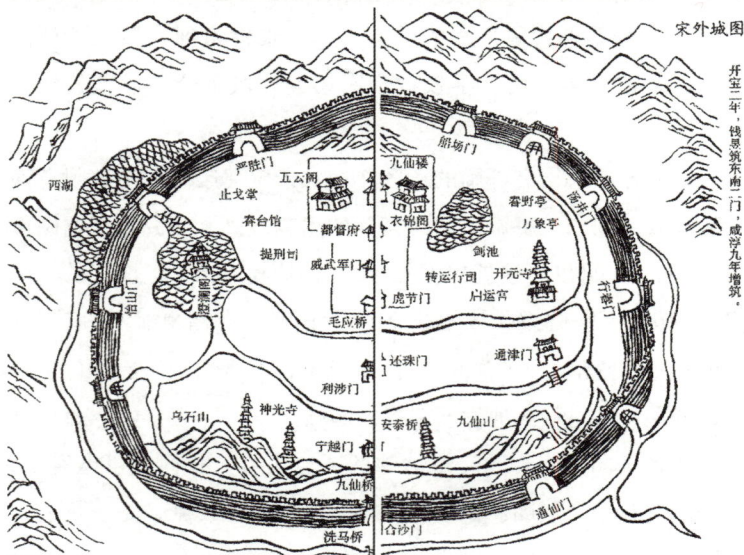

上：清嘉庆六年刊本《景定建康志》中的"青溪园"；

下：《闽都记》宋福州城池图中的春台馆、瓯冶池。图片转自福州市地方志编纂委员会整理《闽都记》，海风出版社，2001

宋诗中的郡圃

我们不妨先来看看宋诗中出现的郡圃。许多宋朝诗人都将郡圃写入了他们的诗歌作品，除了描述郡圃景色、讲述游园感受之外，不少诗句还向我们透露了宋代郡圃对公众开放的线索。

北宋张耒的《醉郡圃》一诗写道："游人酒客兴未足，举首白日西南斜。"显然诗人笔下的郡圃是有"游人酒客"前来游玩的。

南宋杨万里的《郡圃晓步因登披仙阁》则说："百五佳时更绝晨，园丁犹未放游人。"这里的"犹未放游人"，当然不是说郡圃禁止游人入内，而是说开园的时间未到。看来此处郡圃是定期开放的。在诗人另一首诗《问涂有日戏题郡圃》中，郡圃就开放了："今年郡圃放游人，懊恼游人作挞春。"

南宋汪莘的《题新安郡圃驻屐亭》提到："愿君与国为柱石，长使邦人歌驻屐。"新安（即徽州）的郡圃应该也是向"邦人"（州郡居民）开放的。陈岘的《郡圃依绿亭》亦说："待与邦人同醉乐，一樽何惜少徘徊。"此处郡圃无疑也开放给"邦人"游玩。

北宋苏颂的《寒食后一日作和林秀才》："宫花铺绣浅深红，蜀柳垂丝千万缕。都人士女趁时节，郡圃山樊乐樽俎。"戴复古的《郡圃寒食》："与民同乐一开园，佳节何曾禁得烟。拍岸绿波浮舴艋，翻空红袖打秋千。"描述的都是"都人士女"在寒食节后游览郡圃的情景。

南宋曹冠的小词《夏初临·婺州郡圃》则以华丽的句子描绘了士女赏游婺州郡圃的醉人画面："水榭风台，竹轩梅径，双溪新创名园。极目遐观，碧岑敛散瑶烟。柳塘风皱清涟。烂红云、花岛争妍。艳妆佳丽，相携笑歌，学弄秋千。"

辛弃疾也有一首小词，叫《木兰花慢·题上饶郡圃翠微楼》，

413

从词中"近来堪入画图看，父老愿公欢"的句子看，上饶郡圃也是纵人游览的。

陆游有一首诗写道："老子何曾惯市尘，今朝也复入城闉。太平有象人人醉，造物无私处处春。九陌莺花娱病眼，一竿风月属闲身。不缘兴尽回桡早，要就湖波照角巾。"好像看不出有什么开放郡圃的信息，但我们看看诗的题目《入城至郡圃及诸家园亭游人甚盛》，便一目了然。

北宋蔡襄的诗《开州园纵民游乐二首》，南宋程公许的诗《清明日郡圃游观者如织，余以赵园之约至夕乃还》，也是不用读诗句，光看题目，便能知道诗人所咏郡圃均为对公众开放。

另外，从宋元人的笔记中，也可以找到一些明确记录郡圃开放给游人游玩的信息。曾敏行《独醒杂志》载，成都合江园"前后植梅极多。故事，腊月赏燕其中。管界巡检营其侧，花时日以报府，至开及五分，府坐领监司来燕，游人亦竞集"。合江园是成都郡圃，花季开放，任人游赏。

张礼《游城南记》载："乐游原亦曰园，在曲江之北，即秦宜春苑也，汉宣帝起乐游庙，因以为名。在唐京城内，每岁晦日上巳重九，士女咸此登赏被禊。"乐游原是长安郡圃，每年的上巳节与重九节，都有士女来此登高。

范成大《吴船录》载："十里，至蜀州。郡圃内西湖极广袤。荷花正盛，呼湖船泛之。系缆古木修竹间，景物甚野，为西州胜处。"蜀州郡圃叫罨画池，现在是四川崇州市的公园与文化古迹，但人们未必知道宋时罨画池已经是"游宴繁盛"的城市公园了。

传世的宋代画作能不能找到市民游园的图像呢？以园林为题材的宋代绘画并不少见，如传为唐代李思训所绘、实为宋人作品的《悬圃春深图》、张先《十咏图》、马麟的《秉烛夜游图》、南

《西湖清趣图》上的园林与游人

宋佚名《湖亭游览图》等，但描绘市民游览公共园林之热闹场景的作品，却有如凤毛麟角。不过，我们还是从美国弗利尔美术馆收藏的《西湖清趣图》找到了南宋时期杭州市民游赏西湖园林的画面。

西湖既是美景天成的自然景观，亦是宋政府有意识营造的公园，杭州政府先后拨款在西湖景区兴建了湖堤、桥梁、码头、亭台、楼阁、寺院官观等公共设施，并每年出资修葺，目的就是方便市民游览。《梦粱录》载，每年元宵节收灯之后，临安府"例于点检酒所开支关会二十万贯，委官属差吏雇唤工作，修葺西湖南北二山、堤上亭馆、园圃、桥道，油饰装画一新，栽种百花，映掩湖光景色，以便都人游玩"。

方志中的宋代郡圃

地方志对宋代郡圃的记述，更是确凿无误地显示了郡圃的开放性与公共性。研究中国园林史的重庆大学毛华松先生，曾从浩如烟海的宋朝方志中检索出大量史料，证实宋代郡圃或定期向公众开放，或完全开放。[1] 下面引述的方志记载，参考了毛先生的研究成果：

广州郡圃——元老壮猷之堂："郡东西圃旧亭池，率荒芜不治。（今南宋）淳祐壬寅，经略方宝学大琮政余，始命划治芜秽，旧者新之，埋没者出之。西建'元老壮猷'之堂。……岁遇节，纵

1　参见毛华松《论中国古代公园的形成——兼论宋代城市公园发展》，《中国园林》2014年第 1 期。

民乐之。"[1]

明州郡圃——众乐亭："总桥三十丈，桥之东西有廊，总二十丈。廊之中有亭，曰众乐，其深广几十丈，其前后有庑，其左右有室，而又环亭以为岛屿，植苍木，于是遂为州人胜赏之地。方春夏时，士女相属，鼓歌无虚日。"[2]

永嘉郡圃——众乐园："纵横一里，中有大池塘，亭榭棋布，花木汇列。宋时，每岁二月开园设酤，尽春而罢。"[3]

绍兴郡圃——西园："邦人无小大得恣乐其中。二月二日始开西园，纵郡人游观，谓之'开龙口'，府帅领客观竞渡。"[4]

绍兴郡圃——赐荣园："春欲尽数日，游者益众。千秋观前一曲亭（即赐荣园），亦竞渡不减西园，至立夏日止。"[5]

吴兴郡圃："方春百卉敷腴，居人士女，竞出游赏，亦四方风土所同也。"[6]

平江府郡圃："承平时，每岁首饰诸亭，纵民游玩，以示同乐。"[7]

前面我们提到的建康府郡圃——青溪园，也是一个开放性的公园：南宋开庆年间，知建康府马光祖浚通青溪，"建先贤祠及诸亭馆于其上，筑堤飞桥以便往来，游人泛舟其间，自早入暮，乐而忘返"。[8]

1　元大德：《南海志》。
2　《乾道四明图经》。
3　《大明一统志》。
4　《嘉泰会稽志》。
5　《宝庆会稽续志》。
6　《嘉泰吴兴志》。
7　《姑苏志》。
8　《景定建康志》。

福州的春台馆、瓯冶池，也都是开放性郡圃。瓯冶池"其迹最古，且爱其平阔清泚。又池之南陇阜盘迂，乔林古木，沧洲野色，郁然城堞之下。于是亭阁其上，而浮以画舫。可燕可游。亭之北跨濠而梁，以通新道。既而，州人士女，朝夕不绝，遂为胜概"，是全年开放的公园。春台馆则是定期开放的公园："州园在牙门之西，所谓春台馆是也。岁二月启钥，纵民游赏，常阅一月，与民同乐也。"[1]

当然，相对于宋代三百多个州郡的数目，我们搜罗到的方志记载，无异于九牛一毛，无法证明开放性郡圃在宋朝的普遍性，只能作为个案，说明至少有一部分郡圃是对公众开放的。

不过，我们确知一点：宋代是修建郡圃的鼎盛期，不管宋朝之前，还是宋朝之后的地方政府，都未能像宋代士大夫那样投入极大的热情建造郡圃。北宋名相韩琦说："天下郡县无远迩小大，位署之外，必有园池台榭观游之，所以通四时之乐。"[2]

南宋《嘉泰吴兴志》亦称："郡有苑圃，所以为郡侯燕衎、邦人游息之地也。士大夫从官，自公鞅掌之余，亦欲舒豫，乃人之至情。方春百卉敷腴，居人士女，竞出游赏，亦四方风土所同也。故，郡必有苑圃，以与民同乐。圃为亭观，又欲使燕者款、行者憩也。"当时不但大都市（州郡）普遍建有郡圃，一些小城市（县城）也跟风营造苑圃。而这些苑圃，通常都是作为"邦人游息之地"，供官民"通四时之乐"。

因此，我们可以确定，宋代已形成了比较成熟的城市公园建

1　《淳熙三山志》。

2　韩琦：《定州众春园记》。

制，地方政府自觉地将建造公园列入城市公共设施建设规划。不仅仅是个别繁华大都市修建了公园，大多数城市都有苑囿之类的公共设施。

相州康乐园与成都西园

宋代园林以东南为盛，但即便在北方的相州（今河北省临漳县），也有郡囿——康乐园。康乐园为韩琦所修，据元人纳新《河朔访古记》，"韩魏公以武康之节归，典乡郡，因辟牙城作甲仗库，以备不虞，遂大修亭池，名曰康乐园，取斯民共乐康时之义，故云。魏公自为记，书而刻诸昼锦堂上。园中旧有七堂，曰：昼锦、燕申、自公、荣归、忘机、大悲、凉堂。又有八亭，曰：御书、红芳、求己、迎合、狎鸥、观鱼、曲水、广春。又有休逸、飞仙二亭"。

康乐园中的昼锦堂建成后，韩琦请欧阳修写了一篇《相州昼锦堂记》，这篇堂记被时人誉为"天下文章，莫大乎是"，在文学史上名气极大，历代书法家如蔡襄、米芾、赵孟頫，都以书写《相州昼锦堂记》为尚；相传宋末元初的钱选、赵孟頫，明代的文徵明、陈淳、仇英等多位画家，都曾以昼锦堂为题绘制图轴、图卷，其中最著名者，也许是吉林省博物馆收藏的晚明董其昌《昼锦堂图》，以致"昼锦堂"的名头压过了"康乐园"。

实际上昼锦堂不过是康乐园的一处建筑。对于相州的居民来说，康乐园无疑更加重要，因为韩琦修建康乐园，初衷即是为相州的士庶提供一个共享康乐的公园。这也是他将相州郡囿命名为"康乐"的原因。郡囿竣工后，韩琦写了一篇《相州新修园池记》，说道："南北二园（北园即康乐园），皆植名花杂果、松柏杨柳所宜之木，几数千株。既成而遇寒食节，州之士女无老幼，皆摩肩

上：传钱选《昼锦堂图卷》局部，未知收藏者；
下：传赵孟頫《昼锦堂图卷》局部，未知收藏者

蹑武，来游吾园。或遇乐而留，或择胜而饮，叹赏歌呼，至徘徊忘归。"看着相州市民"摩肩蹑武"前来游园，韩琦很是欣喜。

可惜这种"州之士女无老幼，皆摩肩蹑武，来游吾园"的盛况，未能为绘制《昼锦堂图》的画家所注意。传为元初钱选与赵孟頫绘画的《昼锦堂图卷》，毕竟还画出了康乐园外的宾客车马（但也不是"来游吾园"的普通州民），明代画家却将《昼锦堂图》绘成山水画，董其昌笔下的昼锦堂，更是完全没有城市公园的模样，更像是文人归隐的山林。这里的原因，也许是因为明代画家对士庶游园的世俗景象不感兴趣，也许是宋代之后人们已经不了

上：传文徵明《昼锦堂图》局部，未知收藏者；中：传陈淳《昼锦堂卷》局部，未知收藏者；
下：董其昌《昼锦堂图》局部

解郡圃的开放性。

　　在宋代众多郡圃中，成都的西园也值得细加介绍，因为这是一个非常具有娱乐精神的城市公园。元人《岁华纪丽谱》载，西园"每岁寒食，辟园张乐，酒垆花市，茶房食肆，过于蚕市。士女从观，太守会宾僚凡浃旬，此最府庭游宴之盛。近岁自二月即开园，逾月而后罢，酒人利于酒息，或请于府展其日，府尹亦许之"。换言之，成都西园在开放期间，园内有酒垆花市、茶房食肆，有文娱表演，以娱游人。

　　庄绰《鸡肋编》的记述更为详细："成都自上元至四月十八日，游赏几无虚辰。使宅后圃名'西园'，春时纵人行乐。初开园日，酒坊两户各求优人之善者，较艺于府会。以骰子置于合子中撼之，视数多者得先，谓之'撼雷'。自旦至暮，唯杂戏一色，坐于阅武场，环庭皆府宅看棚。棚外始作高凳，庶民男左女右，立于其上如山。每诨一笑，须筵中哄堂，众庶皆嚎者，始以青红小旗各插于塈上为记。至晚，较旗多者为胜。若上下不同笑者，不以为数也。"西园不但定期开放，而且开园首日，酒坊会在园中举办"相声大赛"，评委是游园的观众，凡能将全场观众逗得哄堂大笑的艺人，可得一枚青红小旗。一天下来，哪位艺人得到的小旗最多，即为最佳艺人。

　　这样的郡圃，如果不能说是"公园"，那还有什么可以称为"公园"呢？

"与民同乐"的时代精神

　　那么，为什么宋代会成为郡圃建设的鼎盛期？为什么宋朝地方政府热衷于将郡圃辟为供公众游乐的公园？

这背后，我相信是一种"与民同乐"的时代精神在推动。"与民同乐"之说，出自孟子与梁惠王的对话："文王以民力为台，为沼，而民欢乐之，谓其台曰：灵台，谓其沼曰：灵沼。乐其有麋鹿鱼鳖。古之人与民偕乐，故能乐也。"[1] 孟子认为，君主当与天下百姓共享欢乐。因此，文王建造灵台、灵沼，非为私享，而是打造成公共园林。宋代以"回向三代"为志，于是"与民同乐"的共享精神，从经典的记载复活过来，成为强劲的时代思潮。

我们现在去看宋人修建郡圃的"园记"（宋朝士大夫建造郡圃，往往都会自己或请人撰写一篇园记，阐明造园的初衷），便会发现，主持工程的地方官员总是一遍遍强调：之所以要建造这个郡圃，并不是我个人贪图享乐，而是为了让人民共享岁月之静好、太平之逸乐啊。

韩琦修建定州众春园，是希望"良辰佳节，太守得与吏民同一日之适，游览其间，以通乎圣时无事之乐"[2]。

程节建静江府八桂堂，也是为与民同乐，"公（堂记作者对程节的尊称）之辟圃也，敞靡通途，无隔塞之禁，而不忍擅一身之私，此后同其乐也。惟忧乐与斯人共之，是为公所以建八桂之意欤"[3]。

刘敞建东平府乐郊池亭，是因为"郓，故有负城之园，其废盖久，士大夫无所于游，四方之宾客贤者，无所于观，吏民无所于乐"，因此才"据旧造新，筑之，凿之，扩之，营之，辟之，有堂、

1　《孟子·梁惠王》。

2　韩琦：《定州众春园记》。

3　李彦弼：《八桂堂记》。

有台、有池、有榭、有坞、有亭、有馆、有南北门堂。所以与上下同乐者也"[1]。

施正臣、许子春、马仲涂三人修真州东园，也是考虑到"真，天下之冲也。四方之宾客往来者，吾与之共乐于此，岂独私吾三人者哉？"[2]

平阳府建造郡圃南池，亦为让"小人（指平民百姓）则曰，今而后农工之隙，吾得而游晏，佳哉吾守之有惠也"[3]。

潮州修筑西湖山郡圃，则是知州林山票"登州治之金山，从容眺望，西挹其秀而得佳趣，不能知秘，思与邦人同其乐"，故而"堙者夷之，翳者剔之，崎岖者砌而级之，植以松竹，杂以花卉，复筑三亭，以便游憩"[4]。

可是，宋亡之后，"与民同乐"的公共治理精神不再被强调，明清时期的士大夫甚至对宋代盛行的"与民同乐"风气很不以为然，如王夫之认为，宋人广修郡圃，"计其供张尊俎之费，取给于公帑者，一皆民力之所奉也；而狱讼征徭，且无暇以修职守；导吏民以相习于逸豫，不忧风俗之日偷，宜其为治道之蠹也滋甚"[5]。

与此同时，关于开放郡圃以便市民冶游的记载越来越少见，地方政府不再有兴趣营造郡圃，甚至许多旧宋的公共园林也随着新时代的来临而丧失了开放性。比如宋时的潮州西湖山，"阖郡之人，以恬以嬉，相与具盘飧，罗樽罍，以穷登览之胜。饮者酡

---

1 刘敞：《东平乐郊池亭记》。
2 欧阳修：《真州东园记》。
3 江鎏：《吉乡新修南池二亭记》。
4 黄景祥：《湖山记》。
5 王夫之：《宋论》。

颜，歌者呕哑，舞者抃跃。朝而往，夕而归"[1]。但在明初洪武年间，潮州重筑城墙，将西湖山与市区隔离开来，致使西湖山的公园功能迅速衰退，沦为官员公余憩息的封闭空间。

到晚清时，人们几乎已经完全忘记了"与民同乐"的公园传统，端方等五大臣率团出洋考察，第一次看到西方的城市居然普遍设立公园，不由感慨万端："每至都会繁盛之区，必有优游休息之地，稍得闲暇，即往游观，辄忘车马之劳，足益见闻之陋"；反观"中国以数千年文明旧域，迄今乃不若人，臣等心实羞之"[2]。

当时还有人认为："我国因四千年专制政治之原因，民治思想不发达，故娱乐之组织，徒知一己之私，鲜有顾及公众之幸福。为民众公共娱乐之公园，绝未所闻。"[3]面对西方先进的器物、制度，晚清的文人普遍产生了深切的文化自卑。这也为后来爆发的全盘反传统运动埋下伏笔。

今天的晚清近代史研究者宁愿将限制华人游园的外滩公园认定为中国第一个城市公园，也不愿意相信宋代郡圃就是城市公园，这也许反映了一种百年来一直盘踞于知识分子意识中的历史观：中国传统社会只有在西方文明的冲击之下，才可能发生被动性的近代化转型，包括建立城市公园制度。

然而，我们考究国史演进脉络，会发现近代化并不是外来的他者，向近代迈进（包括城市公园的出现）的动力其实内在于我们的传统之中。种种迹象显示：宋代已出现了近代化转型，许

1　黄景祥：《湖山记》。

2　参见秦方《枘凿硬接总是伤——晚清五大臣出洋考察记》；雷颐《公园古今事》。

3　转引自毛华松《论中国古代公园的形成——兼论宋代城市公园发展》，《中国园林》2014年第1期。

多海外汉学家都相信宋朝是"现代的拂晓时辰"[1]。

只不过，由于后来元明清三朝的统治者昧于历史大势，未能接续宋朝文明，导致宋代开启的近代化进程又中止了。

宋代有没有动物园？

晚清出洋考察的五大臣在游历欧洲时，西洋人建设的城市动物园也引起他们的注意："各国又有名动物院、水族院者，多畜鸟兽鱼鳖之属，奇形诡状，并育兼收，乃至狮虎之伦，鲸鳄之族，亦复在园在沼，共见共闻，不图多识其名，且能徐驯其性。德国则置诸城市，为娱乐之区，奥国则阑入禁中，一听刍荛之往，此其足以导民者也。"回国后，端方等人上奏朝廷："各国导民善法，拟请次第举办，曰图书馆，曰博物院，曰万牲园，曰公园。"建议清政府建造城市公园、动物园，奏章所说的"万牲园"，即动物园。[2]

光绪三十三年（1907）六月，京师万牲园建成，对外开放，展出动物计有四十多种。治中国近代史的学者认为，晚清万牲园是中国的第一个公共动物园。然而，研究宋代城市史的朋友会发现，其实早在北宋，中国已出现了动物园。

北宋皇家林苑"玉津园"就是一个动物园，当时番邦诸国进贡的珍禽异兽，都豢养于玉津园，大中祥符五年（1012）四月，宋真宗"诏以诸国所贡狮子、驯象、奇兽列于外苑，谕群臣就苑

1　参见吴钩《宋：现代的拂晓时辰》，广西师范大学出版社，2015。
2　参见林峥《晚清动物园初建趣史》，《北京青年报》2016年3月1日。

中游宴"[1]，外苑即玉津园。

养于玉津园的动物有天竺狻猊（狮子）、驺虞（老虎）、神羊（麏鹿）、灵犀、麒麟（印度犀牛）、交趾驯象、犛牛、独峰驼、白驼、孔雀、白鹇，等等，其中大象就有 46 头之多。宋人杨侃的《皇畿赋》这么描述玉津园里的珍禽异兽："别有景象仙岛，园名玉津。珍果献夏，奇花进春，百亭千榭，林间水滨。珍禽贡兮何方？怪兽来兮何乡？郊薮既乐，山林是忘，则有麒麟含仁，驺虞知义，神羊一角之祥，灵犀三蹄之瑞；狻猊来于天竺，驯象贡于交趾；孔雀翡翠，白鹇素雉，怀笼暮归，呼侣晓去。何毛羽之多奇，罄竹素而莫纪也！"

但我们说玉津园是一个动物园，并不是因为这里养了许多动物，建造园苑豢养动物的历史可以追溯到很早，比如隋炀帝建洛阳西苑，"诏天下境内所有鸟兽草木，驿至京师"，苑成，"草木鸟兽繁息茂盛，桃蹊李径翠荫交合，金猿青鹿动辄成群"[2]。但隋朝西苑并不是我们理解的动物园。动物园的特征在于开放性与公共性，换言之，动物园的动物是允许公众观赏的。

那么宋代玉津园是不是纵人游赏呢？宋真宗曾"谕群臣就苑中游宴"，显然，士大夫可以在园中游赏宴乐；更重要的是，每年三四月份，玉津园也对市民开放。洪迈《夷坚志》提供了一个例证：宋徽宗大观年间，"宿州士人钱君兄弟游上庠，方春月待试，因休暇出游玉津园，遇道士三辈来掮谈，眉宇修耸，语论清婉可听，顷之辞去"。可见在开放期间，一般士庶是可以进入玉津园浏览的。

---

1 《宋会要辑稿·方域》。

2 宋人佚名：《隋炀帝海山记》。

明人李濂编撰《汴京遗迹志》，说："梁园，芳林园，玉津园、下松园，药朵园，养种园，一丈佛园，马季良园，景初园，奉灵园，灵禧园，同乐园，以上诸园，皆宋时都人游赏之所。"对市民开放的北宋皇家园林名单中，便有玉津园。

玉津园饲养的大象，每年四月份会送至应天府（今河南商丘）的养象所放牧，九月再送回玉津园。应天府养象所也是一个对外开放的动物园，市民可入内观看大象表演，不过需要支付门票钱。宋神宗年间，前来中国游历的日本僧人成寻在他的日记中详细记录了参观应天府养象所的经过：

> 到象厩，一屋有三头，东一屋有四头象。先见三头象，有饲象人教象，有外国儒等来见可拜，第一象屈后二足，垂头拜踞，次教可称诺由，即出气、出声了，……师（指驯象师）与钱五十文了。望第二象所了，师又乞钱，五文与了，拜诺同前，高一丈，长一丈三尺，有牙。次至第三象所，高长同第一象，拜诺同前，与钱同前，三象皆男象也。至四头屋，……第一象拜诺，与钱同前，女象也。……第二象无女象牙，拜诺，与钱如前。第三象，牡象也，高一丈三尺，长一丈七尺许，屈四足拜诺，声极高，人人大惊，三声出之，与钱同前。第四象，牡象也。与钱五文，后象师从牙登顶上，举牙，令登人，是希有事也。[1]

---

1 ［日］成寻：《参天台五台山记》卷第三。

成寻和尚参观了四间象屋，每间象屋有大象三四头，门票每屋五文钱至五十文钱不等，交钱后，游客可以观赏大象作拜诺动作的精彩表演。

宋代驯象表演的生动场面，我们今天可以从一幅传为宋人作品的《汴京宣德楼前演象图》（从图中建筑形制看，当为明清时人的仿作。收藏者未详）领略一二。

每遇皇帝南郊祭天之年，冬至前夕，东京宣德门广场上都会有"预教车象"的演习："象七头，前列朱旗数十面"；驯象人"手执短柄铜锣尖其刃，象有不驯击之"；在驯象人的指令下，大象"至宣德楼前，团转行步数遭成列，使之面北而拜，亦能唱喏"。驯象演习之时，宣德门广场周遭都是围观表演的观众，"诸戚里、宗室、贵族之家，勾呼就私第观看，赠之银彩无虚日，御街游人嬉集，观者如织"[1]。

可以说，生活在东京的北宋人，对于大象这样的稀罕动物，其实并不陌生。曾有一名杭州女子，随夫君寓居东京，某日出游时，恰好碰见宣德门前的驯象演习，她平生第一次看到大象，"大骇，归告其夫曰：'异哉左丞，我侬今日过大内前，安得有此大鼻驴耶！'人传以为笑"[2]，被京城人笑话了好一阵子。

进而言之，宋朝京城人对于城市动物园，也是不陌生的。只不过后世再无公共性质的动物园，以致晚清官员只有出洋考察了一回，才知道原来世上有动物园。

---

1 孟元老：《东京梦华录》。
2 蔡绦：《铁围山丛谈》。

《汴京宣德楼前演象图》

商业

『青楼酒旗三百家』

《清明上河图》上的酒店

看张择端的《清明上河图》，最深刻的印象，是觉得画面上酒楼、酒肆非常之多，从城外的汴河两岸，到城内的繁华大街，酒店林立。连医馆都打出"治酒所伤真方集香丸"的广告。而在其他摹本的《清明上河图》上，酒店并没有这么密集。

那么我们如何判断图画中哪些建筑物就是酒楼（酒肆）呢？宋代的酒家有非常抢眼的标志物：迎风飘扬的酒帘。宋人笔记《容斋续笔》说："今都城与郡县酒务，及凡鬻酒之肆，皆揭大帘于外，以青白布数幅为之。"这酒帘通常是一面有着川字图案的旗子，上面可以不写字，也可以写上简洁的广告词，如《水浒传》里的景阳冈酒店，"挑着一面招旗在门前，上头写着五个字道：三碗不过冈"。《清明上河图》（张本，下同）出现的酒帘有好几处。

宋朝酒店的另一个标志物叫作"彩楼欢门"，即用竹木搭建并围以彩帛的装饰性门楼，《东京梦华录》说："凡京师酒店，门首皆缚彩楼欢门，唯任店入其门。"《清明上河图》上的"彩楼欢门"至少有四座，其中以"孙羊正店"的最为豪华。如果你走在宋朝的城市，想喝一碗酒，抬头看到酒帘飞扬、"彩楼欢门"耸立的地方，就可以进去坐坐了，那必是酒店无疑。

张择端画了那么多的酒店，其实并无半点夸张。文献的记录也可佐证北宋汴京酒店业之发达。《东京梦华录》说，"九桥门街市酒店，彩楼相对，绣旆相招，掩翳天日"。彩楼即"彩楼欢门"，绣旆即酒帘。大大小小的酒店不计其数："在京正店七十二户，此外不能遍数，其余皆谓之脚店。"还列出一串豪华大酒店的名字：樊楼、会仙酒楼、仁和店、姜店、西宜城楼、药张四店、班楼、金梁桥下刘楼、曹门蛮王家、乳酪张家、八仙楼、张八家园

上：《清明上河图》上的酒帘；下：《清明上河图》上的"彩楼欢门"

宅正店、郑门河王家、李七家正店、长庆楼。

南宋临安的酒店业发达程度，半点不亚于北宋汴京。一首小诗写道："都人欢呼去踏青，马如游龙车如水。三三两两争买花，青楼酒旗三百家。"[1]《武林旧事》与《梦粱录》也收录了一份杭州驰名酒楼的名单，包括西楼、和乐楼、中和楼、太和楼、和丰楼、春风楼、太平楼、丰乐楼、先得楼等官营酒店，以及熙春楼、三元楼、赏心楼、花月楼、日新楼、五间楼等私营酒楼。当时杭州

1　陈允平：《春游曲》。

市井上还流行这样一句民谚:"欲得富,赶着行在卖酒醋。"[1] 在临安卖酒,是市民发财致富的捷径。杭州酒业之盛,可见一斑。

美国弗利尔美术馆藏的《西湖清趣图》是一幅描绘南宋西湖景致的长卷,上面也画出了多家酒店,我们一眼就可以看出这家是酒店那家也是酒店,因为店门口酒旗飞扬(长卷中的其他建筑物,由于绘画风格单一,又没有文字标注,极难辨识)。

我觉得,酒业的发达程度,恰恰是反映一个时代商业是否繁荣、生活是否自由的指标。理由很简单,酒是一种由粮食酿成的非刚需消费品,如果生产力低下,经济落后,人们就不会浪费粮食酿造商品酒,自然也不可能出现发达的酒业。酒又是一种饮用后能释放激情、制造兴奋的饮品,人们极容易酒后失言,如果国家对社会的控制趋严,就会倾向于禁酒,或者市民自觉地不敢聚饮。

这可以从历史获得验证,比如明初,社会气氛是死气沉沉的,"乡社村保中无酒肆,亦无游民"[2]。明末历史学家谈迁说:"闻国初严驭,夜无群饮,村无宵行,凡饮会口语细故,辄流戍,即吾邑充伍四方,至六千余人,诚使人凛凛,言之至今心悸也。"[3] 饮酒既然成了一件高风险的事情,也就难怪"乡社村保中无酒肆"了。

朱元璋还下过禁酒令,为了防止平民私自酿酒,甚至禁止种植糯稻。顾炎武的《日知录之余》收录了朱元璋的一道诏令:"曩以民间造酒醴,糜米麦,故行禁酒之令。今春米麦价稍平,予以

1　庄绰:《鸡肋编》。
2　万历年间东昌府《博平县志》。
3　谈迁:《国榷》。

《西湖清趣图》上的酒家

为颇有益于民，然不塞其源，而欲遏其流，不可得也。其令农民今岁无得种糯，以塞造酒之源。"

　　要等到明代中后期，随着"洪武型体制"的松懈，明朝社会才渐次活跃起来，商业才恢复了宋朝时的繁华。这种转折也体现在酒肆的变迁上，怀旧的晚明人说，嘉靖中叶之后，民间"以欢宴放饮为豁达，以珍味艳色为盛礼"，"酒庐茶肆，异调新声，汩汩浸淫，靡然勿振"[1]。"酒庐茶肆，异调新声"的晚明气象，放在两宋三百余年，则是寻常景象。很多宋诗都描绘了宋代乡村"处处村旗有浊醪"的景况，跟"无酒肆，亦无游民"的明初乡村相比，明显呈现出不同的面貌。

　　宋史学者李华瑞先生曾经根据北宋熙宁十年的酒课总额，估

1　万历年间东昌府《博平县志》。

算出这一年市场上流通的商品酒至少有 1.59 亿余斗，酿造这批酒需要消耗大米 1600 万石。[1]1600 万石大米是个什么概念？以一人一年需 6 石口粮计算，1600 万石米可供 260 多万人吃上一整年。而宋代酿酒的原料，基本上都是通过市场获得，如果不是生产力大为提高、商业网络发达，怎么可能有这么多的剩余粮食流入市场？

宋朝酒店的类型

宋朝的酒家不计其数，不过可大体分为四类。一是没有酿酒权的城市酒店，北宋时，一般叫作"脚店"。脚店销售的酒，不能自酿，而是要向政府的酒务或有酿酒权的正店批发。《清明上河图》中，城外虹桥附近，就有一家"十千脚店"（"十千"其实是美酒的代称），高高的"彩楼欢门"特别引人注目。虽是脚店，但格调却不低档。

二是"正店"，即获得酿酒许可证的豪华大酒店，宋朝的东京（汴梁）、西京（洛阳）、南京（今商丘）、北京（大名府）四都，才有这种特许酿酒的正店。正店不但自营酒楼，还向脚店、酒户批发成品酒。《清明上河图》上的"孙羊店"，便是一家正店，其门首右边的铺面，堆放着好多酒桶呢，那应该就是"孙羊店"对外批发的商品酒。

在东京七十二家正店中，以樊楼最为出名，不少宋话本记载的爱情故事都发生在樊楼。樊楼又称丰乐楼、白矾楼，"三层相

1　李华瑞：《宋代酒的生产和征榷》，河北大学出版社，2001。

《清明上河图》上的"十千脚店"

高，五楼相向，各有飞桥栏槛，明暗相通，珠帘绣额，灯烛晃耀"。因为白矾楼太高，以致登上顶楼，便可以"下视禁中"，看到皇宫之内[1]。这大概是亘古未有的事情。樊楼也非常广大，周密《齐东野语》称，樊楼"乃京师酒肆之甲，饮徒常千余人"，可以接待一千多名客人。一位南宋诗人回忆说："忆得少年多乐事，夜深灯火上樊楼。"[2]又可知这樊楼是通宵达旦都在营业的。

宋室南渡后，宋人在西湖畔重造了一座樊楼，正式名称叫"丰乐楼"，是杭州城风光最秀美的酒楼，"据西湖之会，千峰连环，一碧万顷，柳汀花坞，历历栏槛间，而游桡画舫，棹讴堤唱，往往会于楼下，为游览最"，"缙绅士人，乡饮团拜，多集于此"。[3]

1　孟元老：《东京梦华录》。
2　刘子翚：《汴京纪事》。
3　吴自牧：《梦粱录》。

元人夏永绘有一幅《丰乐楼图》（北京故宫博物院藏），让我们今天仍能一睹南宋杭州丰乐楼之盛况。

三是获得特许酿酒权的乡村酒肆。这些酒肆利润较薄，宋政府一般不将其纳入"榷酒"范围，允许其自造酒曲，自酿酒卖。《水浒传》中有一首小诗写道："傍村酒肆已多年，斜插桑麻古道边。白板凳铺宾客坐，须篱笆用棘荆编。破瓮榨成黄米酒，柴门挑出布青帘。更有一般堪笑处，牛屎泥墙画酒仙。"说的便是这种乡村酒肆。在一些宋画上也可以找到这样的小酒肆，如北京故宫博物院藏的这幅《山店风帘图》。

四为酒库附属酒店。酒库是南宋时大量出现的官营酒厂，目的自然是赚取丰厚的酒业利润。许多酒库下面还设了酒楼，如临安东库设有太和楼，西库设有西楼，南库设有和乐楼，中库设有春风楼，南上库设有和丰楼，北外库设有春融楼，钱塘正库设有先得楼。《西湖清趣图》便绘出了钱塘正库与先得楼。

最豪华的南宋酒库附属酒店，可能是杭州的太和楼。一首宋人题壁诗描绘说："太和酒楼三百间，大槽昼夜声潺潺。千夫承糟万夫瓮，有酒如海糟如山。……皇都春色满钱塘，苏小当垆酒倍香。席分珠履三千客，后列金钗十二行。"[1]这太和楼的包厢竟有上百间，每日接待的 VIP 客人数以千计，这等规模足以将今天的五星级大酒店抛出几条街。太和楼还雇用了很多漂亮的歌妓待客，当垆卖酒的大堂经理就是一位"酒不醉人人自醉"的美艳歌妓（苏小）。

南宋诸酒库虽为官营企业，但其运作却完全市场化，各个酒

1　宋佚名：《题太和楼壁》。

上：元人夏永《丰乐楼图》；下：《山店风帘图》局部

《西湖清趣图》上的钱塘正库

库酿造的酒也存在市场竞争关系。每当新酒出炉之时,诸酒库必大张旗鼓:用长竿挂出广告长幅,上书"某库选到有名高手酒匠,酿造一色上等醲辣无比高酒,呈中第一"之类的广告词;又"预颁告示,官私妓女,新丽妆着,差雇社队鼓乐,以荣迎引"[1],类似于今日的公司邀请演艺界明星来代言产品。总之要打响品牌,吸引更多的酒家来批发他家出品的酒。

不管是官营酒店,还是私营酒楼,只要是上档次的,都有歌妓迎客。东京的大酒楼,"入其门,一直主廊约百余步,南北天井两廊皆小阁子(包厢),向晚,灯烛荧煌,上下相照,浓妆妓

---

1 吴自牧:《梦粱录》。

女数百，聚于主廊楙面上，以待酒客呼唤，望之宛若神仙"[1]。只要客人掏钱，就可以请妓女陪酒。杭州的酒店也是如此，"每处（酒楼）各有私名妓数十辈，皆时妆袨服，巧笑争妍。夏月茉莉盈头，香满绮陌，凭槛招邀"[2]。纽约大都会艺术博物馆收藏有一幅宋佚名的《吕洞宾过岳阳楼图》，图中的岳阳楼是一家豪华大酒店，门口那几名身着红绿褙子的女子，应该就是迎客的歌妓，楼上依稀也可看出几个陪酒的歌妓。

除了"坐台"的美貌歌妓，还有上门唱曲卖艺的"小鬟"，"不呼自至，歌吟强聒，以求支分，谓之'擦坐'"[3]。山西岩山寺金代壁画中有一间临河建设的酒楼，斜斜挑出的酒旗上书"野花攒地出，村酒透瓶香"十字广告词，楼上客人或凭栏远眺，或坐着饮酒，旁边有一名挂着腰鼓的妙龄少女正在唱着曲儿，这应该就是"擦坐"的艺人。岩山寺壁画虽然绘于金代，但画师王逵青年时代一直生活在北宋东京，他笔下的市井、酒楼，完全是按照北宋的社会形态绘制。

高级的酒楼都使用珍贵的银器，给予客人一种很尊贵的待遇。在汴京，"大抵都人风俗奢侈，度量稍宽，凡酒店中，不问何人，止两人对坐饮酒，亦须用注碗一副、盘盏两副、果菜碟各五片、水菜碗三五只，即银近百两矣。虽一人独饮，碗遂亦用银盂之类"[4]。在临安，酒楼"各分小阁十余，酒器悉用银，以竞华侈"，"两人

1　孟元老：《东京梦华录》。
2　周密：《武林旧事》。
3　周密：《武林旧事》。
4　孟元老：《东京梦华录》。

上：《吕洞宾过岳阳楼图》上的歌妓；下：岩山寺金代壁画上的酒楼与卖艺女郎

入店买五十二钱酒，也用两支银盏，亦有数般菜"[1]。

服务也特别周到。客人一踏入酒店，立即便有小二迎上来招呼座位、写菜，你想吃什么，随便点，"凡下酒羹汤，任意索唤，虽十客各欲一味，亦自不妨"；酒店厨师必须"记忆数十百品（菜谱），不劳再四，传喝如流，便即制造供应，不许少有违误"；伙记若是服务不周，被客人投诉，则会受到店老板叱责，或者被扣工资、炒鱿鱼，"一有差错，坐客白之主人，必加叱骂，或罚工价，甚者逐之"[2]。什么叫作"将顾客当上帝"？这就是了。

从酒店业看宋政府的重商表现

酒店业的繁华，不仅仅是宋朝商品经济发达的体现，更是宋政府重商主义的反映。[3] 跟其他王朝的"崇本抑末"取向不同，宋政府对商业表现出浓厚的兴趣，有如地中海资本主义兴起之时的威尼斯商人，它的一切经济政策的目标仿佛只有一个：如何从市场（包括酒市场）中汲取更多的财政收入。

为了从酒市场获得最大化的收益，宋政府实行一种复合式的"榷酒"制度："诸州城内皆置务酿酒；县、镇、乡、闾或许民酿而定其岁课，若有遗利，所在多请官酤；三京官造曲，听民纳直

1　周密：《武林旧事》；西湖老人：《繁胜录》。

2　孟元老：《东京梦华录》；周密：《武林旧事》。

3　许多人都狭窄地将"重商主义"理解为一种鼓励商品出口、追求金属货币净流入的经济学说与政策。但我们认为，重商主义作为一种为国家的经济扩张政策辩护的学说，其本质乃是指向国家对开拓市场疆界的浓厚兴趣，以及政府对商业的热切介入。

以取。"[1] 意思是说，京师之地，国家垄断酒曲，正店向政府购买酒曲酿酒，然后自由售卖，因为曲价中已包含了税金，政府不再另外向正店收酒税；诸州城内，官酿官卖，禁止民间私酿酒；乡村允许酒户自行酿卖，为特许经营，政府收其酒税，但只要酒利稍厚，政府就会设法改为官酤。

宋政府的商人秉性在王安石变法时期更是表现得淋漓尽致。《燕翼诒谋录》载："新法既行，悉归于公，上散青苗钱于设厅，而置酒肆于谯门，民持钱而出者，诱之使饮，十费其二三矣。又恐其不顾也，则命娼女坐肆作乐以蛊惑之。"政府在官衙发放"青苗钱"贷款，同时又在城门处设立酒肆，看到老百姓贷款后走出来，吸引人们进去饮酒，还担心老百姓不进来饮酒，特别请了一批歌妓在酒肆中唱歌跳舞，诱惑他们。

宋政府这种贪婪的做法，直接的后果是国家财政得到补血。据李华瑞先生的统计，宋代的酒税（含专营收入）常年保持在每年 1200 万贯以上。[2] 可资比较的一个数字是，明代隆庆朝至万历朝前期（1570—1590），国家一年的全部商税，加上盐课、轻赍银、役与土贡折色等杂色收入，也才 370 万两白银左右（一两白银大约等于一贯钱）。[3]

还有一个间接的结果，却为许多人所忽视，那就是，当宋朝政府如同一名超级大商人追逐财货的时候，实际上也在推动着市场经济的深化。道理其实很简单：为了汲取更多的财政收入，宋

1　《宋史·食货志》。

2　李华瑞：《宋代酒的生产和征榷》，河北大学出版社，2001。

3　黄仁宇：《十六世纪明代中国之财政与税收》，生活·读书·新知三联书店，2001。

政府势必要将注意力从总额有限而征收成本高企的农业税转移到商业税之上。而为了扩大商业税的税基，政府又势必要大力发展工商业。为此，宋政府又需要积极修筑运河，以服务于长途贸易；需要开放港口，以鼓励海外贸易；需要发行信用货币、有价证券与金融网络，以助商人完全交易；需要完善民商法，以对付日益复杂的利益纠纷；需要创新市场机制，使商业机构更加适应市场，创造更大利润……这是重商主义的连锁反应，最后极有可能促成资本主义体系的建立。

一些朋友也许会认为，放任自流的市场经济机制，完全可以自发地推动构建出一个近代化的经济体系。但这从来只是假想，而非事实。从历史来看，不管是近代西欧国家，还是明治时期的日本、晚清时的中国，近代化的启动，总是以国家的重商主义为先导，给近代化的启动提供第一推动力。

从宋代商品酒的经营制度变迁，我们可以看到，在市场利益的驱动下，宋政府不得不尝试新的市场工具，创造出更适应市场也即更能带来利润的经营机制，比如招投标制在酒业中的应用。我们都知道，官酿官卖，虽然收入全部归于政府，却存在一切公有制企业都存在的弊病，比如效率低下、产品质量粗糙、企业亏损。为克服这个问题，宋政府常常将官营酒坊的经营权拍卖出去，这叫作"扑买"。

宋代的"扑买"有一套严密的程序：首先，政府对酒坊进行估价，设定标底，标底通常采用以往拍卖的次高价或中位数；然后，在"要闹处"张榜公告招标，说明政府要拍卖的是哪一个酒坊，底价几何，欢迎有意竞买者在限期内，参与投标；然后，州政府命人制造一批木柜，锁好，送到辖下各县镇，凡符合资格、有意投标的人，都可以在规定的期限内，填好自己愿意出的竞买价与投标时间，密封后投入柜中；接下来，州政府公开将木柜拆封，进行评标，"取看价最高人给与"，即出价最高之人中标；最后，公示结果，"于榜内晓示百姓知委"。公示没有问题之后，政府与中标人订立合同，在合同有效期之内（通常三年为一界，满界即重新招标），中标人享有明确的义务与权利，义务是必须按时纳足酒税，权利是中标人的经营权受政府保护。

这一制度跟现在的招投标制度没有什么两样。当人们说起招投标制度的历史时，许多人都以为英国是世界上第一个采用招标投标交易方式的国家，时在 1782 年。却不知早在 11 世纪的宋朝，已经发展出一套非常成熟而完备的"扑买"制。

南宋酒务还出现过另一种形式的改制，叫"隔槽法"。政府对原来亏损的官营酒务停止酿造，将场地与设备租给民间酿户："置隔槽，设官主之，曲与酿具官悉自买，听酿户各以米赴官场自酿。"政府只收租金，不干预其经营："凡一石米输三千，并头子杂用等二十二。其酿之多寡，惟钱是视，不限数也。"[1]

与宋政府的"贪婪"形成鲜明对比的是明朝朱元璋的做法。据《万历野获编》，"洪武二十七年，上以海内太平，思与民偕乐，命工部建十酒楼于江东门外。……既而又增作五楼，至是皆成。诏赐文武百官钞，命宴于醉仙楼，而五楼则专以处侑酒歌妓者。盖仿宋世故事，但不设官酝以收榷课，最为清朝佳事"。朱元璋一面限制酒业发展，一面又在京师建了一批酒楼，并仿宋世故事，置官妓侑酒，只是"不设官酝以收榷课"。

显然，朱皇帝的用意，无非想营造歌舞升平的盛世气象，至

---

1 《宋史·赵开传》。

于酒税收入如何，朝廷是毫不在乎的（按朱氏的制度设计，明朝赋税以实物征收的农业税为主，加上全民配役，政府的运转基本上可以脱离市场）。时人称此"最为清朝佳事"，但以历史的目光来看，这种对商业税的淡然，不过是明王朝财政紧缩的"脉脉温情"而已，意味着政府在开拓市场与发展商业方面毫无动力。

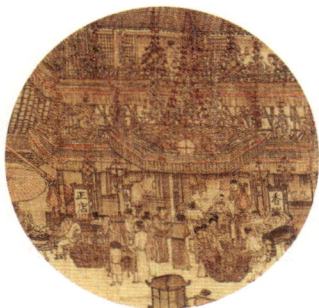

《清明上河图》植入了多少广告？

商业广告的历史可以追溯到很早的年代，至迟在春秋战国时期，便出现了商业广告，《晏子春秋》记："犹悬牛首于门，而卖马肉于内也。"可知那时候的牛肉店，会在店门挂一个牛头，作为广告；如果挂牛头卖马肉，则会被人视为欺诈。《韩非子》载，"宋人有酤酒者，升概甚平，遇客甚谨，为酒甚美，悬帜甚高"，亦可知当时的酒店门前会高悬酒旗。

但商业广告的繁华期，则要到了宋代才形成。宋代是商业繁荣的时代，我们今天展开著名的宋代风俗画长卷《清明上河图》（北京故宫博物院藏），仍然可以领略到扑面而来的市井繁华气息。发达的商品经济与激烈的市场竞争，促使宋朝商人普遍产生了自觉的广告意识："京师凡卖熟食者，必为诡异标表语言，然后所售益广"；"食店卖酸馅者，皆大出牌榜于通衢"；"（东京）九桥门街市酒店，彩楼相对，绣旆相招，掩翳天日"[1]，这"彩楼"与"绣旆"，都是宋代酒家的广告。

在《清明上河图》上，商业广告也是随处可见。有人统计过，画家捕捉到的商业广告有几十个，其中广告幌子有 10 面，广告招牌有 23 块，灯箱广告至少有 4 个，大型广告装饰——彩楼欢门有 5 座。这些商业广告，又可分为两大类：一是只提示所售商品与服务的产品广告，一是标注了商家牌子的品牌广告。我忍不住要怀疑，画家张择端是不是就如今天的导演拍电影，收了商家的费用，因而在他的作品中植入了商业广告。

1　庄绰：《鸡肋编》；欧阳修：《归田录》；孟元老：《东京梦华录》。

产品广告

产品广告是比较原始的广告类型，功能单一，一般只告知消费者"此处有什么商品销售"。春秋战国出现的"牛首"、酒旗，可归入原始的产品广告。

《清明上河图》上的许多广告，就是这样的产品广告，如虹桥附近的一家酒楼，大门口的木柱上挂有两块招牌：分别写着"天之"、"美禄"（"天之美禄"为美酒的代称）；大门边有一个广告灯箱，上面写着"十千脚店"（"十千"也是美酒的代称）；楼上还横架一根竹竿，悬挂一面川字酒旗。这些广告信息都只是告诉过往的市民：这里是一家酒店，内有美酒出售。但我们并不知道这家酒店到底叫什么名字。

在"十千脚店"的对面，有一个撑着遮阳伞的路边摊，遮阳伞下挂着一块小木牌，写有"饮子"二字。从"十千脚店"往城里方向走，城外汴河大街上也有一间"饮子"摊。这是宋代凉茶铺的广告招牌。"饮子"即饮料，由果子、鲜花、中药材制成，相当于今天的广式凉茶。宋人以喝饮料为时尚，市场上当然有各色饮料出售。如果是六月天，还有冷饮解暑。《东京梦华录》说，六月时节，东京的"巷陌路口、桥门市井"，都有人叫卖"冰雪凉水、荔枝膏"，"皆用青布伞，当街列床凳堆垛"。

汴河大街"饮子"摊斜对面，有一个简易棚寮，门首悬挂着三块招牌，上书"神课""看命""决疑"，里面坐着一名算命先生，表明这是一个占卦的摊子。宋代占卦之风颇盛，在南宋杭州，"大街更有夜市卖卦：蒋星堂、玉莲相、花字青、霄三命、玉壶五星、草窗五星、沈南天五星、简堂石鼓、野庵五星、泰来心、鉴三命。中瓦子浮铺有西山神女卖卦、灌肺岭曹德明易课。又有盘街卖卦

上：十千脚店的广告招牌；下：十千脚店的广告招幌

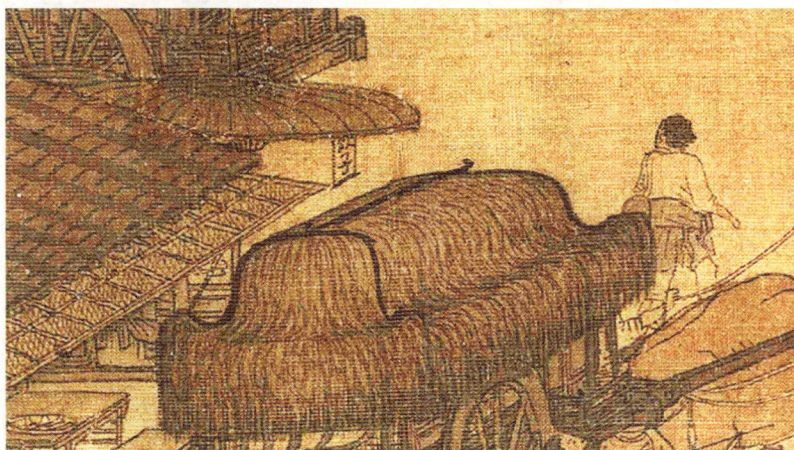

"饮子"广告招牌

卦摊的广告招牌

人，如心鉴及甘罗次、北算子者"。这么多卦摊，为了招徕顾客，也很注意做广告："更有叫'时运来时，买庄田，取老婆'卖卦者；有在新街融和坊卖卦，名'桃花三月放'者。"[1] 可惜这么有创意的广告词，并未出现在《清明上河图》的画面上。

品牌广告

看《清明上河图》，我们会发现，在东京的市郊，尽管已形

---

1 吴自牧：《梦粱录》。

成热闹的市集，但一些店铺并未挂出广告招牌。出现的商业广告，也主要都是一些产品广告，只有汴河边一家售卖清明祭品的商店打出"王家纸马"的品牌。进入市中心之后，不但店铺与广告更加密集，广告的形式也以品牌广告为主。这也反映了东京市中心的市场更为发达与成熟，因为品牌广告不但提示"本店销售什么产品"，更有意识地强调本店的牌子，以图在同行中脱颖而出。

画面上最引人注目的当然要算"孙羊店"酒楼的广告。宋代酒店的标志性广告装饰有三：酒旗、彩楼欢门与栀子灯。"凡鬻酒之肆，皆揭大帘于外"[1]，大帘即酒旗；"凡京师酒店，门首皆缚彩楼欢门"[2]；"酒肆门首，排设权子及栀子灯等，盖因五代时，郭高祖游幸汴京，茶楼酒肆俱如此装饰，故至今店家仿效成俗也"[3]。"孙羊店"不但缚有豪华的彩楼欢门，门首挂红栀子灯；还用一只灯箱打出"正店"的名号，表明这是东京七十二间正店之一；又用另一只灯箱打出"香醪"广告，表明本店出产的美酒品牌；更用长杆挑出一面迎风招展的酒旗，上书"孙羊店"三大字，意在突出"孙羊店"的招牌。

在"孙羊店"对面的街边建筑上，也竖立着两块广告招牌，一块上书"李家输卖上……"，下面的文字被挡住，所以我们只知道这是一家李氏开设的商店，却不知道这商店售卖什么商品。另一块招牌写着"久住王员外家"，"久住"是宋代旅店业的广告

1　洪迈：《容斋随笔》。

2　孟元老：《东京梦华录》。

3　吴自牧：《梦粱录》。

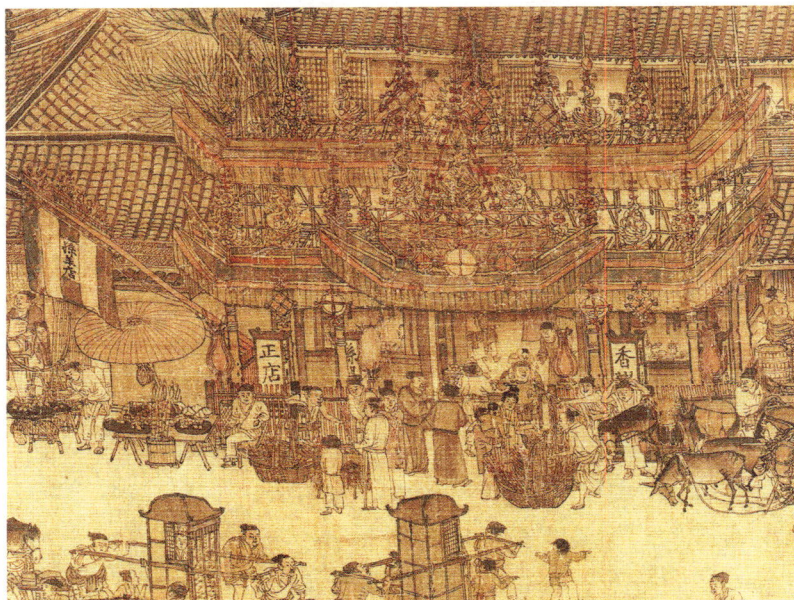

上："孙羊店"的广告招牌；下："李家输卖"与"久住王员外家"的广告招牌

刘家香药铺的广告招牌

用语，含有"这里很舒适，值得长久居住"的意思。看得出这是一家王姓大户开的"民宿"。

"孙羊店"左侧的马路边，有一间香药铺，挂出的招牌是"刘家上色沉檀拣香"，门首的横匾还注明"刘家沉檀口口丸散口香铺"的字样。"刘家"显然是这家香药铺有意识地强调的品牌，"上色"为上等之意，"沉檀拣香"则表明此店的主打商品是沉香、檀香、乳香等上等香药。

王家锦帛铺的广告招牌

　　从刘家香药铺往上方走，可以看到一家店面宽阔的商铺，门首横匾写着"王家罗明匹帛铺"，竖放的招牌写着"罗锦匹帛铺"。这应该不是一般的布匹店，唐朝时，布匹兼作货币使用，到了北宋，锦帛铺还兼营金银、交引（有价证券），是贵重品交易场所。如开封城内"南通一巷，谓之'界身'，并是金银彩帛交易之所，屋宇雄壮，门面广阔，望之森然，每一交易，动即千万，骇人闻见"[1]。这么高档的生意，怎么可能不注明品牌？"王家"就是这一家罗锦匹帛铺的品牌。

1　孟元老：《东京梦华录》。

"赵太丞家"的广告招牌

　　王家锦帛铺旁边，则是一家医馆，竖着一面"杨家应症"的广告招牌。在《清明上河图》的结尾处，还有一家更为"高大上"的医馆——"赵太丞家"。太丞，是宋代太医局的医生。这家医馆特别强调了"赵太丞家"的品牌，很可能它的创办人就是太医局的名医，具有不一般的权威性。可以看出来，这"赵太丞家"

很注意打广告，在大门口安置了四块招牌，上书"赵太丞家统理男妇儿科""治酒所伤真方集香丸""五劳七伤回春丸""大理中丸医肠胃冷"等广告词，既介绍了医馆的医疗范围与专有药品，也宣传了大夫的高明医术。

商标广告

宋代还一类更高层次的广告，未能在《清明上河图》找到，那就是商标广告。商标广告可以视为是品牌广告的升级，不但强调了商家的牌子，还以更富视觉效果的独有图案，增加品牌的可辨识度，强化留给消费者的印象。

宋笔记小说《夷坚志》便记述了几个商标广告，当涂县"外科医徐楼台，累世能治痈疖，其门首画楼台标记，以故得名。传至孙大郎者,尝获乡贡,于祖业尤精"。这个"楼台标记"便是"徐楼台"医馆的独特商标。饶州城内德化桥也有个医生，"世以售风药为业"，自制了一个"（一人）手执叉钩，牵一黑漆木猪"的标志，挂于医馆门口中，人称"高屠"。这个"高屠"，成了饶州城的一块驰名商标。南宋杭州的"金药臼楼太丞药铺""陈妈妈泥面具风药铺""金马杓小儿药铺""双葫芦眼药铺"，从字面判断，也应该分别以"金药臼""泥面具""金马杓""双葫芦"为商标。

从出土的宋代铜镜、瓷器、漆器、金银器等，都可以看到各种"铭记"，如杭州老和山南宋墓出土的漆碗、漆盘，外壁均有"壬午临安府符家真实上牢"的铭记；常州村前南宋墓出土的戗金人物奁盖，内有漆书"温州新河金念五郎上牢"铭记；北京故宫博物院藏的宋代景德镇窑青白釉印花盒，外底有"蔡家盒子记"铭记;1993年彭州西大街宋代窖藏出土的大量金银器，也发现有"罗祖一郎""汪家造十分""寺街陈家"等铭记。

这些铭记其实就是商标、logo。铭记起源于古老的"物勒工名"制度："物勒工名，以考其诚，功有不当，必行其罪。"[1]即官府要求工匠在自己制造的器物上铭刻自己的名字，将来如果此一器物出现质量问题，即可根据名字追究制造者的责任。"物勒工名"刚开始时，只是政府强制的责任认定，还不能说是商标。但在漫长的演进过程中，随着市场经济的展开，它使一部分优秀商号脱颖而出，成为获得广泛信任的品牌。当品牌形成之后，拥有这一品牌的工商从业者就会一改被动的"物勒工名"，而主动地在自己的产品中留下独有的标志，以便跟其他人的同类产品区分开来。于是商标便诞生了。

广告史必提到的宋代商标，当属北宋"济南刘家功夫针铺"的"白兔捣药"图案无疑。这块"济南刘家功夫针铺"的广告铜版，现藏于中国历史博物馆，据称是1946年历史学家杨宽与上海市立博物馆的蒋大沂在一家古玩铺发现的。

用这块铜版印出来的印刷品，实际上就是一份广告传单：最上方是一行大字——"济南刘家功夫针铺"；中间是一个"白兔捣药"图案；图案两侧标注了"认门前白／兔儿为记"两行提示，下方则是一段广告词。

由于铜版有些蚀锈，个别字迹略显模糊，导致今人对这段广告词的识读出现了轻微差异，有人识读为"收买上等钢条，造功夫细针，不误宅院使用，转卖兴贩，别有加饶，请记白"。也有人识读为"收买上等钢条，造功夫细针，不误宅院使用，

1　先秦《礼记·月令》中已有"物勒工名"的记载，《唐律疏议》则将"物勒工名"正式入法。

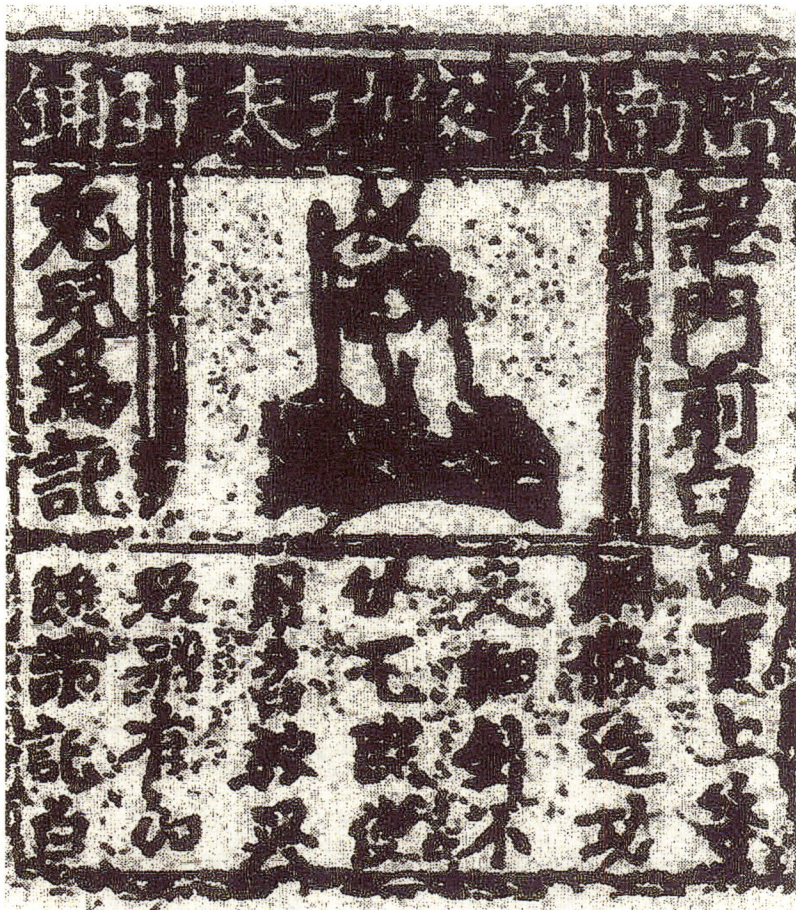

"济南刘家功夫针铺"的广告传单

客转与贩，别有加饶。请记白"。不过，这段广告词的总体意思，则是不难理解的：(1) 介绍刘家功夫针铺出品的细针是用上等钢条制造的，质量上乘；(2) 说明若有客户前来批发，价钱上另有优惠。

这也是有实物可证的世界上最早的印刷品广告。四五百年后，欧洲才出现了第一张英文印刷品广告。这份宋代出现的印刷品广告不仅仅宣传产品（功夫细针），而且宣传品牌（刘家功夫针铺），那个"白兔儿"更是可以确证的世界最早的商标。以"白兔捣药"作为功夫针铺的商标，大概含有深意，中国民间有"只要功夫深，铁杵磨成针"的谚语，而传说中月宫白兔捣药所用的便是一根铁杵，整个商标正好暗示了刘家针铺造针的"功夫深"。

品牌广告与商标广告的大量出现，显示了宋朝商家品牌意识的生成，它们不但注意对产品的推广，也懂得对品牌的经营。尤其是宋朝的酒店，特别注重做品牌广告，因为获得酿酒权的酒家非常多，它们都有自己的酒品牌，如开封孙羊店出品的酒叫"香醪"，杭州八仙楼出品的酒叫"仙醪"，谁家酿造的酒品质更好，名气更大，能让大众记住牌子，谁家就能抢占更大的市场份额。南宋时，每当新酒上市之际，杭州每一年都要举办盛大的评酒会，在评酒会中获得名次的酒家，都会大做广告，标明"某库选到有名高手酒匠，酝造一色上等醲辣无比高酒，呈中第一"[1]。宋诗"君不见长安两市多高楼，大书酒旆招贵游""人家卖酒绕官地，争插青旗曲作围""每怜酒旆能留客""小市酒旗能唤客"，[2] 说的也都是酒广告及其广告效应。

再以刻书业为例，宋代著名印书铺出品的书籍，都有一张"版权页"，上面会印一个"牌记"，比如杭州知名刻书家陈起刊行的图书，必在末页附印"临安府棚北大街陈宅书铺印"的标识。另

1　吴自牧：《梦粱录》。
2　贺铸：《提壶引》；王恽：《汴梁故宫寒食》；黄裳：《次邦彦节推见寄》；陆游：《闲适》。

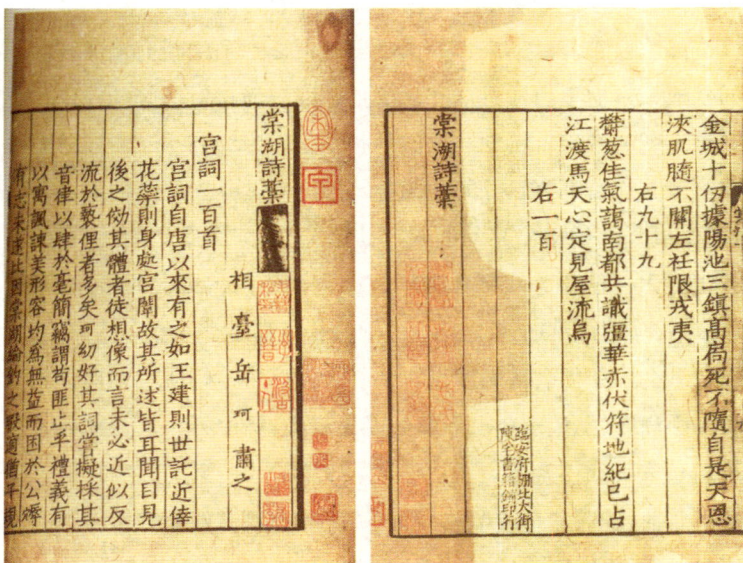

宋版书《棠湖诗稿》上的"陈宅书铺"牌记

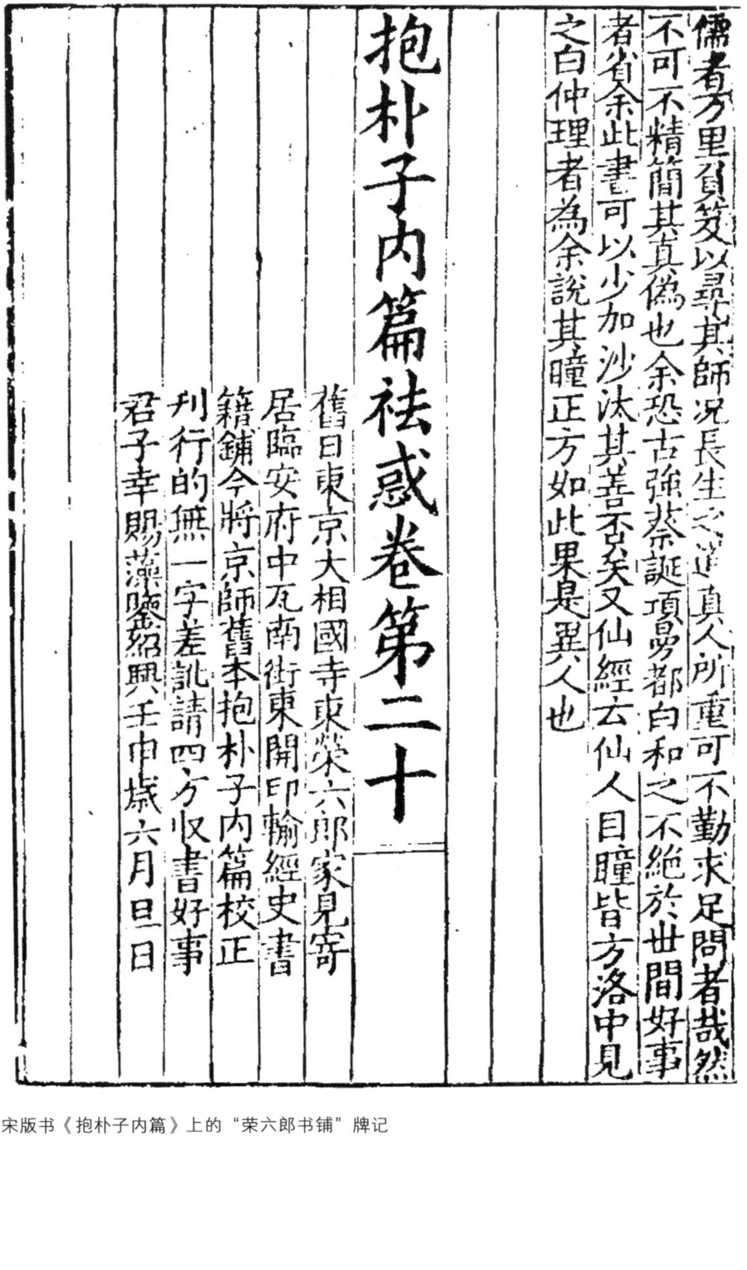

抱朴子内篇袪惑卷第二十

儒者乃萬里負笈以尋其師況長生之道真人所重可不勤求足問者哉然

不可不精簡其真偽也余恐古強蔡誕項曼都白和之不絕於世間好事

者省余此書可以少加沙汰其善否矣又仙經云仙人目瞳皆方洛中見

之白仲理者為余說其瞳正方如此果是異人也

舊日東京大相國寺東榮六郎家見寄

居臨安府中瓦南街東開印輸經史書

籍鋪今將京師舊本抱朴子內篇校正

刊行的無一字差訛請四方收書好事

召子幸賜藻鑒紹興壬申歲六月日日

宋版书《抱朴子内篇》上的"荣六郎书铺"牌记

一家品牌书坊"荣六郎书铺",是从汴京迁至杭州的,以专刻经史书籍闻名,其刻印发行的《抱朴子内篇》书后印有"牌记"广告词五行:"旧日东京大相国寺东荣六郎家,见寄居临安府中瓦南街东,开印输经史书籍铺。今将京师旧本《抱朴子内篇》校正刊行,的无一字差讹。请四方收书好事君子,幸赐藻鉴。绍兴壬申岁六月旦日。"特别强调了"荣六郎家"的牌子与品质保证。

宋朝名牌

宋朝商家对品牌的经营,催生了一批名牌。翻开《东京梦华录》《梦粱录》《都城纪胜》,便可以发现,在宋朝的开封与杭州,几乎各个行业都产生了一堆知名品牌。

比如医药类,开封有"时楼大骨传药铺""金紫医官药铺""杜金钩家""曹家独胜丸""山水李家口齿咽喉药""大鞋任家产科""张戴花洗面药""国太丞张老儿""丑婆婆药铺""荆筐儿药铺"。杭州的"潘节干熟药铺""张家生药铺""陈直翁药铺""梁道实药铺""杨将领药铺""仁爱堂熟药铺""三不欺药铺""金药白楼太丞药铺""陈妈妈泥面具风药铺""金马杓小儿药铺""保和大师乌梅药铺""双葫芦眼药铺""郭医产药铺""李官人双行解毒丸",也都是"有名相传者"。

美食类,北宋开封府有"桥西贾家瓠羹""孙好手馒头";"史家瓠羹、万家馒头,在京第一";"周待诏瓠羹,贡馀者一百二十文足一个,其粗细果别如市店十文者"(因为是名牌,价钱比一般食店贵了一倍);饼店"唯武成王庙前海州张家、皇建院前郑家最盛,每家有五十余炉";"北食则矾楼前李四家、段家燠物、石逢巴子,南食则寺桥金家、九曲子周家,最为屈指";"州桥炭张家、乳酪张家……卖一色好酒"。这是《东京梦华录》的记载。袁褧《枫窗小牍》则收录了另一份东京的驰名小吃品牌："旧京工伎固多奇妙，即烹煮盘案亦复擅名，如王楼梅花包子、曹婆肉饼、薛家羊饭、梅家鹅鸭、曹家从食、徐家瓠羹、郑家油饼、王家乳酪、段家爊物、石逢巴子南食之类，皆声称于时。"

南宋时，杭州的"中瓦前皂儿水、杂卖场前甘豆汤、戈家蜜枣儿、官巷口光家羹、大瓦子水果子、寿慈宫前熟肉、钱塘门外宋五嫂鱼羹、涌金门灌肺、中瓦前职家羊饭、彭家油靴、南瓦宣家台衣、张家元子、候潮门顾四笛、大瓦子丘家筚篥"，也都是"都下市肆名家驰誉者"。

日用百货零售类，南宋杭州则有"俞家七宝铺""徐茂之家扇子铺""傅官人刷牙铺""徐官人幞头铺""张古老胭脂铺""戚百乙郎颜色铺""徐家绒线铺""俞家冠子铺""染红王家胭脂铺""孔八郎头巾铺""游家漆铺""汪家金纸铺""彭家温州漆器铺""飞家牙梳铺""沈家枕冠铺""陈家画团扇铺"，等等。[1]

这些宋朝的知名品牌多以姓氏冠名。不必奇怪，古今中外都是如此，今天有许多著名的品牌，其实也来自公司创始人的姓氏或姓名，比如麦当劳、雀巢（Nestle）、皮尔·卡丹、轩尼诗、马爹利、福特、丰田、松下、王老吉。阿迪达斯（Adidas）也是由创始人 Adi Dassler 的姓名合并而成，劳斯莱斯（Rolls-Royce）则是公司两位创始人 Frederick Henry Royce 和 Charles Stewart Rolls 的姓氏联合。

既然有名牌，自然也就有冒牌，这也是自古难免之事。南宋

---

[1]　参见吴自牧《梦粱录》；耐得翁：《都城纪胜》。

文物市场出现的宋代"湖州真石家念二叔照子"及其铭记

姚勉《雪坡集》记载："柯山叶姓，货墨者甚多，皆冒茂实名，而实非也。有吕云叔后出，不假叶氏以售，而其法亦出诸叶。"叶茂实是宋代的制墨大家，"其墨虽经久或色差淡，而无胶滞之患"[1]，品质上好（20世纪70年代，江苏武进的南宋墓曾出土一锭叶茂实造墨，上面还残存阳文"实制"铭记。尽管墨锭在地下埋了数百年，但其质地仍然坚硬细腻，犹有光泽），所以许多制墨的店铺，都冒用"叶茂实"之名。

出土的文物显示，宋代湖州出品的许多铜镜，都铭刻有制镜的铺号，如"湖州真石家念二叔照子（照子，即镜子）""湖州真正石家念二叔照子"。湖州"石家念二叔"是制铜镜的名家，也是宋代青铜镜商品的驰名品牌。制造商之所以在"石家念二叔"前面特别加上"真""真正"的字眼，是为了强调自己不是冒牌货。这也说明当时出现了许多冒牌"石家念二叔"的产品。

宋代的消费者，也有追求名牌商品的消费习惯。《梦粱录》说：

1　陆友：《墨史》。

"大抵都下买物，多趋名家驰誉者。"所谓"名家驰誉者"，换成今日的话说，不就是"名牌"、"驰名商标"吗？宋话本《白娘子永镇雷峰塔》也讲述：许仙外出遇雨，向开生药铺的亲戚李将仕借把伞用。李将仕吩咐药铺的老陈给了许仙一把雨伞。老陈将一把雨伞递给许仙，再三嘱咐道："小乙官，这伞是清湖八字桥老实舒家做的，八十四骨，紫竹柄的好伞，不曾有一些儿破，将去休坏了！仔细！仔细！"许仙说："不必分付。"后来许仙又将这把伞借与白娘子，定下了一段姻缘。我们这里要注意的不是许仙的爱情，而是老陈所代表的宋代市民消费意识。显然，"老实舒家"是制伞的大品牌，深受消费者欢迎。

难怪宋代的商家要大做品牌广告。

清

明上河船

让我们再展开宋代张择端的《清明上河图》长卷，将目光聚焦到汴河上的船只。

有心人会发现，画家用了三分之一的篇幅来描绘东京汴河舟楫往来的繁忙景象，图中画出的大小船只有二十四条。我们根据船的功能，将《清明上河图》出现的船只分为三大类：货船、客船（含客货两用船）与游船。

货船与客船

汴河中最常见的船只，显然是货船与客船。客船与货船的功能，用宋人的话来说，是"为载往来士贾诸色等人、及搬载香货杂色物件等"。两者在造型上又略有区别，货船一般不设开窗的舱室，"船形制圆短，如三间大屋，户出其背，中甚华饰，登降以梯级"，其中一种庞大的万石船，"非甚大风不行"[1]。

客船（含客货两用船）则设有一间一间的舱室，"四壁施窗户，如房屋之制，上施栏楯，朱绘华焕，而用帘幕增饰"[2]，里面有桌椅床铺、茶水饮食，以让客人乘坐舒适，也可随时打开窗户浏览沿河风光。我们还可以从北宋王希孟的《千里江山图》（北京故宫博物院藏）上，窥见宋朝客船精致、宽敞、明亮的舱内环境。

汴河中之所以多货船、客船，是因为汴河是进出东京的重要孔道，当时往来京师的物流、人口流动，多赖汴河等水道。宋人说，东京"比汉、唐京邑民庶，十倍其人矣。甸服时有水旱，而

1　张舜民：《画墁集》。

2　徐兢：《宣和奉使高丽图经》。

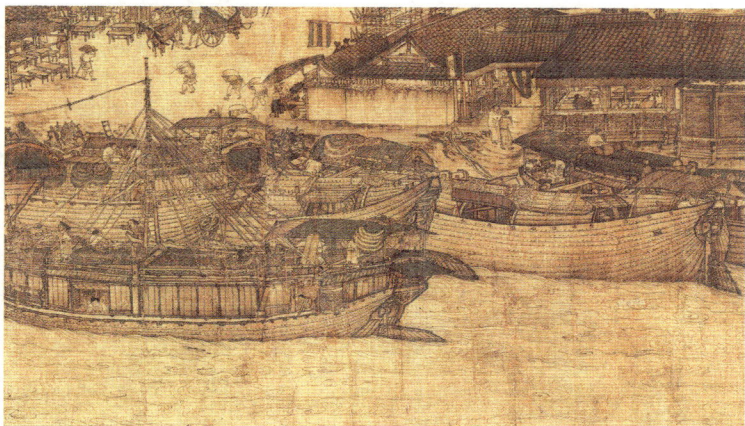

上：《清明上河图》上的客船与货船；下：《千里江山图》上的客船

不至艰歉者，有惠民、金水、五丈、汴水等四渠，派引脉分，会于天邑，舳舻相接，赡足京师，以无匮乏也。唯汴元水横亘中国，首承大河，漕引江、湖，利尽南海，半天下之财赋并山泽之百货，悉由此路而进"[1]。

因此，恰如周邦颜《汴都赋》所形容：汴河之上，"舳舻相衔，千里不绝，越舲吴糟，官艘贾舶，闽讴楚语，风帆雨楫，联翩方载"。

在铁路与航空技术尚未出现之前，陆路交通速度缓慢，成本巨大；相比之下，河运大大提高了运载能力与运输速度，水运网络的地位就如今天的高铁网。宋政府极重视河运，定都开封，即因为开封是运河线的枢纽，水运非常便利。

南宋以杭州为"行在"，也有考虑到杭州水运网络发达的因素，《梦粱录》说，"杭城乃辈毂之地，有上供米斛，皆办于浙右诸郡县，隶司农寺所辖。本寺所委官吏，专率督催米斛，解发朝廷，以应上供支用。搬运自有纲船装载，纲头管领所载之船，不下运千余石或载六七百石"；"若士庶欲往苏、湖、常、秀、江、淮等州，多雇舻船、舫船、航船、飞篷等船"。

总而言之，汴河上繁忙的客船与货船，直接反映了宋代水上运输的发达，而发达的水运，则是宋代商业繁华的见证。因为水运不但降低了物流与交易成本，使得长途贸易与大宗贸易成为可能，比如说宋代之前，民间有"千里不贩籴"之谚，将粮米运至千里外销售，成本太高，但在宋代，水运网络将"千里贩籴"的成本大幅降了下来，"富商大贾，自江淮贱市粳稻，转至京师，坐邀厚利"。"千里不贩籴"的贸易局限从此被打破了。

---

1 《续资治通鉴长编》卷三八。

同时，由于货物的流通、客商的往返、人烟的汇聚，自然而然产生了庞大的餐饮、住宿、仓储、搬运、商品交易、娱乐、脚力服务诸方面的市场需求，从而促成了服务业与工商业的兴起与繁荣。《清明上河图》中，城郊的一处码头停泊着两艘正在卸货的货船，脚夫正在将商货（很可能是粮食）一袋一袋从船上搬到岸上，码头坐着一位老者，看样子应该是哪个商号的管家，正给脚夫发签筹——这是计件报酬的凭证，一个脚夫每搬运一袋货物，便可领到一根签筹，完工后再按签筹根数计算酬劳（这种计酬方式，据说沿用到民初）。码头附近尽是饮食店、小酒店。可以想象，这里也必有储货、寄宿的塌房与邸店。

宋人将仓储业称为"停塌"，将储货的仓库称为"塌房"，将旅馆称为"邸店"。东京汴河的两岸，便是一片繁忙的塌房区、邸店区，因为沿汴水入京的货船，一般都要在这里靠停、卸货、集散、食宿。其中最大的塌房，大概要算后周留下来的"巨楼十二处"，"邀巨货于楼，山积波委，岁入数万计"[1]。

临近汴河码头的东京州桥，由于仓场建在这一带，汴河上的货船驶至州桥码头后，需要靠岸卸货、仓储，物资在这里集散，人流也在这里汇合，因此夜市非常热闹，到处都是叫卖各种美食的店铺、摊子。看看《东京梦华录》是怎么描写"州桥夜市"的："自州桥南去，当街水饭、爊肉、干脯……鸡皮、腰肾鸡碎，每个不过十五文；……香糖果子、间道糖荔枝、越梅、镊刀紫苏膏、金丝党梅、香枨元，皆用梅红匣儿盛贮；冬月盘兔、旋炙猪皮肉、野鸭肉、滴酥、水晶脍、煎夹子、猪脏之类，直至龙津桥须脑子

---

1 释文莹：《湘山野录 续录 玉壶清话》。

《清明上河图》上的汴河码头

肉止，谓之杂嚼，直至三更。"

游船

在《清明上河图》中，我们还找到了一条游船，停靠在虹桥附近。从船的造型看，游船显得更狭长，装饰似乎也更华丽，两舷是一排一排的窗户，方便乘坐的游客浏览风光。一首宋词《尉迟杯·离恨》写道："隋堤路，渐日晚，密霭生深树。阴阴淡月笼沙，还宿河桥深处。无情画舸，都不管、烟波隔前浦。等行人、醉拥重衾，载将离恨归去。"词中的"隋堤"，指汴河的堤岸，因为汴河是隋炀帝开通的运河，河堤故名隋堤。可见汴河是有

《清明上河图》上的汴河游船

游船画舸的。

　　不过，至少从《清明上河图》展示的图像信息来看，汴河上的游船并不多见，毕竟汴河是水上交通要道，不是风景区。在宋朝另一个城市——杭州的西湖，游船才是最多见的船只。因为西湖就是一个巨大的公园，"湖山游人，至暮不绝。大抵杭州胜景，全在西湖，他郡无此，更兼仲春景色明媚，花事方殷，正是公子王孙，五陵年少，赏心乐事之时，讵宜虚度？至如贫者，亦解质借兑，带妻挟子，竟日嬉游，不醉不归。此邦风俗，从古而然，至今亦不改也"。特别是春天，"西湖画舫尽开，苏堤游人，来往如蚁"[1]。

　　这么多的游人，对游船的需求量无疑是巨大的，因此西湖上

1　吴自牧：《梦粱录》。

每天都停泊着无数的游船。《梦粱录》载："杭州左江右湖，最为奇特，湖中大小船只，不下数百舫。船有一千料者，约长二十余丈，可容百人；五百料者，约长十余丈，亦可容三五十人；亦有二三百料者，亦长数丈，可容三二十人。皆精巧创造，雕栏画栱，行如平地。各有其名，曰百花、十样锦、七宝、戗金、金狮子、何船、劣马儿、罗船、金胜、黄船、董船、刘船，其名甚多，姑言一二。"

如果说文字的记录不够形象、直观，那么来看宋画，南宋《西湖清趣图》（美国弗利尔美术馆藏）、马麟《荷香消夏图》（私人藏）、夏珪《西湖柳艇图轴》（台北故宫博物院藏）都画有造型狭长、如同小火车的西湖游船。

西湖中游船服务的供应量如此充足，游客租船自然是十分方便。《梦粱录》说，"若四时游玩，大小船只，雇价无虚日。遇大雪亦有富家玩雪船。如二月八及寒食、清明，须先指挥船户，雇定船只，若此日分舫船，非二三百券不可雇赁。至日，虽小脚船亦无空闲者。船中动用器具，不必带往，但指挥船主一一周备。盖早出登舟，不劳为力，惟支犒钱耳"。《都城纪胜》亦称，西湖舟船"皆奇巧打造，雕栏画栋，行运平稳，如坐平地。无论四时，常有游玩人赁假。舟中所须器物，一一毕备。但朝出登舟而饮，暮则径归，不劳余力，惟支费钱耳"。

即使在皇帝游湖的时候，西湖游人也不用回避，而是跟随着皇帝乘坐的大龙舟看热闹，买卖食品、土特产之类。《武林旧事》载："淳熙间，寿皇以天下养，每奉德寿三殿，游幸湖山，御大龙舟，宰执从官，以至大珰应奉诸司，及京府弹压等，各乘大舫，无虑数百。时承平日久，乐与民同。凡游观买卖，皆无所禁。画楫轻舫，旁午如织。"

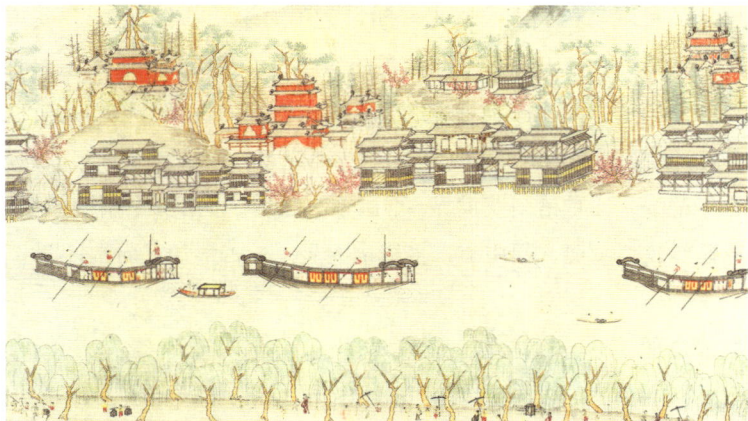

上：《西湖清趣图》上的游船；中：《荷香消夏图》上的游船；下：《西湖柳艇图轴》上的游船

如果说，汴河上"舳舻相衔，千里不绝"，是宋代东京商业繁华的反映，西湖上"画楫轻舫，旁午如织"，则是南宋临安市民生活富庶、安逸的表现。温柔的西湖水，甚至消磨了南宋人收复故土的意志，让一批有志之士流露出深深的忧虑，恰如文及翁的这首《贺新郎·西湖》所写："一勺西湖水，渡江来、百年歌舞，百年醋醉。回首洛阳花世界，烟渺黍离之地。更不复、新亭堕泪。簇乐红妆摇画艇，问中流、击楫谁人是。千古恨，几时洗？"

航海巨船

还有一类船舰，也是宋人常见的，不过在《清明上河图》上看不到，那就是宋朝海商用于远洋贸易的巨船。宋人的远洋巨船有多大呢？出土的宋代沉船可以见证。

1974 年，泉州后渚港出土了一艘南宋末的"福船"型海船，船体残长 24.20 米，残宽 9.15 米，估计载重 200 吨上下，排水量可达 600 吨。展出后渚宋船的泉州海外交通史博物馆曾经介绍说，"这是迄今为止世界上发现年代最早、规模最大的木帆船"[1]。

不过这一纪录很快被打破。2007 年 12 月，南宋沉船"南海一号"整体打捞出水——800 年前，这艘商船满载瓷器、丝绸等商货，从泉州港出发，驶往东南亚，却不知何故在南海沉没。"南海一号"出水后，经测量，船体长 30.40 米、宽 9.80 米，高约 4 米（不含桅杆）。这才是迄今为止发现的年代最早、船体最大、保存最完整的古代远洋贸易商船。

---

1 参见《泉州晚报》2015 年 12 月 29 日报道。

但如果将"南海一号"放回历史，它却谈不上是宋代最大的商船。据《梦粱录》记载："海商之舰，大小不等。大者五千料，可载五六百人；中等二千料至一千料，亦可载二三百人。"料，是宋人对船舰载重的计量单位，一料等于一宋石，相当于今天120斤。宋代常见的大型航海商船，可载五千料，即载重300吨。载重200吨左右的"南海一号"与后渚港宋船，如果换成宋人的计量习惯，大约是3600料，应该只是中型商船而已。

不过，即便是5000料，也不是宋代海船的最大装载量。宋人还造出更巨大的航海帆船。北宋徽宗年间，宋廷因为要派遣使团访问高丽之需，诏令船坞制造了两艘巨舰，一艘命名为"鼎新利涉怀元康济神舟"，一艘命名为"循流安逸通济神舟"。同时委托福建、两浙的监司"顾募客舟"六只随行。客舟"其长十余丈，深三丈，阔二丈五尺，可载二千斛粟"[1]。2000斛等于2000料，即载重约120吨，比今天我们看到的泉州后渚港宋船略小。

那么"康济号"与"通济号"神舟的装载量如何呢？据《宣和奉使高丽图经》的记录，"神舟之长阔高大、什物器用、人数，皆三倍于客舟也"。换言之，一艘神舟的装载量至少是6000料，换算成今天的说法，载重达360吨，排水量可达1000吨以上。难怪宋人形容两艘神舟"巍如山岳，浮动波上，锦帆鹢首，屈服蛟螭"，"丽人迎诏之日，倾国耸观而欢呼嘉叹也"。

但神舟可能也不是从大宋港口驶出的最大船商。南宋人周去非的《岭外代答》记述了一种叫"木兰舟"的巨舰，是从大宋国开往"木兰皮国"（即非洲西部的穆拉比特王国）的巨型商船：

---

1 徐兢：《宣和奉使高丽图经》。

"浮南海而南，舟如巨室，帆若垂天之云，柂长数丈，一舟数百人，中积一年粮，豢豕酿酒其中。"这种木兰舟的大小大致跟神舟相仿佛。还有一种更大的木兰舟："其舟又加大矣。一舟容千人，舟上有机杼市井，或不遇便风，则数年而后达，非甚巨舟，不可至也。今世所谓木兰舟，未必不以至大言也。"巨船可容千人，船舱内不但可以养猪、酿酒，还装备了"机杼"，开设了"市井"。

元朝时访问过杭州、广州的摩洛哥旅行家依宾拔都他也记述说，印度与中国之间的海上交通，皆操之中国人之手，中国的船舶有三帆至十二帆，一艘大船可载一千人，内有水手六百人、兵士四百人。此类商船皆造于刺桐（泉州）及兴克兰（广州）二埠。[1]要知道，20 世纪初英国制造的超级豪华邮轮"泰坦尼克号"，可搭载的人数也只是三四千人。

如此巨大的海船，展示了宋人精湛的造船技术、发达的造船业（元朝的航海技术沿袭自宋朝），更是宋代高度繁荣的海上贸易的见证。正是凭着高超的造船技术、先进的航海设备（包括指南针、航线图"罗经针簿"），大宋的商人将无数载满商货的巨船，从中国的港湾开往茫茫大洋，进入东南亚，航至阿拉伯半岛，甚至到达非洲东海岸。如果说，中国历史上有过辉煌的大航海时代，那这个时代一定是宋代。

宋代海上贸易繁华，而界画发达，航海船只的踪影当然会被画家捕捉进图画。相传北宋画家燕文贵绘有一幅《舶船渡海像》，"大不盈尺，舟如叶，人如麦，而樯帆樯橹，指呼奋踊，尽得情

---

1 《摩洛哥旅行家依宾拔都他及其〈游记〉》,张星烺编注《中西交通史料汇编》,中华书局,2003。

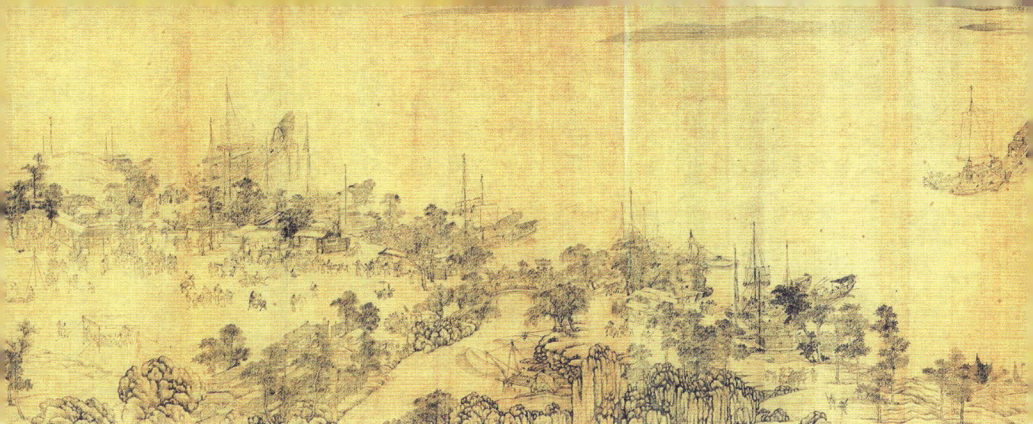

《江山胜览图》中的码头与海船

状，至于风波浩荡，岛屿相望，蛟鼍杂出，咫尺千里，何其妙也"[1]。可惜此画已佚失。从元代王振鹏（款）的《江山胜览图》（北京保利拍品）上，也可以见到宋元时期永嘉码头整帆待发的远航商船。

后来中国造船技术的衰落，很大程度上是因为航海与海上贸易受到明清政府禁海政策的限制。明初朱元璋规定："凡沿海去处，下海船只，除有号票文引许令出洋外，若奸豪势要及军民人等，擅造三桅以上违式大船，将带违禁货物下海，前往番国买卖，潜通海贼，同谋结聚及为向导劫掠良民者，正犯比照谋叛已行律处斩，仍枭首示众，全家发边卫充军。其打造前项海船卖与夷人图利者，比照将应禁军器下海者，因而走泄军情律，为首者处斩，为从者发边卫充军。"[2]

景泰年间，明政府又对福建民用船的尺寸做出严格限制："其

1　刘道醇：《圣朝名画评》。

2　陈仁锡：《皇明世法录》卷二〇。

近海违式船只，皆令拆卸，以五六尺为度，官位印照，听其生理。"[1]

嘉靖年间，朝廷再发布法令："行浙、福二省巡抚按官，查海舡，但双桅者，即捕之。所载即非番物，以番物论，俱发戍边卫。官吏军民，知而故纵者，俱谪发烟瘴。"[2]

清初，清廷也严令规定："如有打造双桅五百石以上违式船只出海者，不论官兵民人，俱发边卫充军。该管文武官员及地方甲长，同谋打造者，徒三年；明知打造不行举首者，官革职，兵民杖一百。"[3]

康熙四十二年（1703），朝廷再发布管制沿海造船的细则："出洋渔船，止许用单桅。梁头不得过一丈，舵水人等不得过二十名并揽载客货。小船均于未造船时，具呈该州县，取供严查，确系殷实良民亲身出洋船户，取具澳甲、里族各长并邻右当堂画押保结，然后准其成造。造完，该州县亲验烙号刊名，仍将船甲字号、名姓于船大小桅及船旁大书深刻，并将船户年貌、姓名、籍贯及作何生业开填照内，然后给照，以备汛口查验。"[4]

于是，中国的造船技术与航海事业在明代郑和下西洋时期获得一次回光返照式的发展之后，开始走下坡路，逐渐被西方抛于身后。

---

1 《漳州府志》卷二五。
2 《明世宗实录》卷五四。
3 《清会典事例》卷七七六。
4 《清会典则例》卷一二○。

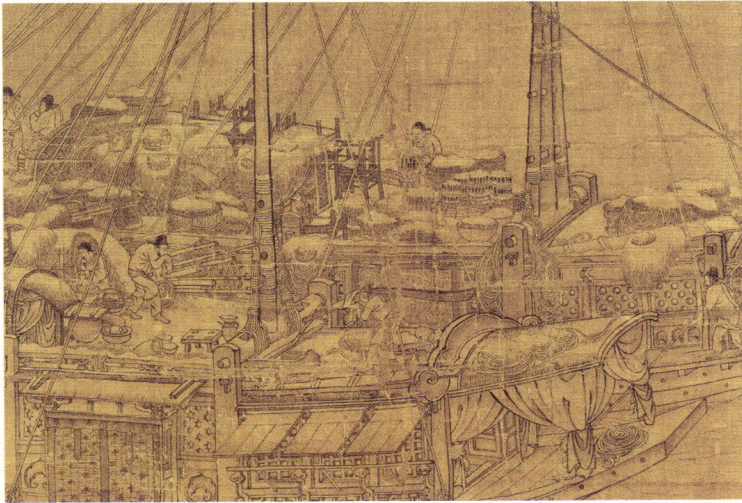

上：《清明上河图》中正在通过虹桥的船只；下：《雪霁江行图》中的可眠桅

宋船构造

回到《清明上河图》，画家对汴河船只的细致描摹，还让我们有机会真切地观察到宋代船舶的细部构造。来看张择端捕捉到的紧张一幕：一艘客货两用船欲通过虹桥，高耸的桅杆眼看就要撞上桥梁，桥上的行人都惊呼起出，水手们赶紧将桅杆横放下来。

这艘船舰显然使用了"可眠桅"的技术。所谓可眠桅，即桅杆底座装有转轴，可以随时将桅杆竖起或放倒。它的细部构件，可以在另一幅宋画——郭忠恕的《雪霁江行图》（台北故宫博物院藏）看得更加清楚。

据沈括《梦溪笔谈》的记载，中国人还将可眠桅的技术传授给了高丽海商："嘉祐中，苏州昆山县海上，有一船桅折，风飘抵岸。船中有三十余人，衣冠如唐人，系红鞓角带，短皂布衫。见人皆恸哭，语方不可晓。试令书字，字亦不可读。行则相缀如雁行。"原来他们是高丽屯罗岛人，在航海时因大风吹折桅杆，随洋流漂到昆山海岸。昆山知县韩正彦"召其人，犒以酒食"，又"使人为其治桅，桅旧植船木上，不可动，工人为之造转轴，教其起倒之法。其人又喜，复捧首而鞭"。

宋代的大型商船通常都由一个复杂的多桅帆装置来提供动力："大樯高十丈，头樯高八丈，风正则张布帆五十幅；稍偏则用利篷左右翼张，以便风势；大樯之巅，更加小帆十幅，谓之'野狐帆'，风息则用之"。这种复式桅帆技术，能够利用不同方向吹来的风："风有八面，唯当头不可行"[1]，其他方向的风都可以用来

1　徐兢：《宣和奉使高丽图经》。

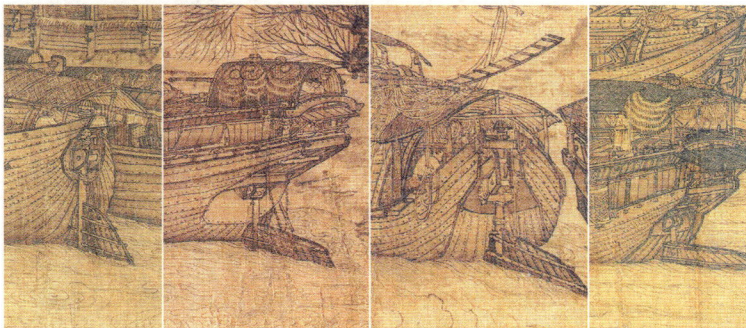

上：《清明上河图》上的船橹；下：《清明上河图》上的升降舵与平衡舵

驱动船只前行。不过进入汴河，由于接近城市，船只拥挤，航行速度不可以太快，所以《清明上河图》上的船都卸下布帆，放倒桅杆，改用拉纤，或者用橹。

橹是一种比桨效率更高的工具，民间有"一橹顶三桨"之说。其原理是通过搅动船后水体，产生压差，从而推动船前进。我们从《清明上河图》上可以看到，宋代的橹已发展成需要六七人摇动的巨橹。

宋船的船舵也设计得非常高明，使用的是升降舵与平衡舵。平衡舵指将舵杆轴线略往舵叶中间靠拢，减小转舵力矩，操作起来更省力。升降舵则指舵叶上装有舵链，可根据吃水线深浅来确定舵位高低，水浅将船舵拉高，水深将舵降下。有些航海巨舰，甚至设有"正舵大小二等，随水浅深更易"[1]。

在船舵正上方的船尾，设有舵楼，是舵工操作船舵的工作室。操控船舵的舵柄叫作"关门棒"，"欲船北，（关门棒）则南向搦转。欲船南，则北向搦转"。这个控制行船方向的装置，我们也可以从郭忠恕《雪霁江行图》中看得清清楚楚。

"前锚后舵"是一艘宋船的典型构造，宋代的船锚既有石锚（矴石），也有铁锚，"抛泊则放矴着水底"，"若风涛紧急则加游矴"，"行则卷其轮而收之"。收放锚绳的装置叫作"绞盘"，"上缩藤索，其大如椽，长五百尺"[2]。这种绞盘也可以在《清明上河图》上找到。有些大船还装有"披水板"与"大橹"。"披水板"是绑在两侧船舷的木板，又称副舵。"由于侧风、前侧风和逆风航行会使船发

1　徐兢：《宣和奉使高丽图经》。

2　徐兢：《宣和奉使高丽图经》。

上：《雪霁江行图》中的舵楼；下：《清明上河图》上的绞盘

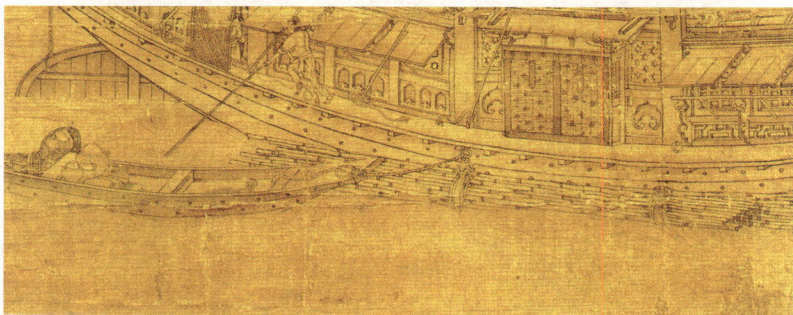

上：《清明上河图》上的披水板；下：《雪霁江行图》中的竹囊与舢板

生横漂，干扰了船舶航行方向，披水板的发明，可防止船的横向移动，能起平衡船身的作用"[1]。《清明上河图》中，一只停泊在虹桥附近的客船，就装上了披水板。

"大囊"则是绑在船舷的巨竹，它有两个作用，一是"以拒浪"，让船在航行时更加平稳；二是竹囊同时又可以作为吃水线："装

1　参见马华民《〈清明上河图〉所反映的宋代造船技术》，《中原文物》1990 年第 4 期。

载之法，水不得过橐"[1]。《清明上河图》中的船只未见大橐，不过在《雪霁江行图》上，我们可看到巨船的船舷正好绑了竹橐。此外，还系有一只小船，这种小船叫作"舢板"，是巨船万一发生危难时的救生艇。

宋代的大船还普遍采用了"水密隔舱"结构，《马可波罗行纪》描述了13世纪"印度诸岛"大船的水密隔舱："若干最大船舶有内舱到十三所，互以厚板隔之，其用在防海险，如船体触礁或触饿鲸而海水渗入之事。其事常见，盖夜行破浪之时，附近之鲸见水起白沫，以为有食可取，奋起触船，常将船身某处破裂也。至是水由破处浸入，流入船舱，水手发现船身破处，立将浸水舱中货物徙于邻舱，盖诸舱之壁嵌隔甚坚，水不能透，然后修理破处，复将徙出货物运回舱中。"

意大利商人马可·波罗所说的"印度诸岛"船只，实际上是南海中的中国商船。可惜《清明上河图》与《雪霁江行图》都未绘出水密隔舱，不过，宋船的水密隔舱技术已为出土的南宋商船实物所证实，如泉州后渚港出土的宋船，用十二道舱板分隔成十三个船舱，舱壁的水密程度非常高。有人说，如果当年"泰坦尼克号"采用了水密隔舱技术，碰撞冰川后就不至于沉没。

这一假设未必恰当，但若说宋人的造船技术与社会发展水平远远领先于同时期的世界其他地方，包括欧洲与阿拉伯、印度，则是完全没有问题的。

1　徐兢：《宣和奉使高丽图经》。

宋

朝的水力机械技术有多发达

水力机械应用最盛的时代

在电力发明出来之前，古人很早就使用水力来驱动机械，用于手工业生产，比如用水排给熔炉鼓风，用水轮带动纺车，用水碓舂米，用水砻给谷物脱壳，以水磨为中心建造磨坊。研究中国水力机械历史的学者发现，从传世的宋元画作中，可以很容易地找到驱动水磨的卧式水轮或竖式水轮。[1]

目前已经发现绘有水轮的宋元画至少有十幅，分别是宋代郭熙《关山春雪图》、高克明《溪山积雪图》、李唐《清溪渔隐图》、宋人佚名《雪栈牛车图》（均收藏于台北故宫博物院）、王希孟《千里江山图》、宋人佚名《雪麓早行图》（上海博物馆藏）、《闸口盘车图》（上海博物馆藏）、山西繁峙县岩山寺金代壁画，以及元人佚名《山溪水磨图》（辽宁省博物馆藏）、元代无款《仿巨然山水》（未知收藏者）。

请注意，这些水轮的附近都建造有房屋，显示这是一个水磨作坊，换言之，我们从宋画看到的水轮，都不是用来灌溉农田，而是应用于手工业加工。这么多宋人的画作都捕捉到水轮－水磨的影子，无疑说明了水力机械在宋代手工业生产中的应用之广，对于许多宋朝画家来说，水磨作坊是他们很熟悉的风景。

清华大学的高瑄教授曾经做过一个很有趣的统计：利用《文渊阁四库全书》电子版的全文检索功能，对二十四史所涉及的水力机械名词进行检索比较。结果发现，"水磨"（早期称为"水硙"）

1　参见张之杰《古代绘画水磨图中藏谜案》，《科学与文化》2009 年第 2 期；史晓雷《从古代绘画看我国的水磨技术》，《中国国家博物馆馆刊》2011 年第 6 期。

上：郭熙《关山春雪图》局部；中：高克明《溪山积雪图》局部；
下：李唐《清溪渔隐图》局部

上：宋人佚名《雪栈牛车图》局部；下：王希孟《千里江山图》局部

上：宋人佚名《雪麓早行图》局部；下：元人佚名《山溪水磨图》

元代无款《仿巨然山水》

一词在《晋书》上只出现 1 次，在"南北朝史"与《隋书》上也是各出现 1 次，在《旧唐书》与《新唐书》共出现了 5 次，而在《宋史》上出现的频率最高，为 58 次。[1]

高瑄教授还比较了水力机械名词在《全唐诗》与《全宋诗》中的出现频率——在"全唐诗全文检索数据库"和"全宋诗全文检索数据库"中分别输入"水车"一词，从《全唐诗》只检索到 4 个匹配，而从《全宋诗》中则检索出 41 个匹配。"这间接地说明，水力机械的普及程度在宋代大大超过了唐代，因为经常见到，许

1　高瑄：《10—14 世纪中国水力机械发展初探》，会议论文，下同。

多诗人才会在诗中很自然地提到水车"[1]。

宋诗不但从统计学意义上显示了水力机械在宋代的普及程度，一些宋诗还让我们得以了解到宋朝水磨在手工业中的应用细节。北宋文同有一首《水碨》诗写道："激水为碨嘉陵民，构高穴深良苦辛。十里之间凡共此，麦入面出无虚人。彼氓居险所产薄，世世食此江之滨。朝廷遣使兴水利，嗟尔平轮与侧轮。"此诗描述的是嘉陵江边的一间大型水力磨面作坊，使用了卧式水轮加竖式水轮的装置，"嗟尔平轮与侧轮"；生意很热闹，"十里之间凡共此，麦入面出无虚人"；而"朝廷遣使兴水利"一句则透露，这间水磨作坊应该是官府出面兴建的。

另一首宋诗——邹浩的《冰韵端夫闻江北水磨》写道："白沙湖边更湍急，五磨因缘资养生。城中鞭驴喘欲死，亦或人劳僵自横。借令麦破面浮玉，青蝇遽集争营营。乃知此策最长利，朱墨岂复嗤南荣。天轮地轴骇昼夜，仿佛飔扇吹苍瀛。"诗中描述的水力磨坊，位于长江北岸的白沙湖畔，是一座应用了"五转连磨"技术（一具水轮可以驱动五扇磨盘）的粮食加工厂，"五磨因缘资养生"；工作效率非常高，与之相比，"城中鞭驴喘欲死"。

这种"水转连磨"的机械也记载在元代王祯《农书》中。《农书》还有水排、水磨、水碓、水砻等水力机械的介绍。但是显然，《农书》记载的水力机械不可能由元人一夜之间发明出来，只能来自长年累月的技术积累，即从宋代一路传下来，比如用来加捻麻纱的"水转大纺车"，据《农书》记述，元代时应用已非常广泛，"或众家绩多，乃集于车下，秤绩分缠，不劳可毕。中原麻布之乡，皆用之"。

1　高瑄：《10—14世纪中国水力机械发展初探》。

四川都江堰一带，水转大纺车的应用也很普遍，《蜀堰记》载，"缘渠（指都江堰）所置碓硙纺绩之处以千万数，四时流转而无穷"。但我们相信，至迟在南宋后期，水转大纺车已经应用于纺织手工业中。

从宋诗与宋画大量出现关于水力机械的名词与图像来看，宋代的水力机械应用很可能出现了一场爆发式的发展，宋人广泛利用水力驱动春碓、研磨、戽水、捻纱、鼓风等，在许多磨茶作坊、磨面作坊、纺织作坊，甚至一些冶炼作坊中，都采用了水力驱动的技术。

水力机械技术的高峰期

写《中国科学技术史》的李约瑟说道："对于科技史家来说，唐代不如宋代那样有意义，这两个朝代的气氛是不同的。唐代是人文主义的，而宋代较着重科学技术方面。……每当人们在中国的文献中查找一种具体的科技史料时，往往会发现它的焦点在宋代，不管在应用科学方面，或纯粹科学方面，都是如此。"

水力机械技术也一样。研究者认为："10—14 世纪对于中国古代水力机械来说更是一个特殊的时期，在这一时期里，中国古代水力机械在前代发展的基础上，取得了前所未有的更为辉煌的成就。这一时期诞生了许多卓越的水力机械，这些水力机械的发明，与其他方面的成就一道，使这一时期成为中国古代科技发展的高峰。"[1]

1　高瑄：《10—14 世纪中国水力机械发展初探》。

来看几个例子：王祯《农书》记载的水转大纺车，装有三十二枚绽子，在水力带动下，"弦随轮转，众机皆动，上下相应，缓急相宜，遂使绩条成紧，缠于軠上，昼夜纺绩百斤"。而人力操作的手摇纱车与脚踏纺车，一天劳作，最多也只可纺纱三二斤。

《农书》还记录了一种叫作"水轮三事"的技术，"谓水转轮轴可兼三事，磨、砻、碾也。初则置立水磨，变麦作面，一如常法。复于磨之外周造碾圆槽。如欲砻米，惟就水轮轴首易磨置砻。既得粝米，则去砻置碾，碾干循槽碾之，乃成熟米。夫一机三事，始终俱备，变而能通，兼而不乏，省而有要，诚便民之活法、造物之潜机"。王祯自谓"水轮三事"乃是他首创，"今创此制，幸识者述焉"。

不过，中国社会科学院历史研究所的郭正忠教授却考证出，"水轮三事"早在宋代已得到应用。郭正忠教授的依据来自北宋张舜臣的《水磨赋》，赋中写道："徒观夫老稚咸集，麦禾山积；碓臼相直，齿牙相切；碾磨更易，昼夜不息。"从《水磨赋》"不难看出，这'昼夜不息'地运转着的，是一种多功能的水磨。它的特殊装置，可以将磨换成碾，水轮的轮轴上，还连接着一副或几副碓臼"[1]。

《水磨赋》又说："彼华山三峰之飞瀑，吕梁百步之喷沫，独有赏心之玩，曾无利物之实。未若斯磨也，不逾寻丈之间，不匮一夫之力，曾无崇朝之久，而可给千人之食。如是则驴马不用，麦城任坚，农夫力稿，知者图焉。故君子役其智，小人享其利，真为一乡之赖，岂止一家之事！"这样一间水力磨坊，一个早晨

1　郭正忠：《张舜民〈水磨赋〉和王祯的"水轮三事"设计》，《文物》1986 年第 2 期。

上：王祯《农书》上的水转大纺车；下：王祯《农书》上的"水轮三事"

的工夫就可以加工出"给千人之食"的粮食。这是不是文学体例的夸饰之词呢？不是，因为《农书》的记载可相印证："水转连磨……此一水轮可供数事，其利甚博。尝到江西等处见此制度，俱系茶磨，所兼碓具，用捣茶叶，然后上磨。若他处地分，间有溪港大水，仿此轮磨，或作碓碾，日得谷食，可给千家。"

《农书》所记录的"水转连磨"，究竟是什么样子的呢？山西繁峙县岩山寺金代壁画中有一幅《水碓磨坊图》，可以让我们一窥宋代"水转连磨"的构造。需要说明的是，绘制岩山寺壁画的王逵，原是生活在北宋东京的画师，他描绘的图景全是宋朝社会风貌，这一幅《水碓磨坊图》也应该是北宋东京汴河水磨坊的写照。

从《水碓磨坊图》及其"机械原理示意图"可以看出来，这个磨坊建造在水流湍急的河岸（通常是闸口的下方），由一具立式水轮提供动力，穿过水轮的传动轴非常长，一端装了横木，"水激轮转，则轴间横木间打所排梢，一起一落舂之"[1]，拨动碓杆，用于舂米脱壳；另一端装有齿轮，通过齿轮传动系统带动磨盘，用来磨面。

这样的水力磨坊在北宋东京的河岸边是非常常见的。上海博物馆藏的《闸口盘车图》，画的就是汴河边的一间大型水力磨坊。画卷作者原认定为五代的卫贤，但一些学者根据绘画的笔墨风格与人物服饰细节，相信此图的创作时间应该是北宋后期，而不是五代，作者很可能就是绘制《清明上河图》的张择端。[2]

现在我们先来看看《闸口盘车图》透露出来的水磨技术。利

1　王祯：《农书》。
2　戴立强：《〈闸口盘车图〉作者为张择端说》，《中国文物报》2007 年 7 月 4 日。

上：岩山寺壁画《水碓磨坊图》；
下：《水碓磨坊图》机械原理示意图。转引自高策、徐岩红《繁峙岩山寺壁画〈水碓磨坊图〉及其机械原理初探》

用水力驱动磨盘转动并无多少技术上的难度，不过《闸口盘车图》出现了一个很高明的装置，位于大磨盘右侧的机房内，是磨坊用来筛面粉或茶末的工具，叫"水击面罗"。王祯《农书》也提到水击面罗："罗因水力，互击桩柱，筛面神速，倍于人力。"水击面罗的技术难点是如何使水轮的旋转运动转化为周而复始的直线往复运动。《闸口盘车图》的水击面罗被机房建筑物遮掩，未能展现出完整的构造。好在 20 世纪 60 年代，郑为先生已经将这个水击面罗的结构用示意图复原出来。[1]

郑为先生复原的水击面罗结构示意图显示：宋人是利用曲柄连杆机构将水轮的旋转运动转化为面罗的往复运动的，又通过设立撞柱让面罗撞击，使面罗有力地抖动，从而产生筛面的动能。

曲柄连杆机构是旋转运动与直线往复运动得以相互转化的核心装置，不管是古人用来拉动风箱的水排，还是今天汽车的汽缸活塞，都必须运用曲柄连杆机构。而《闸口盘车图》无可辩驳地告诉我们，至迟在宋代，人们已掌握了曲柄连杆机构的基本原理，并应用到水力机械装置中。

宋政府对兴建水磨坊的热切

最后，我们还要展开这幅纵 53.3 厘米、横 119.2 厘米的《闸口盘车图》，真切地感受宋朝大磨坊的繁忙景象。

展示在我们眼前的，是北宋后期汴河边的一家大型官营水力面粉加工厂。也有人认为，这其实是一座加工"末茶"的水磨茶

---

1 郑为：《结撰精严，闸口盘车图卷》，《文物》1966 年第 2 期。

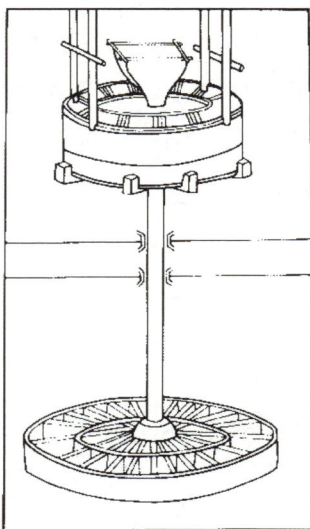

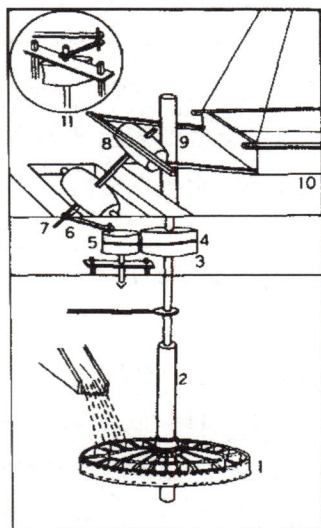

上：《闸口盘车图》中的水磨与水击面罗；

下：《闸口盘车图》中的水磨结构与水击面罗结构示意图。1.下轮，2.立轴，3.上轮，4.弦索，5.旋鼓，6.掉枝（即曲柄），7.行桄（即连杆），8.鼓木，9.撞柱，10.面罗，11.旋鼓与掉枝另一种结构的可能。转引自郑为《结撰精严，闸口盘车图卷》

宋代《闸口盘车图》

作坊——宋人饮茶，并非用炒青炮制的茶叶，而是将茶叶研成茶末（这叫作"末茶"），再冲点成茶汤。水磨茶作坊就是制造、供应"末茶"的工厂。

　　整座磨坊临河而建，修有两处上船亭（码头），两艘运载麦面或茶叶的篷船正准备靠岸卸货。河对岸是坡道与木桥，坡道上有六辆独轮车与太平车，或停车歇息，或行车运货。磨坊的主体建筑是一个横跨闸口激流的木结构磨房，下装两具大水轮，一具带动水磨，一具带动水击面罗。如果你能亲临其境，一定会看到一幅壮观的景象："长槽泻波，钜轮激涛，雷轰电射，雪迸雨飞，若并谷帘，若临洪崖，使人毛发森然，语言不能相接。"[1]磨房内外，

1　杨杰：《西水磨记》。

数十名工人正在磨面（或茶）、筛面（或茶）、扛粮（或茶）、扬簸、净淘、挑水、引渡、赶车。磨房左侧，建有一间茅顶凉亭，亭内坐着几名官员模样的人（其硬脚幞头、圆领袍衫正是宋朝的官服装饰），那是朝廷派来管理官营坊场的"监当官"。右侧水岸边则建造了一间酒楼，门口彩楼欢门高耸，门首挂出一面迎风招展的酒旗，楼上小阁（包厢）隐约可看见饮酒的客人，显示了一座大型手工业坊场对于周边工商业、服务业的辐射力。

不过我们现在看到的《闸口盘车图》很可能还不是全卷，因为据看过此画的清代学者李葆恂的记述，"（图卷）高一尺八寸，长六尺，界画古朴。人物舟车用笔沉着，生气远出，信非宋以后人所能到。水中作一水阁，下有水车，激水转轮，即今之水磨是也。运粮人约数百，皆赤膊作用力之状，棚中一官员中坐，乌纱帽红衣，旁列吏胥数人，并指顾如生"[1]。可知《闸口盘车图》全卷有 6 尺长，约 210 厘米，而现存画卷只有 119.2 厘米；画中人物多达数百人，而现存画卷只可找到四十多人。换言之，全本的《闸口盘车图》场面无疑更具视觉震撼力。

即使是残本的《闸口盘车图》，已足以让我们感受到宋代水力手工业的发达气象与繁荣气息。而从这座水磨作坊的官营性质，我们也不难想见宋朝政府对于开发水磨工厂、争夺水磨市场利润的热切。

历史上，也许没有一个王朝的政府会像宋政府那样热衷于修建水磨。宋真宗大中祥符八年（1015），因有人反映"定州地有暖泉，冬月不冰，可以常用"，朝廷即"命河北安抚副使贾宗相度定州

1　李葆恂：《海王村所见书画录》。

北河，兴置水硙"[1]；宋仁宗天圣八年（1030），朝廷又命秦州官员在"州界侧近度地形安便处，增修水硙"，并批准原有的旧官硙"可量出租课，添助军需"[2]。皇祐年间，怀州知州晁仲衍在境内沁水河边建碾硙，"借水势岁破麦数千斛，以给榷酤"[3]。

熙宁变法后，京师开封与其他有丰富水资源的州县，更是出现修建水茶磨作坊的热潮。元丰六年（1083），管理汴河的"都提举汴河堤岸司"提议在汴河沿岸安装一百盘水磨，用来磨茶："丁字河水磨近为浚蔡河开断水口，妨关茶磨。本司相度，通津门外汴河去自盟河咫尺，自盟河下流入淮，于公私无害。欲置水磨百盘，放退水入自盟河。"[4]得到宋神宗批准。实际上，汴河沿岸的水磨肯定不止一百盘，来看宋哲宗绍圣四年（1098）的一个数据：宋政府"于长葛、郑州等处、京索、溴水河增磨二百六十所，借用汴水，极为要便"[5]。《闸口盘车图》上的大型磨坊，很可能就是这二百六十所官营水磨茶作坊中的其中一所。

恰如宋诗所形容，"朝廷遣使兴水利，嗟尔平轮与侧轮"。宋政府为什么会这么热切地建造水磨，特别是用于磨茶的水磨？说白了，意在追求诱人的"末茶"市场利润。在宋代，茶已经成为"等于米盐，不可一日或无"[6]的日用必需品，为了垄断"末茶"批发的市场利润，宋政府不但大举兴建水磨茶作坊，甚至规定："凡

1　《宋会要辑稿·食货》。

2　《宋会要辑稿·食货》。

3　王珪：《华阳集》卷五〇。

4　《宋会要辑稿·食货》。

5　《宋会要辑稿·食货》。

6　王安石：《议茶法》。

在京茶户擅磨末茶者有禁,并许赴官请买。"[1]京师茶商贩卖的"末茶",只能向官营水磨茶作坊批发。东京的官营水磨作坊,每年给宋政府带来四十万贯的收入。根据官方的报告,商茶也从中获利,因为可以省掉磨茶的成本:"在京茶铺之家,请买水磨末茶货卖,别无头畜之费,坐获厚利。"[2]

以今人的立场来看,宋政府的表现显然就如一名贪婪的商人,与民争利。一部分宋代士大夫也是这么批判朝廷兴建水磨的行为的。不过,如果以历史的眼光来看,近代西欧与日本的经验都显示,正是政府的逐利商人性格,触发了古典农业社会的转型、近代工商业社会的形成。事实上,北宋水磨的兴废,总是跟新旧党的轮替密切相关,但凡新党执政,就会兴建水磨;旧党上台,则废弃官营水磨。而我们知道,新党的新政虽然出现了无数问题,但其总的方向,却是试图以国家的力量发展矿冶业、制造业、运输业、商业、服务业与资本市场。如果往这个方向走下去,未必不能带领国家率先转型成为一个近代化的工商业社会。

宋朝水磨的大举建造,当然无可避免地引发了手工业坊场与农业水利灌溉之间的冲突,双方展开了对水资源的争夺。[3]明道元年(1032),"舒州民多近塘置碓磑,以夺水利",闹出了官司;[4]庆历三年(1043),华州渭南县政府"引敷水溉田甚广",却因"妨私家水磨",被"讼于官",最后朝廷专门立法,确立了农业灌溉优先的原则:"如州县能以水利浇溉民田广阔者,应是妨

---

1 《宋史·食货志》。
2 黄以周:《续资治通鉴长编拾补》。
3 参见郭志安、王娟《北宋水碾磑业中的官私博弈》,《安徽农业科学》2012 年第 2 期。
4 《续资治通鉴长编》卷———。

滞公私碾硙池沼诸般课利，并须停废，不得争占。州县仍不得受理。"[1]元祐年间，苏辙看到"近岁京城外创置水磨，因此汴水浅涩，阻隔官私舟船。其东门外水磨，下流汗漫无归，浸损民田一二百里"，于是向皇帝上书，提议"废罢官磨，令民间任便磨茶"[2]。

然而，水磨工厂与农业灌溉之间的矛盾，并不是将官磨改为民磨就可以化解的，民磨同样会影响农田灌溉。毋宁说，这是结构性的冲突。这样的冲突，放在大历史中便显得意味深长，让我们想到英国工业革命初期的"羊吃人"冲突。

余话

宋代之后，政府对兴建营利性的水磨不再像宋王朝那样表现出热切的兴趣。我们知道，"水磨"（水硙）一词在《宋史》上出现的次数为 58 次，而在《元史》中只出现 5 次，《明史》更是降低到 3 次。[3]这当然不能说元明清时期的水力机械消失了，但是，水磨显然已经不会引起朝廷的关注。

如前所述，从宋画中我们可以很容易地找到水磨的图像，但是在明清时期的画作中，想找出一幅绘有水磨的图画，非常困难。有研究者遍寻古代绘画，总算从浩如烟海的明清画作中找到六幅绘有水磨的山水画，分别是明末王时敏的《仿大痴山水图轴》、王鉴的《仿宋元山水图》、清初王翚的《小中现大图》、黄鼎的《画

1　《宋会要辑稿·食货》。

2　苏辙：《乞废官水磨状》。

3　高瑄：《10—14 世纪中国水力机械发展初探》。

王翚《小中现大图》。看得出水磨在哪里吗?

群峰雪霁》、王云的《山水画册》、袁江的《写郭熙盘车图》。[1]

但是，请注意两个细节：其一，这些图画可以确定基本上都是临摹宋元画的仿作；其二，明清山水画上的水轮，都是以写意笔法草草而就，像《闸口盘车图》与《水碓磨坊图》那种以高度写实的精神绘出水磨构造的作品，在明清画作中绝对是找不出来的。这里的原因，可能是明清文人画的风格跟宋画大不一样，明清文人画家对水磨这类俗物不再感兴趣，对水磨的构造也缺乏了解；也可能是因为水磨的踪影在明清社会变得不那么常见了。

画风的转变并不是孤立的艺术现象，而应该是时代精神的折射。在界画十分繁荣的宋代，"宋人的格物精神很发达……他们开始对单一事物感到好奇，比如当时有大量的茶经，有笋谱，有各种植物的研究文章，这是当时的文化背景"[2]。研究中国美术史的美国汉学家高居翰认为，"中国的科技在十世纪至十四世纪之间达到高峰，其后随着中国人由客观地研究物质世界，转向以主观经验与直观知识的陶养，科技的进展至此便完全失去了动力，而此一重大转变，正好颇具深意地对应着发生于宋元之际的绘画上的改革"[3]。

可以确知的一件事是，宋元时期应用广泛的水转大纺车，在明清时已差不多销声匿迹。有人认为，因为水转大纺车没有牵伸机构，只能用来加捻长纤维的麻与丝，而无法应用于短纤维的棉。随着棉纺织业对麻纺织业的取代，水转大纺车也就退出了历史舞

---

1 史晓雷：《从古代绘画看我国的水磨技术》，《中国国家博物馆馆刊》2011年第6期。

2 台湾艺术大学教授刘静敏2014年接受《三联生活周刊》采访时所言。

3 转引自史晓雷《从古代绘画看我国的水磨技术》，《中国国家博物馆馆刊》2011年第6期。

台。可是，为什么不能对水转大纺车的技术稍加改良，使之适用于棉纺织业呢？要知道，英国的阿克莱水力纺纱机正是在中国的水转大纺车技术的基础上改良而来的。

英国汉学家伊懋可说："虽然这种机器（水转大纺车）还不是非常有效，但如沿其所代表的方向进一步发展的话，那么中古时代的中国很可能会比西方早四百多年就出现一场纺织品生产上的真正的工业革命。"[1] 明清政府与士大夫明显没有动力去改良水转大纺车、开发更先进的水力机械，反正工商税收入在明清政府的岁入中微不足道。但我们相信宋朝的政府有热情这么做，因为发达的水磨工厂可以给他们创造更多的财政收入。

研究宋史的葛金芳教授提过一个观点："这一切使我们相信，宋代手工业进入了一个新的发展时期，一个为近代工业的发生准备条件的时期，为资本主义生产方式的降临提供历史前提的时期，我们称之为前近代化时期。如果这个势头能够保持二三个世纪不被打断的话，必将为其后的工厂（机器）工业化奠定坚实基础。"[2] 这无疑是一个让人不胜唏嘘的假设。

1　转引自李伯重：《楚材晋用：中国水转大纺车与英国阿克莱水力纺纱机》，《历史研究》2002年第1期。

2　葛金芳：《宋代经济：从传统向现代转变的首次启动》，《中国经济史研究》2005年第1期。

礼
仪

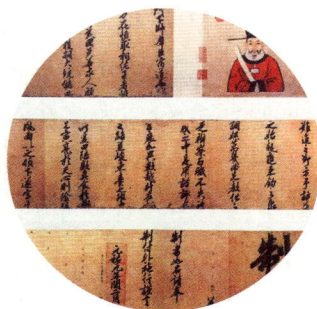

宋

朝任命一名官员的流程

难得一见的宋代"告身"

宋人说,"人主之职论一相,一相之职论百官"[1]。那么宋朝君主任命一位宰相,或者说,宋朝宰相任命一位部长、州长、县长,需要走哪些程序呢?当然查阅文献记载,我们也能够了解一个大概,但文献的记载通常都比较简单,难以呈现详细的人事任免流程。这个时候,如果我们能够直接看到当时的官员任命书,就可以弥补文献记载粗略的缺陷了。

宋朝的官员任命书,叫作"告身"。根据授官形式的不同,宋朝告身大致可以分为三类:一是制授告身,通常由皇帝授命、翰林学士制词,用于对执政大臣的任命;一是敕授告身,由中书舍人草拟敕命、宰相机构直接除授,一般用于对中级官员的任命;一是奏授告身,由吏部注拟、尚书省具钞上奏,以御画奏钞授官,用于对中下层官员的程序性的转官。

但这三类告身目前都难得一见,因为入元之后,统治者曾"下令凡收藏宋告身者,悉投水火,有妄讦者,坐死"[2],导致许多宋朝告身都化为灰烬,存世量寥寥可数,保存下来的宋朝告身只有《司马光告身》《范纯仁告身》等二三件,深藏于台北、日本等地的博物馆。倒是 2005 年,从浙江武义的南宋墓中出土了一批文书,其中有墓主徐谓礼的告身录文十份;2015 年匡时春季拍卖会上,也有两件南宋告身——《司马伋告身》《吕祖谦告身》被公之于众。

1　陈傅良:《永嘉先生八面锋》。

2　《新元史·居贞传》。

《司马光告身》，台北故宫博物院藏。转引自杨芹《宋代制诰文书研究》，上海古籍出版社，2014

上：《徐谓礼告身》录文局部；
下：《司马伋告身》

透过这些侥幸保存下来的宋朝告身，我们可以真切地了解到宋代政府任命一名官员的具体流程。

现在，我们且以《司马伋告身》为例，来重建宋朝宰相机构任命一位中级官员的全部流程。司马伋，司马光族曾孙，南宋孝宗乾道二年（1166），获任淮西江东总领，我们看到的《司马伋告身》就是这次人事安排的任命文书。让我先将《司马伋告身》的全文抄下来：

敕：右朝散郎、尚书吏部员外郎、赐绯鱼袋司马伋：中户三家之赋，仅活一兵；步卒五人之粮，可赡一骑。此前史养兵之论，亦后人计费之言。悉仰给于度支，宁不伤于国力。然则统之民部，临以王官，庶乎其宜也。以尔性有通方，才无滞用，以大贤之后，为当世之称。前者占兰省之名郎，赞天官之武选，条理甚扴，奸欺不生。式畴尔能，可司军赋。爰以国计之重，遂正版曹之名，委属盖优，钦对毋怠。可特授依前右朝散郎、尚书户部员外郎，总领淮西江东军马钱粮，专一报发御前军马文字，兼提领措置屯田，赐如故。奉敕如右，牒到奉行。

乾道二年八月二十八日

侍中阙

中书令阙

参知政事（魏）杞

签书枢密院事兼权参知政事（蒋）芾

权给事中（陈）岩肖

中书舍人（王）曦

八月三十日午时 都事 时宗傅受

左司员外郎史正志

尚书令阙

尚书左仆射阙

尚书右仆射阙

参知政事（魏）杞

签书枢密院事兼权参知政事（蒋）芾

吏部尚书阙

礼部侍郎权吏部尚书（周）执羔

吏部侍郎阙

权工部侍郎兼权吏部侍郎□

　　告：右朝散郎、尚书户部员外郎，总领淮西江东军马钱粮，专一报发御前军马文字，兼提领措置屯田，赐绯鱼袋司马伋。奉敕如右，符到奉行。

主事杨安泽

权员外郎（李）彦颖

令史田允升

书令史陈士美

主管院（花押）

乾道二年八月三十日下

这是一份敕授告身。告身的第一段文字，为中书舍人起草的诰词，无非一些程式化的骈俪文辞，我们只需要知道它的核心意思就行了：三省（宰相机构）决定任命吏部员外郎司马伋为"总领淮西江东军马钱粮"，"兼提领措置屯田"。值得留意的是诰词后面那一列长长的署名，那里才隐藏着宋代人事任命制度的密码。

宋代人事任命程序

宋代在元丰改制后，以侍中、中书令、尚书令为三省最高长官，但此三职一般都虚置，几乎从未任命过，遂以尚书左、右仆射为宰相。左仆射例兼门下侍郎，为门下省长官；右仆射例兼中书侍郎，为中书省长官。所以，我们看《司马伋告身》上的"侍中"与"中书令"签名处，都填上"阙"字；作为副宰相的参知政事魏杞、签书枢密院事兼权参知政事蒋芾二人，则代表相权在告身上签字（第一、二个签名），表明发布这次敕命的机构是宰相（而不是皇室）。依照宋制，尽管所有的诏敕都以皇帝的名义颁发，但必须经宰相副署，由宰相机构发布，才能成为具有法律效力的法令。用宋人的话来说，"凡制敕所出，必自宰相"[1]；"非经二府者，不得施行"[2]。

那么皇帝能不能绕过宰相，直接下诏给某人封官呢？理论上皇帝是可以这么干的，这叫"御笔""手诏"，但宋朝皇帝的这类手诏往往会受到臣下抵制，甚至被宰相扣留下来，不予颁行。如

---

1 《续资治通鉴长编》卷一八，李宗谔语。

2 《国朝诸臣奏议》卷四七，蔡承禧语。

宋仁宗耳根跟心肠都比较软，时常听了身边人的一些软话，便发手诏要给他们升官。但宰相杜衍对皇帝私自发下的手诏，一概不予放行，"每积至十数，则连封而面还之"，皇帝也拿他没办法，只好称赞他"助我多矣"。[1]

《司马伋告身》上的第三个签名"权给事中陈岩肖"，是这次敕命的审核人。宋朝的给事中拥有封驳敕书的法定权力，如果陈岩肖认为朝廷对司马伋的任命极不合适，他完全可以拒绝在敕书上签字，封还敕书。这方面的例子是很多的，如南宋建炎年间，宋高宗欲将御医王继先封为"武功大夫"，旨下，被给事中富直柔驳了回去。富直柔说，以伎术官换前班，法所不许，恕我不予通过。高宗吩咐宰相说，此为特例，"继先诊视之功实非他人比。可特令书读行下，仍谕以朕意"。但富直柔再次拒绝在敕书上"书读"，即签字通过。最后高宗只好收回成命："直柔能抗论不挠，朕当屈意从之。所有已降指挥可更不施行。"[2]

第四个签名"中书舍人王曮"，则是任命司马伋的敕书宣行人。依宋朝体制，中书舍人如果不同意此次任命，也有权拒绝宣行；而如果中书舍人不宣行，敕书便不能取得法律效力。当然，也就不会有我们看到的这份《司马伋告身》了。

王曮也很可能是这次敕命的起草人。中书舍人起草敕命的程序一般是这样的，君主或宰相先向值日的中书舍人授命：小王，拟提拔司马伋为"总领淮西江东军马钱粮"，你起草一份敕书吧。然后，中书舍人根据君主或宰相的意思起草敕书。如果中书舍人

1　欧阳修：《太子太师致仕杜祁公墓志铭》。
2　《宋会要辑稿·职官》。

不赞同对司马伋的任命呢？他可以拒不起草，这叫作"封还词头"。北宋熙宁变法期间，宋神宗与王安石欲将秀州判官李定（这是个典型的小人）提拔进中央担任监察御史里行，但中书舍人宋敏求坚决拒绝草诏，并提出辞职；神宗命第二位中书舍人苏颂来起草敕书，但苏颂也封还词头；神宗还是坚持要任用李定，但第三位中书舍人李大临仍然拒绝起草任命状。最后皇帝与王安石将中书舍人全换了人，才顺利完成对李定的任命。

南宋理宗朝时，尚书右司员外郎李伯玉因弹劾御史萧泰来，激怒理宗，"上切责伯玉，降两官"。但皇帝的旨意却受到舍人院的消极抵制，"伯玉降官已逾年，舍人院不敢行词"，拒绝起草宣布处分李伯玉的谪词。后来牟子才直舍人院，说他愿意起草敕书，但他写出来的敕词，理宗一看，这哪里是谪词，分明是表扬书嘛，便批示说："谪词皆褒语，可更之。"但牟子才"不奉诏"，这时宰相也过来转达理宗的意思，牟子才强硬地说："腕可断，词不可改。丞相欲改则自改之。"最后皇帝与宰相也拿牟子才没办法，"乃已"。[1]

任命司马伋的敕书是南宋乾道二年（1166）八月二十八日起草的，在完成了审核、宣行的程序后，于"八月三十日午时"送达负责执行的尚书省。第五个签名"都事时宗傅"就是接收这份敕书的尚书省行政助理，然后他将敕书送到上司"左司员外郎史正志"处，史正志也留下了签名，即告身上的第六个签名。

前面说了，尚书省首长尚书令通常虚置，当时尚书左、右仆射也是阙员，因此告身上的"尚书令""尚书左仆射""尚书右仆

1　《宋史·牟子才传》。

射"处，均注明"阙"字。作为副宰相的魏杞与蒋芾此时又代表宰相机构，再次在敕书上书衔署名——第七与第八个签名。

宰相机构代表签字后，这份对司马伋的任命敕书又下发到吏部。由于当时吏部尚书与吏部侍郎均阙员，便由"礼部侍郎权吏部尚书周执羔"与"权工部侍郎兼权吏部侍郎"（此处名字辨识不清）签字（第九与第十个签名）。

至此，任命司马伋的敕书走完了全部的政治程序，正式生效，可以送"官告院"制作告身了。——但是，且慢。如果这个时候还有人反对对司马伋的任命，有没有合法的途径阻止司马伋走马上任？有。通过台谏官追缴敕书。

宋朝特别是宋仁宗朝的台谏，是特别牛的，仁宗皇帝曾说，"台谏官见（诏令）有未便，但言来，不惮追改也"[1]。仁宗朝初期，因皇帝年幼，由刘太后垂帘听政，刘后的姻亲钱惟演"图入相"，监察御史鞠咏极力反对，说"惟演憸险，……今若遂以为相，必大失天下望"。钱惟演仍不死心。鞠咏便跟谏官刘随说："若相惟演，当取白麻廷毁之。"意思是说，如果太后真的任命钱惟演为宰相，那咱们就将除拜宰相的制书（白麻）当廷撕毁。惟演闻知，只好灰溜溜走掉。[2]还有一个例子：前面提到的那位李定，经宋神宗再四提名，总算走完了任命程序，成为一名监察御史里行。然而，李定屁股尚未坐热，又给台谏官寻了一个机会，硬是将他弹劾下台。

不过，似乎并没有人抗议朝廷对司马伋的任命。因此，在

1　朱熹：《三朝名臣言行录》。
2　《宋史·鞠咏传》。

敕书走完行政程序之后，很快就进入将敕书制成告身的技术性流程。宋朝的告身一般以绫锦书写，盛以锦囊，由官告院制作。《司马伋告身》上面的最后几个签名："主事杨安泽""权员外郎李彦颖""令史田允升""书令史陈士美"，都是制作这份告身的官告院官吏。文末押印的"主管院"，其实就是官告院。

《司马伋告身》制作出来的时间为"乾道二年八月三十日"，距中书舍人起草任命状之时，不过两三天。可以看出来，尽管宋政府对一位官员的任命需要走非常繁复的程序，但工作效率看来并不算低，三天下来，便将全部程序走完了。当然，这一判断只针对《司马伋告身》这份样本而言，并非全称判断。

《吕祖谦告身》

与《司马伋告身》同时在拍卖会上现身的还有一份《吕祖谦告身》，这是吕祖谦与黄洽共用的任命状，当时两人同在秘书省任职，同时获得升迁。按南宋惯例，对中下层官员的任命，可以若干人共用一份告身。

这份告身的文字我们也抄录下来，供有兴趣的朋友收藏。[1]

> 朝奉郎、行秘书省著作佐郎、兼国史院编修官，兼权礼部郎官吕某，右可特授朝散郎，依前行秘书省著作佐郎，兼国史院编修官，兼权礼部郎官；敕承议郎、

---

1 本文抄录的《吕祖谦告身》与《司马伋告身》录文，均参考了虞云国先生《解读两份南宋告身》一文。

秘书丞、兼权吏部郎官黄洽等：列职图书之府，参联史氏之官，皆极一时之选，储为异日之用也。朕仰遵太上皇帝之睿谟，举行绍兴甲子之缛典，载临秘馆，钦阅宝储，延见群士，赐宴赋诗，以侈荣宠，居官其间，进秩一等，稽之彝章，允为异数。朕之所以稽古右文，礼贤下士之意，于此见矣。尔其精白一心，图厥报称，以永有辞。可依前件。奉敕如右，牒到奉行。

淳熙五年九月二十七日

少保、右丞相（史）浩

参知政事（赵）雄

给事中（王）希吕

权中书舍人（郑）丙

九月二十八日午时 都事 马师古受

右司员外郎阎苍时 付吏部

左丞相阙

少保、右丞相（史）浩

参知政事（赵）雄

吏部尚书阙

吏部侍郎兼权尚书（程）大昌

权吏部侍郎 □辉

告：朝散郎、行秘书省著作佐郎、兼国史院编修官、兼权礼部郎官吕祖谦。奉敕如右，符到奉行。

主事延松年

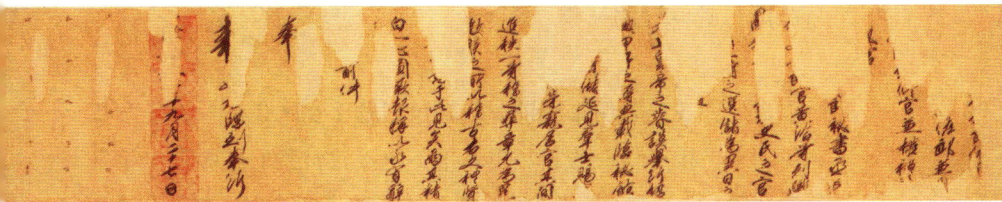

《吕祖谦告身》

《吕祖谦告身》所体现的官员任命程序，跟《司马伋告身》告诉我们的信息是差不多的，所以不再赘述。值得一提的是，据见过这两份告身实物的虞云国教授介绍，"制作《吕祖谦告身》的绫纸上有'文思院制敕绫'的隐纹字样，这既体现告身绫来源的权威性，也起了防伪标志的作用"[1]。换言之，至迟在南宋淳熙年间，政府官员的任命状已出现了防伪标志。

两份南宋告身告诉我们：文艺作品所表现的皇帝御笔一挥便可拟定一份圣旨任命某人为某官的情形，那不过是民间落魄文人的想象而已，就如农民想象皇帝每日耕田时一定用金锄头。

1　虞云国：《解读两份南宋告身》，《文汇报》2015 年 5 月 22 日。

"宣麻""听麻"的礼仪

最后，我们顺便来考证一个礼仪问题：在宋代，一份任命状颁发下来，接受任命的官员用不用下跪接旨？我们从影视作品看到的情景，通常都是这样：太监带着皇帝的圣旨而来，唤一声："某某某接旨！"然后所有接旨的人必须跪伏在地，太监展开圣旨宣读："奉天承运皇帝诏曰：……，……。钦此！"最后，接旨的人叩头，"谢主隆恩"。事实是不是如此呢？

按宋代礼制，凡重大的人事任免，如"每命亲王、宰臣、使相、枢密使、西京留守、节度使"[1]，由翰林学士起草制书，然后还有一套隆重的礼仪，叫作"宣麻"。宣麻即宣读制书，"翰林规制，自妃后、皇太子、亲王、公主、宰相、枢密、节度使并降制，用白麻纸书"[2]，因此宋人常常以"白麻"指称制书。由中书舍人起草的外制诰命，则通常用黄麻纸书写，所以宋人也常以"黄麻"指代外制诰命。

宣麻的过程大致如右：翰林学士根据词头制词完毕，进呈御画，缮抄在白麻卷上，放入箱内，由内侍送至宣麻的地点文德殿，交给阁门使。与此同时，御史台也召集文武百武至文德殿"听麻"。宣麻仪式开始，众官"俟文德殿立班，阁门使引制案置于庭，宣付中书、门下，宰相跪受，复位，以授通事舍人，赴宣制位唱名讫，奉诣宰相，宰相受之，付所司"[3]。也就是说，在重大人事任

---

1 《宋史·礼志》。

2 杨亿：《杨文公谈苑》。

3 《宋史·礼志》。

免的宣麻仪典上，宰相要代表政府跪受制书，其他官员则"拜舞，然后退"[1]。

用朱熹的话来说，这个宣麻仪式可以起到"任职公示"的作用，"凡宰相宣麻，非是宣与宰相，乃是扬告王庭，令百官皆听闻，以其人可用与否"[2]。如果台谏官认为任命不当，可以提出异议。如庆历七年（1047），"降制召竦为宰相，谏官、御史言：'大臣和则政事起，（夏）竦与陈执中论议素不合，不可使共事。'越三日，遂贴麻改命焉"[3]。在谏官、御史的反对下，宋仁宗只好改变对夏竦的任命。

如果不是重大的人事任免，宣麻仪式就简单得多：御史台召集文臣"赴文德殿听麻。宰相、枢密皆不往，惟轮参知政事一员押麻。麻卷自内出，阁门启御封，两吏对展宣赞。舍人南面，揎笏叉手，大声摘首尾词及阶位、姓名下数句，并所除之官而读之，不尽宣也。听讫，知阁门官以授参政，参政付中书吏，百官不拜而退"[4]。也就是说，非重大人事任免的宣麻，宰相、枢密使均不用前往听麻，只需轮值的参知政事（副宰相）一员押麻而已。听麻完毕，百官也不行拜礼。

宣麻之后，如果台谏官对于该次人事任命没有什么异议，制书或诰命便可送中书出敕、门下审核，如果门下省的给事中没有封驳（宋代，给事中封驳外制诰命之事并不鲜见，封驳内制制书则较少见，不过元祐年间，宋哲宗罢宰相刘挚，"麻制过门下"，

1　周必大：《淳熙玉堂杂记》。

2　《朱子语类》。

3　《续资治通鉴长编》卷一六〇。

4　周必大：《淳熙玉堂杂记》。

被给事中朱光庭封还），则进入制作告身的技术流程。白麻制书制成官告，即制授告身。黄麻诰命制成官告，即敕授告身。告身一般寄放于阁门司，由获得任命的当事人赴阁门司领受，或者由通进银台司下发。[1]

不过以宋朝的惯例，获得任命的官员在领受官告之前，通常都要先上表推辞，谦称自己何德何能，当不起大任，"伏望圣慈察臣至诚至恳，所除诰敕，早赐追还"云云。[2]皇帝则下"辞免恩命不允诏"，说您担当这个职务非常合适，"其何以辞！"[3]谦辞数次不获允，被任命者这才领受告身，上表谢恩。在这个过程中，不大可能会出现影视作品刻画的"太监宣旨——官员跪领圣旨"的场面。

还有一种情况，某位官员如果对改任他职不满意，甚至可能会赌气不领诏敕。如元祐六年（1091），刘挚罢相，罢相麻制被同情刘挚的给事中朱光庭封还，朱光庭的理由是，麻制上没有说明刘挚过错，"不当无名而去"。朱光庭封驳麻制之举，立即引来反对派的攻击，御史中丞郑雍言："朱光庭朋党，乞正其罪。"殿中侍御史杨畏又言："（刘）挚多朋党，必相救援。愿一切勿听。"随后，"朱光庭罢给事中，知亳州"。宰相"吕大防尝召光庭谕旨，光庭不至"[4]。耿直的朱光庭虽然遵旨往亳州赴任，却拒绝面领谕旨。如此看来，宋朝似乎并无跪领圣旨的定制。

不过，宋朝有一类诏敕，是国家颁布的法令，通常需要急递

---

1 参见杨芹《宋代制诰文书研究》，上海古籍出版社，2014。
2 欧阳修：《辞免第二状》。
3 苏轼起草《赐新除中大夫守尚书右丞王存辞免恩命不允诏》。
4 《皇宋通鉴长编纪事本末》卷九九。

各州县，以颁行于天下。诏令送达之日，"太守率众官具威仪"，到宣诏亭迎诏，迎诏的仪式很是繁琐：先由司仪引观察判官跪进诏令，太守跪接，然后太守将诏令跪授司法参军，再由司法参军捧诏令上宣制台宣读，"读毕下台，捧制书奉安彩亭内，同察判复位，太守率众官再拜，礼毕"[1]。这里倒是出现了跪礼。不过地方官出迎的诏令跟本文讲述的告身并非同一回事。告身是政府的人事任命状，地方官出迎的诏令则是国家法律，郑重其事的迎诏礼仪，无非是为了向州民昭示国家法律的权威性。

---

1 南宋《建安续志》。

宋

朝平民上衙门打官司，必须跪着吗？

不管是成书于元、明、清的公案小说《包公案》，还是这个
时段产生的"包公戏"剧目，抑或是今人创作的古装司法题材影
视作品，它们对于宋代审讯场面的讲述，有一个细节是不约而同
的：诉讼两造都得跪在公堂上听审。

这些文艺作品塑造出来的历史想象，甚至让历史研究者也深
信不疑，比如法律史学者潘宇的论文《传统诉讼观念的基本成因
与转型——以中国古代民事诉讼观念为样本的研究》就认为："在
（古代）司法实践中，无论是刑事案件，还是民事诉讼的原被告
双方都要承受同样的皮肉之苦，以及同样的精神上的威吓。如，
涉讼两造（包括其他干连证人等）一旦到官受审，不仅要下跪
叩首，而且还要受到'喝堂威'的惊吓。"潘宇将研究的对象笼
统地称为"中国古代民事诉讼"，显然应该包括宋代民讼在内。

文献的信息

但是，我在阅读宋人笔记时，隐约觉得宋代的诉讼是不需要
"下跪叩首"的。这里我且列举几个例子：

沈括《梦溪笔谈》中的《欧阳文忠推挽后学》载，有一书生
起诉学生拖欠束脩，勾当镇公事的王向判书生败诉，"书生不直
向判，径持牒以见欧公（滁州知州欧阳修）"。既然是"径持牒"，
应该不会是"跪禀"。

程颐撰写的《明道先生行状》载，"（程颢）先生为令，视民
如子。欲辨事者，或不持牒，径至庭下，陈其所以。先生从容告语，
谆谆不倦"。从"不持牒，径至"的语境判断，也应该不是"跪禀"。

朱熹编著的《五朝名臣言行录》也载，"旧制，凡诉讼不得
径造庭下，府吏坐门，先收状牒，谓之'牌司'。公（包拯）开

正门，径使至前，自言曲直，吏民不敢欺"。诉讼人"径使至前，自言曲直"，也不像是"跪禀"的样子。

另外，宋人唐庚的《讯囚》诗写道："参军坐厅事，据案嚼齿牙。引囚至庭下，囚口争喧哗。参军气益振，声厉语更切。……有囚奋然出，请与参军辩。……"这名囚犯"奋然出"，而且与法官当庭对辩，似乎也不可能跪着。

当然，这些材料记录的信息不是很明确，不能作为确凿的历史证词采用。究竟宋人上公庭打官司要不要下跪听审？我打算先通过检索宋代文献来验证这个问题。需要说明的是，我采用的文献主要有两类，一是《名公书判清明集》《折狱龟鉴》《洗冤录》等宋代司法文献；一是《作邑自箴》《州县提纲》《昼帘绪论》等宋代官箴书。至于加入了后人创作与想象成分的宋元话本小说与元杂剧，一概不纳入考证范围。

检索《名公书判清明集》《折狱龟鉴》《洗冤录》，均找不到任何"跪着受审"的记录。唯《折狱龟鉴》"王琪留狱"条这么说："王琪侍郎，知复州。民有殴佃客死者，吏将论如法，忽梦有人持牒叩庭下，曰：'某事未可遽以死论也。'琪疑之，因留狱未决。"但这里的"持牒叩庭下"只是出现在梦境中，并非庭审写实。

《洗冤录》"疑难杂说"篇也有一则记载：某甲涉嫌杀人，"就擒讯问，犹不伏"，待检官出示确凿证据后，"左右环视者失声叹服，而杀人者叩首服罪"。这似乎也只说明犯人在伏罪后才需要"叩首"认罪。

《名公书判清明集》收录了法官蔡久轩的几份判词，里面有这样的说法："当职入境，即有遮道群泣。……诉之者皆号呼告冤，啮齿切骨，伏地流涕，谕之不去"；"本县百姓诉之者，皆啮恨不食其肉，且伏地号涕，谕之不去"；"或专状，或同状，伛偻拜伏哀告者四十二人"。但这里的"伏地流涕""伏地号涕""拜伏哀告",显然是说申冤之人激愤不能自已的举动,并不是庭审时官方要求的"规定动作"。

《作邑自箴》《州县提纲》《昼帘绪论》等宋人撰写的州县从政指南,其中不乏州县官如何受状、审讼、鞫狱、拟判的详细指导意见,但寻遍这几本宋人的官箴书,就是不见要求讼诉人下跪受审的规定。倒是在《州县提纲》中可以找到两条信息:

——"凡听讼之际,察其愚朴,平昔未尝至官府者,须引近案,和颜而问,仍禁走吏无得诃遏。"

——"引问时,须令主吏远立,仍和言唤囚近案,反复穷诘,必得真情,始可信矣。"

从"引近案""唤囚近案"的动作描述,大致可判断诉讼人不大可能是跪着的。

但是,我们对文献的援引,到目前为止,还无法十分肯定地证明"宋人诉讼无须跪着受审"。不要急,让我再引用几条材料:

《折狱龟鉴》"葛源书诉"条载,宋人葛源为吉水县令,"猾吏诱民数百讼庭下",葛源听讼,"立讼者两庑下,取其状视"。

《折狱龟鉴》"王罕资迁"条载,宋人王罕为潭州知州,"民有与其族人争产者,辩而复诉,前后十余年。罕一日悉召立庭下"。

《名公书判清明集》收录的一则判词称,"本县每遇断决公事,乃有自称进士,招呼十余人列状告罪,若是真有见识士人,岂肯排立公庭,干当闲事?"

从这几起民讼案例不难发现,当法官开庭听讼时,诉讼人是立于庭下的。现在的问题是,"站着听审"到底是个别法官的开恩,还是宋代的一般诉讼情景?

根据官箴书《州县提纲》介绍的州县审讼"标准化"程式,

平民到法庭递状起诉是用不着下跪的："受状之日，引（诉讼人）自西廊，整整而入，至庭下，且令小立，以序拨三四人，相续执状亲付排状之吏，吏略加检视，令过东廊，听唤姓名，当厅而出。"

朱熹当地方官时，曾制订了一个"约束榜"，对诉讼程序做出规范，其中一条说：州衙门设有两面木牌，一面是"词讼牌"，一面叫作"屈牌"，凡非紧急的民事诉讼，原告可在"词讼牌"下投状，由法庭择日开庭；如果是紧张事项需要告官，则到"屈牌"下投状："具说有实负屈、紧急事件之人，仰于此牌下跂立，仰监牌使臣即时收领出头，切待施行。""跂立"二字也表明，民众到衙门告状无须下跪。

开庭审理的时候，诉讼人也是不用跪下的。据《州县提纲》，法吏"须先引二竞人（诉讼两造），立于庭下。吏置案于几，敛手以退，远立于旁。吾（法官）惟阅案有疑，则询二竞人，俟已，判始付吏读示"。

朱熹的再传弟子黄震任地方官时，也发布过一道"词讼约束"，其中规定：法庭对已受理的词讼，"当日五更听状，并先立厅前西边点名，听状了则过东边之下"。可见宋代法庭审理民事诉讼案，并未要求诉讼人跪于庭下。

又据另一部官箴书《作邑自箴》："（法官）逐案承勘，罪人并取状之类，并立于行廊阶下，不得入司房中。暑热雨雪听于廊上立。"在刑事审讯时，受审的"罪人"看来也是立于庭下而不必跪着。

图像的信息

当然最具直观效果的证据还是宋代的图像材料。我们能不能找出一张宋人描绘诉讼场景的图像作品呢？我确实找到了——宋代多位画师都画过《孝经图卷》，而《孝经》中的"五刑章"恰好涉及司法诉讼的内容，因此宋人笔下的《孝经图卷》也画出了法官审讯的场面。

先来看仇英《孝经图卷》（台北故宫博物院藏）中的"五刑章图"：庭上法官正在阅览诉状，而庭下听审的诉讼人是站着的，没有一人下跪。由于"五刑章"所言为刑事审判，故而此图所画，可认定为刑事审讯场面。

也许你会说，仇英不是明代人吗？是的。不过，仇英的《孝经图卷》是临摹品，乃临摹北宋画师王端的《孝经图》而成。王端的原图可能已佚失，不过美国大都会艺术博物馆收藏有一幅出自北宋李公麟画笔的《孝经图卷》，此卷因年代久远、保护不善，以致墨迹模糊，甚至可能有图文拼接错误之处，但我们还是可以辨看出来，其中有一图，画的正是庭审场景，图中的诉讼人，也是站立听审，并无下跪之姿。

辽宁省博物馆也收藏了一幅《孝经图卷》，旧题唐代阎立本所绘，但图中文字出现避宋太祖赵匡胤及宋孝宗赵昚字讳，部分人物衣冠也是宋代样式（如图中的法官衣冠），可认定为南宋作品。本图卷的"五刑章图"，同样是法官审讼的画面，画上的诉讼人也是站着的。

目前存世的宋代《孝经图》还有一份图册，现收藏于台北故宫博物院，题为《宋高宗书孝经马和之绘图册》，其中一幅也画有法官审讼的情景：两名犯人模样的人正在接受讯问，一名站着，一名却是跪着。这幅图画给我的立论带来挑战：宋朝法庭上也有下跪的受审者。但图中另一名站立的犯人以及其他《孝经图卷》的审讼画面，又明白无误地表明受审者在通常情况下是不需要下

子曰五刑之属三千
而罪莫大于不孝要
君者无上非圣人者
无法非孝者无亲此
大乱之道也
右五刑章第十一

上：仇英临宋人《孝经图卷》局部；下：北宋李公麟《孝经图卷》局部

上：南宋《孝经图卷》局部；下：南宋《宋高宗书孝经马和之绘图册》局部

跪的。

结合《名公书判清明集》《折狱龟鉴》《洗冤录》《作邑自箴》《州县提纲》《昼帘绪论》等文献记载，我倾向于认为，宋朝平民如果对簿公庭，涉讼两造到官受审，并无"下跪叩首"之强制（干连证人更不用说了）。不排除有些受审或伸冤的人在法官面前跪下，但当时的司法制度应该没有要求平民跪讼的规定，至少我找不到这样的规定。

文献与图像史料也显示：宋朝人打官司的法庭，并不是我们在古装司法题材影视作品中看到的那样，有一个封闭的空间——"公堂"，而是在一个相对开放的空间——"庭前"或"庭下"审讼。

余话

当然，我们也不能说《包公案》、"包公戏"中的下跪受审场面是创作者的胡编乱造。这类话本小说、杂剧发端于元代，而盛行于明清，因此，毋宁说，那是彼时底层文人按照他们的社会经验想象出来的"历史"，实际上就是元、明、清时期司法状态的镜像。

从历史图像来看，元明时期的人诉讼于公堂，是需要下跪的。在明刻本《元曲选》中，《安秀才花柳成花烛》一文附有民事诉讼的插图，《金御史清霜飞白简》附有刑事审讯的插图，我们从这些插图可以看到，不管是民事还是刑事，涉讼之人都得跪着听审。

清代的平民如果上衙门打官司，也是必须下跪叩头的——只有那些取得功名的缙绅，才获得免跪于公堂的特权。1801 年，即嘉庆六年，英国人乔治·亨利·梅森少校（George Henry Mason）在伦敦编印了一本《中国刑罚》（*The Punishments of China*）画册，

《元曲选》之《安秀才花柳成花烛》插图

《元曲选》之《金御史清霜飞白简》插图

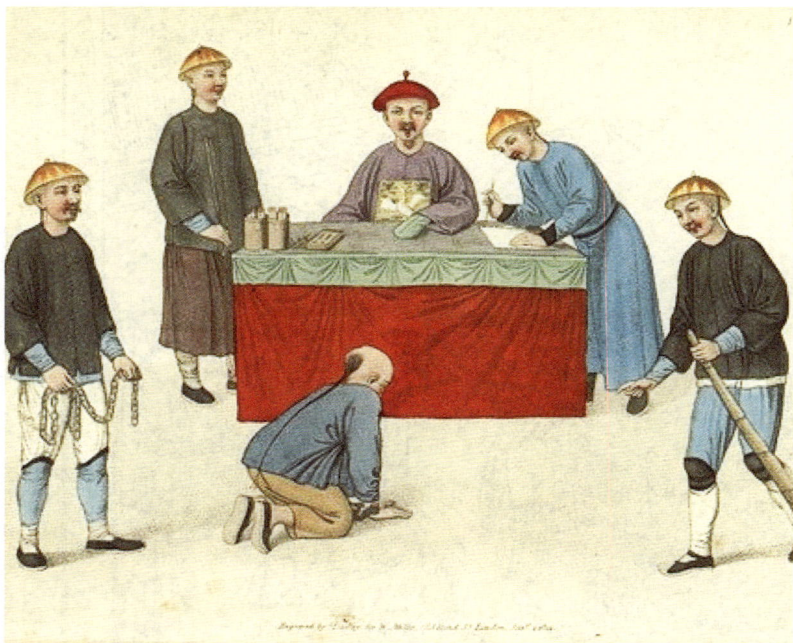

英国梅森少校《中国刑罚》画册插图

全书 54 页，含 22 张彩色插图，每张插图都以英文和法文注解。其中有一幅插图，画的正是清朝人见官受审的情景：一名犯罪嫌疑人跪伏在公堂上，坐堂的官员似乎正在喝令他从实招供，嫌犯的左右边则是两名准备对他动刑的衙役。

这个图景是西洋人对晚清司法的污蔑吗？不是。据梅森少校自序，他手绘的水彩原稿均出自广州外销画家"蒲呱"的手笔。据考证，"蒲呱"应该是晚清广州外销画最常见的署名之一。这些外销画家笔下的受审场景，不可能凭空虚构，而是来自他们对当时广州司法情景的观察。

我们还可以看看当时在中国境内发行的画册。风行于晚清上海滩的《点石斋画报》，从光绪十年（1884）创刊，到光绪二十四年（1898）停刊，共发表了4000余幅摹写晚清社会百态的石印画。今天的人如果想直观地了解晚清时期的社会生活，有两套图像材料是不应该放过的，其中一套便是《点石斋画报》的插图。

在《点石斋画报》刊发的4000多幅插图中，有多幅插图描绘的就是晚清官员听讼、审讯的场面，这些图像上，受审的人都是跪着的，不管是民事诉讼，还是刑事诉讼。下页两图均选自《点石斋画报》，一幅题为《令尹贤声》，是民事审讯的场面；另一幅题为《嫉恶如仇》，是一起刑事案的庭审场面。

另一套晚清图像资料是19世纪游历中国的西洋摄影师拍摄的老照片。1862—1887年在上海开设森泰照相馆的威廉·桑德斯（William Saunders）是一位来自英国的商业摄影师，他曾设计场景并雇用模特摆布拍摄了一组反映晚清社会习俗的照片，如下面这幅作品《法堂》，摄于19世纪70年代，也是布景摆拍，不过反映的却是真实的清代司法常见场景。我们可以看到，在清代的公堂上，受审者是跪伏着的。

文献的记录也提供了明白无误的证词。前面我们提到，在宋代官箴书中，并不见任何要求诉讼人跪着受审的规定，但清人撰写的官箴书，已经将"跪"列为诉讼人的"规定动作"了，如郑端《政学录》介绍的"理堂事"（即公堂审案流程）："诉告之人，不妨逐名细审，一人持状跪下，直堂吏接上；听审完，或准或否，又令一人跪下，执状听审。后仿此。"

黄六鸿《福惠全书》对审讼程式的介绍更是周详："午时升堂，将公座移置卷棚，必照牌次序唤审，不可临时更改，恐听审人未作准备，传唤不到反觉非体。开门之后，放听审牌。该班皂隶将

上：晚清《点石斋画报》之《令尹贤声》图；下：晚清《点石斋画报》之《嫉恶如仇》图

威廉·桑德斯《法堂》

'原告跪此牌'安置仪门内近东角门，'被告跪此牌'安置仪门内近西角门，'干证跪此牌'安置仪门内甬道下。原差将各犯带齐，俱令大门外伺候，原差按起数前后，进跪高声禀：'某一起人犯到齐听审。'随喝令某起人犯进，照牌跪。把守大门皂隶不许放闲人进大门。"

　　只有老迈之人与年少女子，才能够获得黄六鸿的体恤与照顾，不用跪审："听审时，有老迈之人，令起立廊下。衰年筋骨疲惫，岂能久跪？年少妇女，非身自犯奸，亦令僻处静待，不可与众人同跪点名，养其廉耻。"

　　很明显，清代官箴书中的审讼场面跟宋代官箴书描述的审讼

情景，差异非常大。这个嬗变是如何发生的呢？又印证了怎么样
的时代精神的流变？我觉得这是值得历史研究者探究的一个问题。

宋

朝平民遇见皇帝，必须下跪吗？

南宋《迎銮图》局部

先向列位看官提一个问题：一名宋朝的平民，如果遇上君主御驾出巡的日子，在大街上碰见皇帝，需不需要"扑通"一声跪伏下来迎接圣驾？我们从戏曲、影视、小说等文艺作品中看到的描述，似乎是必须跪拜迎驾的。事实是不是这样子呢？

图像的信息

可惜以前没有照相技术，要是我们有宋朝皇帝出巡的相片，对宋代平民见到皇帝的情景就一目了然了。不过，以前有图像啊，理论上我们只要找到宋人描绘君主出巡场景的绘画作品，跟看相片也差不多。

存世的宋画繁多，但想找出合适的图像极不容易。宋代最著名的皇帝出巡事件大概是宋真宗封禅泰山，可惜似乎没有表现这一盛事的画作传世。中国国家博物馆收藏有一幅北宋的《大驾卤簿图书》，以图文并茂的形式介绍天子南郊祭祀天地的盛大仪仗，

是研究宋代舆服、礼仪、兵器、乐器制度的珍贵图像材料，但画面中并无围观的平民，无法拿来证明或证伪本文的命题。

但我们还是找到了可以用来说明问题的宋画。上海博物馆收藏的《迎銮图》，由南宋宫廷画师所绘，图画讲述了一个真实的历史事件：绍兴十二年（1142），宋朝使臣曹勋从金国接回高宗母亲韦太后，以及徽宗赵佶的棺椁，韦后之弟平乐郡王韦渊在淮河南岸奉迎銮驾。画面上，除了绘有归宋的太后銮驾、迎銮的宋朝官员，还有夹道驻足观看的宋朝百姓。皇太后的銮驾，尊贵不亚于当今皇帝，但我们从图中可以看出来，围观的平民并没有诚惶诚恐跪下迎驾，他们的姿势、神态都相当随意、自然。显然，在宋朝画师的观念中，平民百姓置身于迎接太后銮驾南归的场景中，是可以站立旁观、不必跪迎的。

我应当承认，作为验证本文命题的图像史料，《迎銮图》是有缺陷的，那就是皇帝本人没有在场。不过我又从保利艺术博物馆收藏的南宋萧照《中兴瑞应图》找到一幅表现宋高宗赵构出使

南宋萧照《中兴瑞应图》局部

金营、凯旋的图画，图中，一群身穿宋朝服装的百姓正伫立在街边迎接赵构一行入城。赵构使金之时，尚未登基，还是康王的身份。但画家绘图时，赵构已是皇帝，之所以要绘制《中兴瑞应图》，也是为了表现赵构继承皇位乃是天命所归，图卷不厌其详表现了赵构"受命于天"的种种瑞应，却吝于画出几个跪迎未来天子的老百姓。想来在当时人的观念中，并无太强烈的"跪迎圣驾"意识。

那么有没有讲述现任君主出行的图像呢？有。台北故宫博物院还收藏了一卷《景德四图》，其中有一张《舆驾观汴涨》图，说的是因汴水暴涨、惊动御驾，宋真宗亲自巡察汴河的故事。我们看那图中，河工正在扛背沙袋、抢修河堤，没有一个人因为皇

北宋《景德四图》之《舆驾观汴涨》图

帝驾到，跪伏迎接。这至少表明，当一位宋朝的画师在表现皇帝亲临民间的情景时，他会认为，画面上并不需要出现一个臣民跪迎圣驾的特写。

　　还有一幅收藏于上海博物馆的南宋人佚名《望贤迎驾图》，更有助于我们重建宋人迎驾的现场。此图轴所描述者，为唐代安史之乱后，唐肃宗在咸阳望贤驿迎接自蜀归来的太上皇李隆基这一历史事件。如果说图像是历史的定格，那么这幅《望贤迎驾图》定格的便是李隆基在唐肃宗陪同下跟地方父老会面的那一瞬间，太上皇、皇帝、卫士、平民百姓，出现在同一个时空中。因此，

南宋《望贤迎驾图》

通过图像，我们仿佛可以回到历史现场，见证皇帝出现在当地父老面前的那一刻。

从《望贤迎驾图》中，我们看到，当地的老百姓见到李隆基（红色华盖下着白袍的老者）与唐肃宗（白色华盖下着红袍的中年人）时，有人激动万分，跪拜于地；有人以手拭泪；也有人对皇帝作揖行礼；有人驻足旁观。不见整齐的队列，没有划一的动作，显然官府并没有统一规划、预先操演。设想一下：为什么南宋的画家不画出地方父老跪成整齐队列迎接皇帝的画面？答案只能是宋人无此观念。因此，我相信，《望贤迎驾图》所表现的便是宋人观念中的迎驾图景：老百姓见到皇帝，可以跪拜，也可以作揖，并无一定之规，官府也不会强制庶民尽严格的礼数。其实这也符合"礼不下庶人"的儒家教义。

最后我们必须补充说明：尽管《望贤迎驾图》说的是唐人故事，但图轴是南宋作品（从技法看似出自画院画师李唐之手），图中迎驾情景是宋人的历史想象，来自画家生活的宋朝经验。换言之，图像反映的与其说是唐朝的故事，不如说是宋代的历史，正如我们在宋人绘画蔡文姬归汉的《胡笳十八拍》上可以看到宋朝（而不是汉代）的建筑形制，这是画家不自觉透露出来的信息。

台北故宫博物院收藏的《宋高宗书孝经马和之绘图册》，其中"诸侯章"画的是君主与治下百姓路上相遇的情景，老百姓向君主作揖行礼。图册的"孝治章"则描绘了君主接见平民请愿的画面，请愿的民众在拜见君主时，不分男女老少都是行揖礼，并没有下跪磕头。宋代其他版本的《孝经图》"孝治章"也都画出了民众向天子行揖礼的细节，偶有一人下跪。这样的图像信息告诉我们：一个宋朝平民拜见皇帝，完全可以行揖拜礼，并不是非要跪拜不可。当然，如果愿意跪拜，似乎也无不可。

上：南宋《宋高宗书孝经马和之绘图册》"诸侯章"；

下：南宋《宋高宗书孝经马和之绘图册》"孝治章"

文献的信息

如果说人们对图像史料的解读容易出现偏差，那么我们还可以将图像的证词跟文献的记载相验证。《宋史·礼志》以非常齐啬的文字提及宋真宗巡幸泰山时的仪仗："准故事，乘舆出京，并用法驾，所过州县不备仪仗。"看来，真宗皇帝的泰山封禅之行，并无要求地方官民迎拜。《皇宋通鉴长编纪事本末》也记录了宋真宗的一次出巡：咸平四年（1001）八月，"上观稼北郊，宴射于含芳园。都人望见乘舆，抃跃称万岁"。开封市民看到皇帝的乘舆，只是欢呼雀跃，而不是惶然跪倒。

按宋人记述，"车驾出幸，经由在京去处，凡百司局务官吏僧道，在百步之内，并迎驾往回起居。若免拜，则祗奏圣躬万福，山呼。若免起居，则不排设练亭香案也"[1]。可知宋朝君主出行，需要迎驾的人员是"百司局务官吏僧道"，且往往可"免拜""免起居"（宋人所说的"起居"，指臣下向皇上请安的礼仪），并无要求平民跪迎车驾。

按礼制，宋朝皇帝出行的仪仗也极隆重，称"车驾卤簿"，分为大驾卤簿、法驾卤簿、小驾卤簿三种。"卤"通"橹"，意指大盾；"簿"为簿册。可知设立卤簿仪仗的初衷是保卫天子安全。后来随着仪仗规模的扩张、礼制的发展，车驾卤簿的护卫功能弱化，宣示皇家威仪与天子尊贵的礼仪功能凸显出来。其中大驾卤簿的规格最高，规模最大，一般来说，天子南郊祭天大典才需要动用大驾卤簿。北宋的大驾卤簿仪仗尤其盛大，宋仁宗时，

1　赵升：《朝野类要》。

宋画《大驾卤簿图书》

"宋绶定卤簿，为《图记》十卷上之，诏以付秘阁。凡大驾，用二万六十一人"。

现在我们还能看到的宋画《大驾卤簿图书》，描绘的应该就是宋绶制订的卤簿仪仗。据研究者统计，此图卷共绘有"官吏将士五千四百八十一人，辂、辇、舆、车三十五种五十八乘，象六只，马二千八百七十三匹，果下马二匹，牛三十六头，旌旗、旗、旒、纛九十杆，乐器一千七百零一件，兵杖一千五百四十八，甲装四百九十四，仪仗四百九十七"[1]。宋人重礼，对卤簿仪仗的讲究，既是渲染皇家威仪，也是为了展示南郊祭天的至高无上规格。

不过实际上，出于种种原因，宋朝君主往往简化出行的仪仗与仪式，甚至出现"不成体统"的局面。据马端临《文献通考》，

1　陈鹏程：《旧题〈大驾卤簿图书·中道〉研究》，《故宫博物院院刊》1996 年第 2 期。

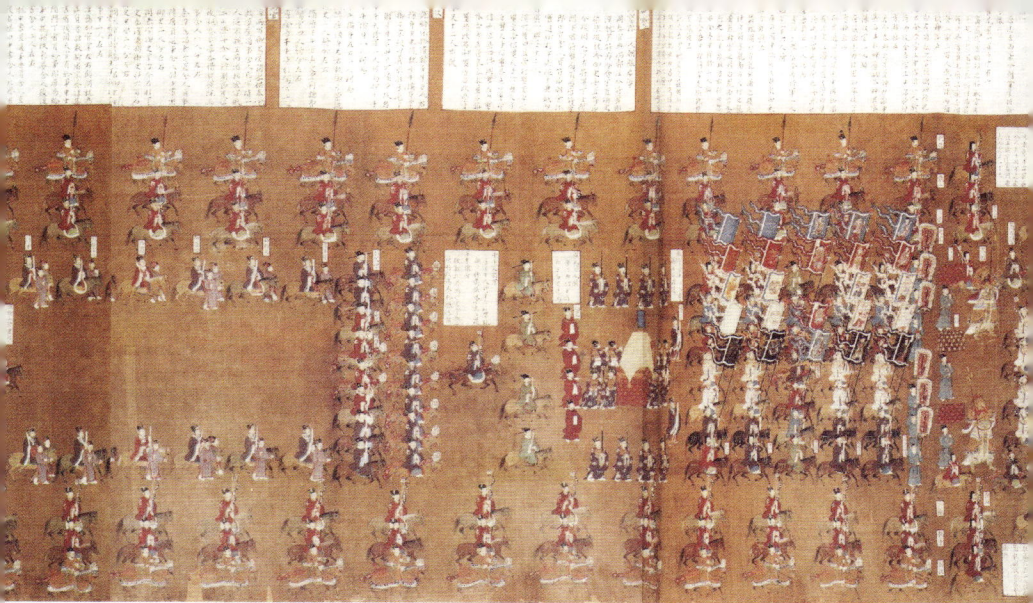

仁宗皇帝"车驾行幸，非郊庙大礼具陈卤簿外，其常日导从，惟前有驾头、后拥伞扇而已，殊无前典所载公卿奉引之盛。其侍从及百官属，下至厮役，皆杂行其道中。步辇之后，但以亲事官百余人执挺以殿，谓之禁卫。诸班劲骑，颇与乘舆相远，而士庶观者，率随扈从之人，夹道驰走，喧呼不禁。所过有旗亭市楼，垂帘外蔽，士民凭高下瞰，莫为严惮。逻司街使，恬不呵止，威令弛阙，玩习为常"。

　　如此简陋的皇家仪仗，恐怕还不及后世一个县长下乡视察时之威风。围观皇帝的士庶，非但没有跪伏、回避，还跟随在皇室扈从之后，"夹道驰走，喧呼不禁"；皇帝车驾经过的街路，"士民凭高下瞰"，官方也"不呵止"。

　　针对这一情况，参知政事宋庠在康定元年（1040）奏请朝廷，参照"前代仪注及卤簿令"，订立"乘舆常时出入之仪"，以"具严法禁，上以示尊极，下以防未然"。仁宗皇帝采纳了宋庠的建议，

"诏太常礼院与两制详定"礼仪，但制订出来的仪礼只是禁止民间士庶"乘高下瞰""夹道喧呼驰走"，并无指令他们跪伏的要求。而且新礼仪后来又"浸弛"了。

还是《文献通考》的记载，南宋绍兴年间，"自六飞南渡，务为简便，唯四孟享献，乘舆躬行，前为驾头，后止曲盖；而爪牙拱扈之士，或步或趋，错出离立，无复行列；至有酌献未毕，已舍而归；士民观者，骈肩接袂，杂遝虎士之中"。"四孟享献"是指每季第一个月，皇帝需驾出祭祀宗庙，仪仗规格略低于大驾卤簿。

宋室南渡后，一切礼仪从简，皇帝车驾出行，也有如前述仁宗朝之"威令弛阙"，士民观者混杂在皇家卫士中，哪里需要跪伏在地？如此"不成体统"，便有臣僚提出重建"天子之出，清道而后行，千乘万骑，称警言跸"的威仪。

那么这套"称警言跸"的皇家威仪是不是包括要求官民"跪伏迎驾"呢？恰好南宋周密《武林旧事》记录有皇帝"四孟驾出"的仪仗、官民迎驾的礼仪。我们来看看《武林旧事》怎么说"四孟驾出"仪仗。

首先，宋朝皇帝驾出之前，官府要发布通告，"约束居民，不许登高及袒裼观看"。既然说是"不许登高及袒裼观看"，那么只要不是登高、不是袒胸露臂，在警戒线外面，便允许观看。到了祭祀当天，"车驾所经，诸司百官皆结彩门迎驾起居。俟驾头将至，知班行门喝：'班到排立。'次喝：'躬身拜，再拜。'（驾回不拜，值雨免拜）班首奏圣躬万福，唱喏，直身立。龊巷军兵则呼万岁"。并无要求居民跪伏迎驾的记录；诸司百官迎驾，也只是行揖拜礼，且回驾不拜，下雨免礼。

吴自牧《梦粱录》也有"四孟驾出"仪仗的记录：正月十七

日，"驾出和宁门，诣景灵宫行春孟朝飨礼。……驾将至，左右首各一员阁门官属，乘马执丝鞭，天武官前导引，至官寮起居亭高声喝曰：'躬身不要拜，唱喏直身立，奏圣躬万福。'嵩呼而行"。百官迎驾，行的显然也是揖拜礼。

另按《东京梦华录》，"正月十四，车驾幸五岳观迎祥池"，皇帝车驾出行，当然警卫森严，"驾将至，则围子数重，外有一人捧月样兀子，锦覆于马上。天武官十余人，簇拥扶策，喝曰：'看驾头！'"警卫人员只是向围观的路人喝令："圣驾到了，小心！"也是未见要求百姓跪下迎驾之举。

按宋代的惯例，元宵之夜，天子还要在宣德门观看文娱晚会，与民同乐。《东京梦华录》记载说，宣德门城楼上"御座临轩，宣万姓。先到门下者，犹得瞻见天表"。然后，盛大的皇家文娱表演开始，"纵万姓游赏"。那些最先赶到宣德门下的开封百姓，还可以近距离看到龙颜，也无须下跪。

《东京梦华录》《武林旧事》《梦粱录》所记述者，多为作者亲历亲见之事，他们对元宵佳节天子与民同乐、"四孟驾出"的记载，是北宋汴京市民、南宋临安市民经常看到的皇家出行礼仪，也是比《宋史》"礼志"、《文献通考》"王礼考"更"活"的历史证词。

图像与文献互参，让我相信，在宋代，皇帝车驾出行，并无要求庶民、百官跪伏迎驾之强制。

余话

那么跪伏恭迎圣驾之习是什么时候兴起的呢？尽管从明朝《出警入跸图》看，并无官民跪迎御驾的特写，候驾的官员是站立的，不过我们确知，至迟在明代，跪迎圣驾已列为国家制度："洪武五年定：车驾出入，有司肃清道路，官民不许开门观望、行立，所在官员父老迎驾者，于仗外路右叩头俯伏，候车驾前行，方起。若遇驻跸之处，合迎驾之人行五拜礼。车驾行处，有冲入仗内者，绞。仗外五十步内观望者，杖一百。如于郊野外一时不能回避者，俯伏；行立观望者，杖一百；典仗卫官故纵者，同罪。"[1] 嘉靖十五年（1536）四月一十九日，"（明世宗）驾至沙河昌平州，官吏师生耆老人等，俱跪迎道旁，驾过乃兴"[2]。

清承明制。皇帝出巡，臣民跪候、跪迎同样是清王朝的"规定动作"。我的论据还是来自历史图像——清朝的康熙与乾隆祖孙都有数番南巡的盛举，而他们南巡的盛大场面，恰好也都有宫廷画师绘制成长卷。

《康熙南巡图》长卷由宫廷画师王翚领衔主绘，共有十二卷，如今尚存九卷，其中第一、第九、第十、第十一、第十二卷藏于北京故宫博物院；第二、第四卷藏法国巴黎的吉美博物馆；第三、第七卷藏美国大都会艺术博物馆。长卷描绘了康熙第二次南巡时（1689 年）沿途经过的山川城池、市井风情，第七卷讲述康熙即将到达苏州的情景：苏州阊门外，大臣士绅排成整齐的队列，跪于道路两旁，恭候康熙驻跸苏州。中间还有两个太监模样的人，似乎在维持秩序。这种庄严肃穆、井然有序的景象，跟宋人笔下的《望贤迎驾图》显然不可同日而语。

《乾隆南巡图》（中国国家博物馆藏）则描绘乾隆第一次南

1　俞汝楫：《礼部志稿》。
2　《明世宗实录》卷一八六。

上：清代《康熙南巡图》第七卷局部；下：清代《乾隆南巡图》第二卷局部

巡（1751 年），那次南巡行程数千里，由宫廷画师徐扬奉命以"御制诗意为图"，绘成十二卷，其中第二、第四、第六、第八卷等，都有地方士庶官民跪迎圣驾的画面。我们这里仅以第二卷为例，来见识清人迎驾的壮观场面。从画面上我们可以看到，乾隆南巡的车驾经过德州，满城官民为恭迎圣驾，在城外黑压压跪倒一大片。类似的画面，屡屡出现在《乾隆南巡图》长卷上。

值得留意的还有一幅收藏于北京故宫博物院的《康熙帝出巡图》，应该是清代宫廷画师绘制《康熙南巡图》长卷的草图之一。图中，一群百姓携老挈幼，跪于郊外，恭迎康熙，并向皇帝献上食物。大概画家想表达"箪食壶浆，以迎王师"的意思吧。但画面上的人物比例极其不合透视原理，视野近处的平民被夸张地画得特别渺小，而视野远处的康熙则显得特别伟岸。画家这么处理，想必是为了表现出草民在帝王面前那如同蝼蚁、如同尘埃的卑微。

宫廷画师笔下的"南巡图"，未必就是皇帝当年出巡江南的"实况直播"，毋宁说，图画是时代思想的映射。《康熙帝出巡图》长卷与《乾隆南巡图》长卷中频频出现跪迎圣驾的画面，无疑反映了清代人心目中一种根深蒂固的观念：皇上驾到，草民必须跪伏恭迎。这也应该是当时的真实写照。

清代宫廷画师所绘《康熙帝出巡图》

从

椅子的出现说到跪拜礼的变迁

从席地而坐到垂足而坐

美国芝加哥美术馆收藏有一幅五代时周文矩所绘的《合乐图》。一些学者相信，此图正是失传的周文矩版本《韩熙载夜宴图》的一部分。而传世的署名"顾闳中"的《韩熙载夜宴图》（北京故宫博物院藏），实际上只是南宋人的摹本，其母本应该就是今天流失于海外的这幅《合乐图》。那么如果我们来比较这两幅图像，将会发现：尽管从《合乐图》到《韩熙载夜宴图》（宋摹本）有着明显的传承关系，但由于画家生活的时代相隔遥远，使得两幅图像透露出完全不同的时代信息——这不奇怪，画家总是会不自觉地将自己观察到的时代信息绘于笔下，所以在宋人画的汉宫图中会出现宋式建筑，而在明清画家画的宋朝仕女图中则会出现明清服饰。

先来看周文矩《合乐图》，请注意一个细节：图中的乐伎都是盘膝坐在地毯上演奏音乐，包括擂鼓的那名乐伎，也是用跪坐的姿势。而欣赏演出的韩家宾客、家眷，则多站立，只有韩熙载本人盘坐于床榻，另一名女宾坐在矮凳上。

而到了宋人画《韩熙载夜宴图》中，我们看到，五名乐伎都坐在圆墩上吹奏箫笛，一位打牙板的男宾客也是垂足坐于圆墩，韩熙载则在一张靠背椅上盘膝而坐——这个坐姿有些奇怪，也许作为一名老式贵族，他还不习惯垂足而坐。

五代人周文矩的画面，应该比南宋画更加符合韩家夜宴的实际情形，因为他们生活在同一时代；而南宋人绘画时，只能根据自己的生活经验加以想象。两幅图像的不同细节，显示出一个信息：宋代以前，即使在贵族家庭，靠背椅等高型坐具还比较少见，人们一般都是盘膝坐在宽大的床榻上，或者席地而坐。

上：周文矩《合乐图》局部；
中：周文矩《合乐图》局部；
下：宋摹本《韩熙载夜宴图》局部

唐墓壁画《宴饮图》

　　事实上，唐－五代正是椅子逐渐普及的过渡期。而在此之前，中国人是不习惯垂足坐在高脚椅子上的，一般只使用一些矮型坐具，如"胡床""连榻"。连榻是可以同时坐几个人的矮榻，1987年西安南里王村出土的唐墓壁画中有一张《宴饮图》，图上宴饮的唐朝人便是围坐在连榻上的；胡床即今天我们所说的小马扎，可折叠，方便携带。北齐杨子华的《校书图》（美国波士顿博物馆藏，为宋摹本残卷）中就出现了一张胡床。总之，当时中国社会流行的家具，如餐桌、书案、坐榻、椅子，都是矮型的。

　　入宋之后，高脚的椅子才在民间普及开来。自此，"高足高座"的家具完全取代了"矮足矮座"的家具，中国人从"席地而坐"的时代进入"垂足而坐"的时代。今天我们在宋画中可以轻而易举地找到椅子，如南宋画《蕉荫击球图》（北京故宫博物院藏），

上：宋摹本《校书图》局部；下：宋人佚名《蕉荫击球图》

图中出现的桌子是高型的，椅子也是高足的靠背椅，从其款式看，很可能由胡床改良而来。当南宋的画师描绘"韩熙载夜宴"的场面时，也会不自觉地画上宋人常见的椅子、圆墩。

跪拜礼的变迁

高型坐具的普及，触发了改变中国人社会生活方式的连锁反应。比如说，在流行矮足矮座家具的时候，大家围成一桌用餐是不大方便的，因此分餐制大行其道；而高桌高椅广泛应用之后，围餐就不存在技术上的问题了，因此合餐制渐渐取代了分餐制。

还有，传统的社交礼仪也被改写。在只有矮型家具的先秦，人们在社交场合都是席地而坐，正式的坐姿叫作"跽坐"，即双膝弯曲接地，臀部贴于足跟，标准姿势就如西安出土的秦代"跽坐俑"。今天日本与韩国还保留着"跽坐"的习惯。

此时，中国社会通行跪拜礼，因为跪拜礼是自然而然的，由跽坐姿势挺直腰板，臀部离开足跟，便是跪；再配上手部与头部的动作，如作揖、稽首、顿首，便是拜。这时候的跪拜礼，并无后世附加的贵贱尊卑之含义，只是表示对对方的尊敬。而且，对方也回以跪拜礼答谢。臣拜君，君也拜臣。许多朋友应该都在中学语文课上读过《范雎说秦王》，里面就说到，"秦王跽曰：'先生是何言也！……'范雎再拜，秦王亦再拜"。跪拜是相互的，是双方互相表达礼敬与尊重。

经秦火战乱之后，古礼全失，汉初叔孙通重订礼仪，"采古礼与秦仪杂就之"，实际上就是糅入了帝制之下君尊臣卑的内涵，诸侯百官"坐殿上皆伏抑首，以尊卑次起上寿"，"竟朝置酒，无敢喧哗失礼者"。所以刘邦在体验了一把繁文缛节之后，不由感

秦代"跽坐俑"

叹说："吾乃今日知为皇帝之贵也。"[1] 后来宋朝的司马光忍不住喷了叔孙通一脸："叔孙生之为器小也！徒窃礼之糠秕，以依世、谐俗、取宠而已，遂使先王之礼沦没而不振，以迄于今，岂不痛甚矣哉！"[2] 不过，此时的跪拜仍是自然而然的，因为大家还是席地而坐。臣拜君，君虽不再回拜，却也要起身答谢。

到了高型椅子出现以后，中国人席地而坐的习惯发生了改变，跪拜的动作便带上了比较明显的尊卑色彩——请想象一下，你从椅子上滚到地上跪拜对方，显然透露出以卑事尊的味道。

也因此，除了"天地君师亲"，宋人基本上都不用跪礼，社交礼仪通常都是用揖逊、叉手之礼。叉手礼为揖礼之一种，宋代《事林广记》记有行叉手礼的手势："凡叉手之法，以左手紧把右手拇指，其左手小指则向右手腕，右手四指皆直，以左手大指向上。如以右手掩其胸，手不可太着胸，须令稍去二三寸，方为叉手法也。"简单点说，即行礼之人以双手手指交叉于胸前，向对方表达礼敬。

南宋时，宋朝官员楼钥出使金国，发现被金人统治的汴京人在接待客人时兼用跪礼与揖礼："或跪或喏"。楼钥说："跪者胡礼，喏者犹是中原礼数。"[3] "喏"即揖礼，可见依宋人礼仪，日常待人接物是不用跪礼的。南宋覆灭后，文天祥被元人俘至大都，蒙元丞相博罗召见，文天祥只是"长揖"，通事（翻译）命他"跪"，文天祥说："南之揖，即北之跪，吾南人，行南礼毕，可赘跪乎？"[4]

1　司马迁：《史记·叔孙通传》。
2　司马光：《资治通鉴·汉纪》。
3　楼钥：《北行日录》。
4　文天祥：《文山先生全集》卷一七。

文天祥只揖不跪，因为高椅时代的跪已带有屈辱、卑贱之意，揖才表示礼节。

我们从多幅宋画中都不难找到揖逊、叉手之礼。上海博物馆收藏有一幅宋佚名的《朝岁图》，描绘了春节时宋人互相登门拜年的礼节，可以清楚地看出，宋人拜年行的正是叉手礼。南宋宫廷画师绘画的《女孝经图卷》（北京故宫博物院藏）中也有一个场景：皇后与皇帝、大臣见面，大臣行叉手礼。看来，不管是民间，还是宫廷，人们表达礼节的礼仪都是叉手为礼，而不是跪拜、叩头。

宋代的臣对君，当然也有需要隆重行跪拜礼的时候，但那通常都是在极庄重的仪典上，如每年元旦、冬至日举行的大朝会，三年一次的郊祀大礼，自然是极尽繁文缛节。日常的常朝会也有臣拜君的礼仪，据《宋史·礼志》记录的"正衙常参"礼仪，"舍人通承旨奉敕不坐，四色官应喏急趋至放班位宣敕，在位官皆再拜而退"。

但这里的"拜"，是不是就是"跪拜"呢？值得考证。我看过宋人王楙就曾考据说，"古者拜礼，非特首至地然后为拜也。凡头俯、膝屈、手动，皆谓之拜。按《周礼》，辨九拜之仪：一稽首、二顿首、三空首、四振动、五吉拜、六凶拜、七奇拜、八褒拜、九肃拜。注：'稽首拜，头至地也；顿首拜，头叩地也；空首拜，头至手也；振动，以两手相击也；奇拜，一拜也；褒拜，再拜也；肃拜，但俯下手，即今之揖也。'何尝专以首至地为拜邪？"[1]

1　王楙：《野客丛书》。

上：宋人《朝岁图》局部；下：南宋《女孝经图卷》局部

再据《宋史·礼志》，淳化三年（992），宋廷申举常参礼仪，将"朝堂行私礼，跪拜；待漏行立失序；谈笑喧哗；入正衙门执笏不端；行立迟缓；至班列行立不正；趋拜失仪；言语微喧；穿班仗；出阁门不即就班；无故离位；廊下食；行坐失仪；入朝及退朝不从正衙门出入；非公事入中书"等十五项行为列为失仪，"犯者夺俸一月"。由此看来，宋臣常参时似乎并不行跪拜礼。至于君臣日常见面礼仪，当是揖拜之礼。

从元朝开始，带屈辱、卑贱性质的跪拜礼才推行开来。治元史的李治安教授根据两则元朝史料的记载——《元朝名臣事略》："……入见，皆跪奏事。"元人《牧庵集》："方奏，太史臣皆列跪。"——判断出"元代御前奏闻时大臣一律下跪奏闻，地位和处境比起宋代又大大下降了一步"[1]。"跪奏"的礼仪，跟元朝将君臣视为主奴关系的观念也是合拍的。

元廷的跪奏制度又为明朝所继承。据《大明会典》，洪武三年（1370）定奏事仪节，"凡百官奏事皆跪，有旨令起即起"。朱元璋甚至变本加厉，规定下级向上司禀事，也必须下跪："凡司属官品级亚于上司官者，禀事则跪。凡近侍官员难拘品级，行跪拜礼。"

清代臣对君的跪拜礼更加奇葩，不但大臣奏事得跪下，皇帝降旨宣答，众臣也必须跪着听训。为了避免因为下跪太久而导致膝盖受伤，聪明的清臣发明了"膝里厚棉"的高招："大臣召见，跪久则膝痛，膝间必以厚棉裹之。"[2]看来清宫戏《还珠格格》中"小

---

1 李治安：《元代"常朝"与御前奏闻考辨》，《历史研究》2002 年第 5 期。
2 《清稗类钞·朝贡类》。

燕子"使用的那个"跪得容易",并不是胡扯。练习跪拜也成了清代大臣的必修课,"光绪某年,李文忠公鸿章以孝钦后万寿在迩,乃在直督署中日行拜跪三次,以肄习之"[1]。臣下如果跪得乖顺,则官运亨通,大学士曹振镛"晚年,恩遇益隆,身名俱泰",门生向他讨教为官的秘诀,曹振镛告诉他:"无他,但多磕头,少说话耳。"[2]

不但要跪,还要叩响头,以头触地,叩得越响亮越显示出忠心,"须声彻御前,乃为至敬"。据称,清宫"殿砖下行行覆瓴,履其上,有空谷传声之概",只要叩对地方,声音便特别洪亮,所以大臣叩见皇帝之前,"必须重赂内监,指示向来碰头之处,则声蓬蓬然若击鼓矣,且不至大痛,否则头肿亦不响也"[3]。

不但臣见君要跪拜,小官见大官也必须下跪。清人况周颐的《餐樱庑随笔》说,光绪初年,工部司员见堂官,"鞠跽为礼",所以有人以《孟子》中"天下之贱,工也"之句相嘲。但未久,"兵部效之,户部继效之"。又,同治五年(1866),一个叫作杜凤治的地方官赴广东广宁县当知县,据其日记记录,十月二十四日,"天未明抵广宁官埠,人夫、衙役、书吏、执事人等,均已齐备;天晓即行……将至,城捕厅张公来接。有兵百余人,及三班七房均跪接入城,至公馆暂憩"[4]。知县上任,手下一班人要出城跪迎。好大的官威嘛。

在清代宫廷画家焦秉贞绘制的《历朝贤后故事图》(北京故

---

1 《清稗类钞·朝贡类》。

2 朱克敬:《瞑庵杂识 瞑庵二识》。

3 《清稗类钞·朝贡类》。

4 杜凤治:《望凫行馆宦粤日记》。

焦秉贞《历朝贤后故事图》之《禁苑种谷图》

宫博物院藏）中，也再三出现了跪拜皇后的画面，比如其中一幅《禁苑种谷图》，画的是宋代曹皇后的故事，图中女官跪着向曹后献谷。而我们从宋人画《女孝经图卷》上看到的情景，分明并无一人向皇后跪拜。显然是清朝人以自己的经验去想象宋人礼仪。

从表达礼敬到自示卑贱

晚清的康有为曾写了一篇《拟免跪拜诏》，对跪拜礼的流变做了一个扼要的回顾："（先秦时）天子为三公下阶，为卿离席，为大夫兴席，为士抚席。于公卿大夫拜，皆答拜"；"汉制皇帝为丞相起，晋、六朝及唐，君臣皆坐。唯宋乃立，元乃跪，后世从之"。到了康氏身处的那个时代，跪拜礼原来所包含的向对方表达礼敬与尊重之意已经淡化，而下跪者自我示卑、示贱之意则日益凸显出来。难怪康氏的朋友谭嗣同要猛烈抨击清王朝："繁拜跪之仪

以挫其气节，而士大夫之才窘矣；立著书之禁以缄其口说，而文
字之祸烈矣。"[1]

所以说，跪拜礼的变迁，绝不仅仅是礼仪流变，背后其实是
时代精神蜕变的投影。一位清代人已意识到："夫拜跪，细事耳，
而所关甚巨。自古宗社之巩固，由士大夫之有气节；气节之能植，
由士大夫之识廉耻。"[2] 清人跪得那么殷勤、欢快，无非是士风的
退化。如果我们去比较宋代与清代的精神风貌，便会发现它们是
完全不同的。

宋代士臣敢振言告诫皇帝："天下者，中国之天下，祖宗之
天下，群臣、万姓、三军之天下，非陛下之天下。"[3] 要求君主"与
士大夫共治天下"。至于廷争面折之事，更是不胜枚举。而清代
的士大夫已全无宋人风骨，竟以获得在圣上之前自称"奴才"的
待遇为荣。一名清初的士子观察到，"迩来士大夫日贱，官长日尊，
于是曲意承奉，备极卑污，甚至生子遣女，厚礼献媚，立碑造祠，
仆仆跪拜。此辈风焰愈盛，视为当然，彼此效尤，恬不为怪"[4]。

士大夫之卑贱已是如此，草民就更不用说了。

宋代的平民见官，尽管也讲尊卑有序，但大体上还可以维持
尊严，见多识广的京城之民，更是不畏官长，常抓着官府的短处
不放，跟官员争长短，也不给领导好面色看。用宋人自己的话来
说："王畿之吏，大抵尚因循，好取誉；民狃悍猾，务不直以乱治，
亡所尊畏，侮慢骄狠，或时执上官短长，侧睨若相角，急则投觥

1　谭嗣同：《仁学》。

2　汪德钺：《上大宗伯纪晓岚师书》。

3　《宋史纪事本末》卷七二。

4　董含：《三冈识略》卷一〇。

箭（举报信箱），挝登闻鼓矣。"[1]

而清代的平民，不但见官得先跪拜叩头，我还在《清代巴县档案汇编》上看到，老百姓向衙门呈交诉状禀词，都以"蚁"或"蚁民"自称，官府称呼其治下小民，也直接叫"蚁"。人民在官府面前表现得如此卑贱，只怕是前所未见的。

因为跪拜礼已经被赋予了强烈的自示卑贱的内涵，康有为才想替光绪皇帝《拟免跪拜诏》。不过事实上要等到清廷被推翻，跪拜礼才正式宣告终结。

---

1 《文同全集编年校注》卷二六。

后 记

　　拙著《宋：现代的拂晓时辰》交付出版社之前，整理书稿时，为了让读者诸君读到一个在视觉上更为赏心悦目的宋朝，我找了近百幅宋画（含局部图）作为书的插图。而我在检索宋画的过程中，却有了意外的收获——那些历史图像就如纪录片一样，在我眼前一一展开，让我看到一个可视的、活着的、文字难以摹状与形容的历史世界。

　　当时便定下一个新的创作计划：从宋画入手，结合文献记载，同时参考和借鉴前辈的研究成果，来呈现宋代中国的若干侧面。为此我花了一年时间，尽可能检索传世的宋画——当然是电子版，在今天，所有的宋画原件都成了价值不菲的收藏品。

　　我于美术鉴赏是门外汉，也不打算从艺术审美的角度评说宋画。我纯粹将宋画当成堪与文献媲美的图像史料来使用。

　　在这本小书前面的自序中，我说："如果说宋代是漫漫历史长河中一处发掘不尽的文明富矿，那么珍贵的文献资料当然是通往这个富矿的大道，无数学人的研究也给后学开辟了众多路线，而宋画，则为我们打通了一条风景更加宜人的小径。摆在诸君眼前的这本小书，便是我从这条小径进入历史现场，尝试打捞出大宋文明之吉光片羽的小小成果。"我观察宋画的过程，确实有一种"探宝"的感觉。如果从画面上发现一个隐藏着宋代社会生动信息的细节，便会生出"如获至宝"的欣喜。

我以前读宋人笔记，模模糊糊觉得宋朝时诉讼人上公堂打官司并不需要下跪，但因为懒于翻检文献，于是一时半刻找不到确证。恰好在检索宋画时，从多个版本的宋代《孝经图卷》上看到审案的画面，果然，画中的诉讼人都是站着听审。当时便有"发现新大陆"一般的莫名兴奋。

台北故宫博物院收藏有一幅《浣月图》，旧传是五代绘画，但现在许多学者相信这是宋人的作品。扬之水女士以此图解读古代流行的"掬月"题材的诗画，让我眼界大开；孟晖女士独具慧眼，从《浣月图》的"水龙头"细节讲述"自来水"在宋代的应用，更是给了我一种豁然开朗的启发。在孟晖对《浣月图》解读的基础上，我展开了对宋代城市集中供水设施的考据，从苏轼书信中找到他设计广州城"自来水"装置的详细记录，又从北宋李公麟的《丹霞访庞居士图》发现另一个"水龙头"，为此兴奋了几天。

如此将手头搜集到的宋画一幅一幅观摩下来，便如同看到一个一个活动的宋朝人在我面前起居饮食、焚香点茶、赶集贸易、赏春游园、上朝议事……我要做的，就是将我从宋画看到的宋朝景象用文字再现出来。

一篇一篇文章写下来，慢慢地积少成多，便有了三十多篇的规模。也许可以整理成一本集子了。与《宋：现代的拂晓时辰》的写作过程不一样，《宋：现代的拂晓时辰》是先有了完整的文字，然后才找宋画作为插图；本书则是先有了图像，然后在图像的基础上形成文字。这些文字生长在图像之上，图像不是可有可无的插图，而是本书必不可少的血肉。

《宋：现代的拂晓时辰》的插图只有近百幅，而本书使用的图片超过三百幅，其中绝大部分都是宋人绘画（不排除部分为明清时期的摹画、仿作），还用了少量宋代壁画、砖刻、出土文物、文书实物作为补充，以及少数唐画、明画、清画作为参照。

写作时是随兴的，但整理成图书，需要顾及整体布局与条理性，因此我将全书分为六辑。第一辑讲述宋人的日常生活，第二辑讲述宋朝文人的雅玩与雅趣，第三辑描述宋代的社会百态，第四辑介绍宋代的城市公共设施，第五辑侧重于呈现宋朝的商业繁华，第六辑则考证了宋代政治生活中的礼仪问题。

不管怎么分辑，本书的主题是一以贯之的：从宋画中发现一个活色生香的"风雅宋"。如果要给"大宋"加一个修饰词，我认为没有比"风雅"更妙的了。四诗风雅颂，千秋风雅宋。我的朋友梁志宾先生曾以"风雅宋"为题，写了一本宋朝风物志。我一见"风雅宋"三字就深为喜爱，现在自己写这本讲述宋朝风雅生活的小书，也忍不住要用"风雅宋"命名。感谢梁志宾兄让我收获到一个绝妙好词：风雅宋。

也感谢广西师范大学出版社对这本小书的成全。感谢本书的文字编辑、美术编辑与设计人员，他们的专业让本书得到了惊艳的呈现。

在这本小书的写作过程中，我的太太杨娜给了我极大的鼓舞与支持，她也是本书的第一个读者，帮我校对出了许多文字上的错处。我的大女儿吴桐给我的文史创作带来了看不见却感受得到的动力，以及我们夫妇对于未来的憧憬，她也帮我校对了一遍文稿。写作本书时，我的小女儿吴歌也来到了人间，成为我们家庭的新一员。她们是我人生中比写作一本书更重要的收获。

　　本书献给她们。

主要参考文献

史料、专著

［汉］司马迁：《史记》，［宋］裴骃集解，［唐］司马贞索引，［唐］张守节正义，中华书局，2014。

［后晋］刘昫等：《旧唐书》，中华书局，1975。

［北朝］颜之推：《颜氏家训》，岳麓书社，1999。

［五代］王仁裕、［唐］姚汝能：《开元天宝遗事 安禄山事迹》，曾贻芬点校，中华书局，2006。

［后唐］冯贽编：《云仙散录》，张力伟点校，中华书局，1998。

［唐］段成式：《酉阳杂俎》，上海古籍出版社，2012。

［唐］封演：《封氏闻见记校注》，赵贞信校注，中华书局，2005。

［唐］李林甫等：《唐六典》，陈仲夫点校，中华书局，2014。

［宋］蔡绦：《铁围山丛谈》，冯惠民、沈锡麟点校，中华书局，1983。

［宋］陈鹄等：《师友谈记　曲洧旧闻　西塘集　耆旧续闻》，孔凡礼点校，中华书局，2002。

［宋］程颢、程颐：《二程集》，王孝鱼点校，中华书局，2004。

［宋］范成大：《范成大笔记六种》，孔凡礼点校，中华书局，2002。

［宋］范成大：《桂海虞衡志校注》，严沛校注，广西人民出版社，1986。

［宋］范成大：《吴郡志》，江西古籍出版社，1999。

［宋］范仲淹：《范文正公文集》，影北京图书馆藏元祐四年序刊本。

［宋］郭若虚：《图画见闻志》，江苏美术出版社，2007。

［宋］韩彦直：《橘录校注》，彭世奖注解，中国农业出版社，2010。

［宋］何良俊：《四友斋丛说》，中华书局，1959。

［宋］何薳：《春渚纪闻》，张明华点校，中华书局，1983。

［宋］黄伯思、［明］戈汕编：《重刊燕几图　蝶几谱》，上海科学技术出版社，1984。

［宋］洪刍、陈敬：《香谱·陈氏香谱》，中国书店，2014。

［宋］洪迈：《容斋随笔》，孔凡礼点校，中华书局，2005。

［宋］黎靖德：《朱子语类》，王星贤注解，中华书局，1986。

［宋］李昉等编：《太平广记》，中华书局，2013。

［宋］李觏：《李觏集》，王国轩校点，中华书局，1981。

［宋］李清照：《李清照集笺注》，上海古籍出版社，2002。

［宋］李焘：《续资治通鉴长编》，中华书局，2004。

［宋］刘昌诗：《芦浦笔记》，中华书局，1986。

［宋］楼钥：《攻愧集》，中华书局，1985。

［宋］陆游：《老学庵笔记》，李剑雄、刘德权点校，中华书局，1979。

［宋］吕大临、赵九成：《考古图 续考古图 考古图释文》，中华书局，1987。

［宋］金盈之、罗烨编：《新编醉翁谈录 新编醉翁谈录》，周晓薇校点，辽宁教育出版社，1998。

［宋］马端临：《文献通考》，上海师范大学古籍研究所、华东师范大学古籍研究所点校，中华书局，2011。

［宋］孟元老：《东京梦华录笺注》，伊永文笺注，中华书局，2006。

［宋］孟元老等：《东京梦华录（外四种）》，古典文学出版社，1957。

［宋］邵伯温：《邵氏闻见前录》，李剑雄、刘德权点校，中华书局，1983。

［宋］施谔：《淳祐临安志》，《武林掌故丛编》本。

［宋］惠洪：《冷斋夜话》，中华书局，1988。

［宋］释文莹：《湘山野录 续录 玉壶清话》，杨立扬、郑世刚点校，中华书局，1997。

［宋］司马光编著：《资治通鉴》，中华书局，2009。

［宋］苏轼：《东坡志林》，王松龄点校，中华书局，1981。

［宋］苏轼：《苏轼全集校注》，张志烈，马德富，周裕锴主编，河北人民出版社，2012。

［宋］苏轼：《苏轼诗集》，［清］王文诰辑注，孔凡礼点校，中华书局，1982。

［宋］苏轼：《苏轼文集》，孔凡礼点校，中华书局，2004。

［宋］苏辙：《苏辙集》，中华书局，1990。

［宋］苏辙：《栾城集》，曾枣庄、马德富校点，上海古籍出版社，2009。

［宋］田锡：《咸平集》，罗国威点校，巴蜀书社，2008。

［宋］欧阳修等：《归田录（外五种）》，韩谷等校点，上海古籍出版社，2012。

［宋］陶毂、吴淑：《清异录 江淮异人录》，孔一校点，上海古籍出版社，2012。

［宋］齐硕、陈耆卿：《嘉定赤城志》，上海古籍出版社，2016。

［宋］潜说友：《咸淳临安志》，浙江古籍出版社，2012。

［宋］袁褧、周辉：《枫窗小牍 清波杂志》，尚成、秦克校点，上海古籍出版社，2012。

［宋］杨杰：《无为集校笺》，曹小云校笺，黄山书社，2014。

［宋］杨亿、陈师道：《杨文公谈苑 后山谈丛》，李裕民、李伟国校点，上海古籍出版社，2012。

［宋］杨万里：《杨万里集笺校》，辛更儒笺校，中华书局，2007。

［宋］杨仲良：《皇宋通鉴长编纪事本末》，黑龙江人民出版社，2006。

［宋］岳珂：《桯史》，吴企明点校，中华书局，1981。

［宋］王安石：《临川先生文集》，中华书局上海编辑所，1959。

［宋］王溥：《唐会要》，上海古籍出版社，2006。

［宋］王楙：《野客丛书》，王文锦点校，中华书局，1987。

［宋］王明清：《挥麈录》，田松清校点，上海古籍出版社，

2012。

[宋]王钦若等编：《册府元龟》，中华书局，2003。

[宋]文天祥：《文山先生全集》，商务印书馆，1929。

[宋]文同：《文同全集编年校注》，胡问涛、罗琴校注，巴蜀书社，1999。

[宋]吴曾：《能改斋漫录》，上海古籍出版社，1979。

[宋]张邦基、范仲：《墨庄漫录　过庭录　可书》，孔凡礼点校，中华书局，2002。

[宋]张耒：《张耒集》，中华书局，1990。

[宋]张津等纂修：《乾道四明图经》，《宋元方志丛刊》，中华书局，1990。

[宋]张世南、李心传：《游宦纪闻　旧闻证误》，张茂鹏、崔文印点校，中华书局，1981。

[宋]赵令时、彭乘：《侯鲭录　墨客挥犀　续墨客挥犀》，孔凡礼点校，中华书局，2002。

[宋]赵汝愚：《国朝诸臣奏议》，上海古籍出版社，1999。

[宋]赵升编：《朝野类要》，王瑞来点校，中华书局，2007。

[宋]赵彦卫：《云麓漫钞》，傅根清点校，中华书局，1996。

[宋]祝穆：《方舆胜览》，[宋]祝洙增订，施和金点校，中华书局，2003。

[宋]朱彧：《萍洲可谈》，李伟国校点，上海古籍出版社，1989。

[宋]庄绰：《鸡肋编》，王瑞来校笺，中华书局，1997。

[宋]周密：《齐东野语》，张茂鹏点校，中华书局，1983。

[宋]周应合：《景定建康志》，南京出版社，2009。

[宋]佚名：《南窗纪谈》，《知不足斋丛书》本。

[宋]佚名：《宣和遗事》，《士礼居黄氏丛书》本。

[元]脱脱等：《宋史》，中华书局，1985。

[元]王祯：《东鲁王氏农书译注》，缪启愉、缪桂龙译注，上海古籍出版社，2009。

[明]陈邦瞻：《宋史纪事本末》，中华书局，2015。

[明]陈仁锡：《皇明世法录》，台湾学生书局，1965。

[明]高濂：《遵生八笺》，[清]钟惺校，弦雪居重订本，1810。

[明]黄淮、杨士奇编：《历代名臣奏议》，上海古籍出版社，2012。

[明]李东阳等：《大明会典》，[明]申时行等重修，广陵书社，2007。

[明]李濂：《汴京遗迹志》，周宝珠，程民生点校，中华书局，1999。

[明]李时珍：《本草纲目》，中国医药出版社，1998。

[明]李贤等：《大明一统志》，三秦出版社，1990。

[明]吕毖：《明朝小史》，《玄览堂丛书》本。

[明]凌濛初：《二刻拍案惊奇》，人民文学出版社，1997。

[明]闵梦得修：《漳州府志》，厦门大学出版社，2012。

[明]孙承泽：《庚子销夏记》，上海古籍出版社，2011。

[明]陶宗仪等编：《说郛三种》，上海古籍出版社，1998。

[明]田汝成辑撰：《西湖游览志余》，上海古籍出版社，1980。

[清]陈梦雷编纂：《古今图书集成》，[清]蒋廷锡校订，中华书局、巴蜀书社，1985。

[清]虫天子编：《香艳丛书》，人民文学出版社，1994。

［清］董含：《三冈识略》，辽宁教育出版社，2000。

［清］黄以周等辑注：《续资治通鉴长编拾补》，顾吉辰点校，中华书局，2004。

［清］柯劭忞：《新元史》，中国书店，1988。

［清］蓝浦著、郑廷桂补辑：《景德镇陶录校注》，江西人民出版社，1996。

［清］缪荃孙辑：《艺风堂杂钞》，杨璐整理，中华书局，2010。

［清］潘永因编：《宋稗类钞》，刘卓英点校，书目文献出版社，1985。

［清］乾隆官修：《续通志》，浙江古籍出版社，2000。

［清］谈迁：《国榷》，浙江古籍出版社，2012。

［清］王夫之：《宋论》，舒士彦点校，中华书局，2003。

［清］薛允升：《唐明律合编 庆元条法事类 宋刑统》，中国书店，1990。

［清］永瑢、纪昀编纂：《文渊阁四库全书》，上海古籍出版社，1987。

［清］朱克敬：《瞑庵杂识 瞑庵二识》，岳麓书社，1983。

《丛书集成初编》，中华书局，2011。

《明实录（附校勘记）明太祖实录》，中研院历史语言研究所校印，黄彰健校，中华书局，2016。

《清实录》，中华书局，2010。

《清会典事例》，中华书局，2012。

《唐五代笔记小说大观》本社编，上海古籍出版社，2000。

《元大德南海志残本（附辑佚）》，广东人民出版社，1991。

《博平县志》明万历东昌府本。

北京大学古文献研究所编：《全宋诗》，北京大学出版社，1998。

李修生主编：《全元文》，江苏古籍出版社，1998。

刘锦藻编：《清朝续文献通考》，浙江古籍出版社，2000。

刘俊文笺解：《唐律疏议笺解》，中华书局，1996。

刘琳、刁忠民、舒大刚、尹波等校点：《宋会要辑稿》，上海古籍出版社，2014。

闽清县地方志编纂委员会：《闽清县志》，群众出版社，1993。

彭莱：《古代画论》，上海书店出版社，2008。

桑兵主编：《清代稿钞本》（第一辑），广东人民出版社，2007。

四库全书研究所整理：《钦定四库全书总目（整理本）》，中华书局，1997。

谭嗣同：《仁学》，华夏出版社，2002。

唐圭璋编：《全宋词》，中华书局，1965。

王国维：《王国维全集》，浙江教育出版社，2010。

徐珂编撰：《清稗类钞》，中华书局，2010。

杨伯峻译注：《论语译注》，中华书局，1980。

杨伯峻译注：《孟子译注》，中华书局，2005。

俞剑华注释：《宣和画谱》，江苏美术出版社，2007。

中国社会科学院历史研究所宋辽金元史研究室点校：《名公书判清明集》，中华书局，2002。

曾枣庄、刘琳主编：《全宋文》，上海辞书出版社，2006。

曹星原：《同舟共济:〈清明上河图〉与北宋社会的冲突妥协》，浙江大学出版社，2012。

陈寅恪：《金明馆丛稿二编》，生活·读书·新知三联书店，2001。

程民生：《宋代物价研究》，人民出版社，2008。

胡建君：《我有嘉宾：西园雅集与宋代文人生活》，上海锦绣文章出版社，2012。

胡抗美编著：《苏轼尺牍》，湖南美术出版社，2010。

黄仁宇：《十六世纪明代中国之财政与税收》，生活·读书·新知三联书店，2001。

黄挺、马明达：《潮汕金石文徵》，广东人民出版社，1999。

黄永川：《中国插花史研究》，西泠印社出版社，2012。

郎绍君：《论中国现代美术》，江苏美术出版社，1988。

李华瑞：《宋代酒的生产和征榷》，河北大学出版社，2001。

李来源、林木：《中国古代画论发展史实》，上海人民美术出版社，1997。

林语堂：《苏东坡传》，湖南文艺出版社，2016。

刘涤宇：《历代〈清明上河图〉：城市与建筑》，同济大学出版社，2014。

孙殿起：《琉璃厂小志》，上海书店出版社，2010。

王弘力：《古代风俗百图》，辽宁美术出版社，2006。

翁经方、翁经馥：《中国历代园林图文精选》（第二辑），同济大学出版社，2005。

吴钩：《宋：现代的拂晓时辰》，广西师范大学出版社，2015。

杨芹：《宋代制诰文书研究》，上海古籍出版社，2014。

余辉：《隐忧与曲谏：〈清明上河图〉解码录》，北京大学出版社，2015。

张朋川：《〈韩熙载夜宴图〉图像志考》，北京大学出版社，
2014。

张星烺编：《中西交通史料汇编》，中华书局，2003。

郑振铎：《清明上河图的研究》，文物出版社，1989。

郑振铎：《宋人画册》，人民美术出版社，1997。

朱杰人等编：《朱子全书》，上海古籍出版社，2010。

[日]成寻：《新校参天台五台山记》，王丽萍译，上海古籍
出版社，2009。

[日]道元：《正法眼藏》，何燕生译，宗教文化出版社，
2003。

[日]夫马进：《中国善会善堂史研究》，伍跃、杨文信、张
学锋译，商务印书馆，2005。

[日]久保田和男：《宋代开封研究》，郭万平译，上海古籍
出版社，2010。

[日]山冈浚明编：《类聚名物考》，历史图书社，1974。

[日]野岛刚：《谜一样的清明上河图》，张惠君译，社会科
学文献出版社，2014。

[荷]高罗佩：《中国古代房内考》，李零、郭晓惠、李晓晨、
张进京译，上海人民出版社，1990。

[意]利玛窦、[比]金尼阁：《利玛窦中国札记》，何高济、
王遵仲、李申译，何兆武校，中华书局，2010。

[意]马可·波罗：《马可波罗行纪》，冯承钧译，上海古籍
出版社，2014。

报刊、论文

陈珲：《〈西湖清趣图〉为南宋院画考》，《杭州文博》2014年01期。

陈鹏程：《旧题〈大驾卤簿图书·中道〉研究》，《故宫博物院院刊》1996年第2期。

戴立强：《〈闸口盘车图〉作者为张择端说》，《中国文物报》2007年7月4日。

[美]高居翰：《早期中国画在美国博物馆》，《东方早报》2012年10月28日。

高瑄：《10—14世纪中国水力机械发展初探》，*History of Mechanical Technology and Mechanical Design (5) —— Proceedings of the Fifth China-Japan International Conference on History of Mechanical Technology and Mechanical Design*，2005。

葛金芳：《宋代经济：从传统向现代转变的首次启动》，《中国经济史研究》2005年第1期。

郭正忠：《张舜民〈水磨赋〉和王祯的"水轮三事"设计》，《文物》1986年第2期。

郭志安、王娟：《北宋水碾硙业中的官私博弈》，《安徽农业科学》2012年第2期。

何兆泉、郑嘉励：《图像与文本——读〈西湖清趣图〉》，《东方博物》第52辑。

黄义军、秦彧：《中国古代牙刷的起源与传播——不同文明互动的一个范例》，《中国社会历史评论》2014年00期。

李伯重：《楚材晋用：中国水转大纺车与英国阿克莱水力纺

纱机》，《历史研究》2002 年第 1 期。

李国文：《宋朝的夜市——这才开始了全日制的中国》，《同舟共进》2011 年第 1 期。

李合群：《论中国古代里坊制的崩溃——以唐长安与宋东京为例》，《社会科学》2007 年第 12 期。

李治安：《元代"常朝"与御前奏闻考辨》，《历史研究》2002 年第 5 期。

李治安：《元和明前期南北差异的博弈与整合发展》，《历史研究》2011 年第 5 期。

林峥：《晚清动物园初建趣史》，《北京青年报》2016 年 3 月 1 日。

罗以民：《杭州"发现"的"南宋西湖全景图"是清代伪作》，《羊城晚报》2013 年 7 月 20 日。

马华民：《〈清明上河图〉所反映的宋代造船技术》，《中原文物》1990 年第 4 期。

毛华松：《论中国古代公园的形成——兼论宋代城市公园发展》，《中国园林》2014 年第 1 期。

孟晖：《〈浣月图〉：矫龙引得活水来》，《东方早报》2013 年 5 月 6 日。

苗贵松：《苏轼题画文中的空间意识与生命情怀》，《常州工学院学报（社科版）》第 30 卷第 3 期，2016 年 6 月。

潘寅生：《概论图书馆的产生与发展》，《图书与情报》1985 年第 4 期。

秦方：《枘凿硬接总是伤——晚清五大臣出洋考察记》，《书屋》2006 年 03 期。

邵晓峰：《〈韩熙载夜宴图〉断代新解》，《南京艺术学院学报》

2006 年第 1 期。

史晓雷：《从古代绘画看我国的水磨技术》，《中国国家博物馆馆刊》2011 年第 6 期。

孙景琛：《〈大傩图〉名实辨》，《文物》1982 年第 3 期。

王连海：《李嵩〈货郎图〉中的民间玩具》，《南京艺术学院学报》2007 年第 2 期。

王兆乾：《苏汉臣的〈婴戏图〉与傩戏〈五星会〉》，《黄梅戏艺术》2002 年第 3 期。

韦兵：《黄道十二宫与星命术：文人和他们的摩羯宫》，《文史知识》2015 年第 3 期。

肖兴义：《辽代植毛骨质牙刷与古代植毛牙刷考证》，《文物鉴定与鉴赏》2010 年第 5 期。

徐永峰：《牙刷起源新探》，《中国文物报》2008 年 5 月 14 日。

应守岩：《〈西湖清趣图〉之我见》，《杭州文博》2014 年第 1 期。

虞云国：《解读两份南宋告身》，《文汇报》2015 年 5 月 22 日。

张彦晓：《宋代照明燃料述论》，《史志学刊》2015 年第 6 期。

张之杰：《古代绘画水磨图中藏谜案》，《科学与文化》2009 年第 2 期。

郑为：《结撰精严，闸口盘车图卷》，《文物》1966 年第 2 期。

周宗歧：《辽代植毛牙刷考》，《中华口腔科杂志》1956 年第 3 期。